YUYAN WENZI GUIFAN SHOUCE

语言文字规范手册

（增订本）

杨林成 主编

增订本出版说明

本书初版于2015年，颇受市场欢迎。因为权威、实用，不少新闻出版单位把它作为编校人员、记者文秘的案头工具书，人手一册。目前，初版图书在市场上已不易买到，不断有读者朋友打来电话求购。有鉴于此，我们决定增订再版。编者对部分内容进行了修订，删除了个别使用价值不高的文件，增补了若干新的内容，同时改正了书中的少量疏漏。

增订本《上编》收录了十一个语文教学、编辑出版等领域中常用的规范标准，这是本书的硬核部分。《下编》收录了两篇引导性语文规范和多篇"咬文嚼字"类的知识性文章，涉及别字、简繁体转换、读音、语病、新闻报道中的禁用词等内容，旨在帮助读者培养文字敏感，提高对各类语文差错的警觉和判别力；还附录了十多篇讨论语言文字热点、难点的专家文章，大都是近年刊发在《语言文字周报》上的，可备释疑解惑之用。《下编》中的原创内容，主要由杨林成执笔编写。

希望本书能够助力广大新闻出版从业人员和其他语言文字工作者，推进我国语言文字的规范化与标准化。

编 者
2020年10月

初版编选说明

新闻出版工作者天天要和汉语、汉字打交道。没有规矩，不成方圆。新闻出版工作也要讲究规矩，这个规矩就包括语文规范。只有按照规矩办事，才能保证出版物的语文水准。新闻出版行政管理部门一向重视对出版物编校质量的审查。比如，《图书质量管理规定》中要求，图书质量的四个方面——内容、编校、设计、印刷，都要达到"合格"的要求。然而，当下报刊和图书等出版物的编校质量"不合格"现象屡见不鲜。广大读者对这一问题的反响比较强烈，对出版物语言文字规范的要求十分迫切。新闻出版单位理应履行好岗位职责，增强编辑校对人员的语文规范意识，培养他们的文字优势。从深远一步讲，出版物讲究语文规范，在全社会的语文运用上作出表率，可以进一步发挥汉语的社会交际功能，促使汉语朝着健康的方向发展，进而为现代化的基础工程添砖加瓦，为"中国梦"的实现助力加油！

出版物编校质量差错的判定，以国家正式颁布的法律法规、国家标准和相关行业标准为依据。因此，编校人员尤其是新进人员，首先要熟悉语文法规。鉴于此，现选编八种比较重要的语文法规(《通用规范汉字表》仅节录其对一般编校人员实用性较强的附件《规范字与繁体字、异体字对照表》)，总为一册，供编辑校对人员和其他语文工作者参考。另外，为了提高编校人员的咬文嚼字能力，培养职业敏感，我们还特地编选了五篇稿件，从字、词、句子、标点等角度指点出版物中高频语言文字差错。其中，《出版物中235个高频别字》由杨林成、胡义华、许霞编写，《简繁体转换中的易错字》由胡义华编写，《标点误用50例辨析》由杨林成、王萍编写，《出版物中的典型语病诊断》由杨林成编写。

"嘤其鸣矣，求其友声。"本手册中可能还存在一些缺陷，敬请使用者批评指正。

编　者

2015年1月

目 录

上 编

中华人民共和国国家通用语言文字法 …………………………………… 3
通用规范汉字表·规范字与繁体字、异体字对照表(节录) ……………… 7
第一批异形词整理表 ……………………………………………………… 11
标点符号用法 ……………………………………………………………… 24
出版物上数字用法 ………………………………………………………… 55
汉语拼音正词法基本规则 ………………………………………………… 63
中文书刊名称汉语拼音拼写法 …………………………………………… 80
信息与文献　参考文献著录规则 ………………………………………… 84
关于部分计量单位名称统一用字的通知 ………………………………… 117
中文出版物夹用英文的编辑规范 ………………………………………… 119
校对符号及其用法 ………………………………………………………… 131

下 编

图书编校质量差错认定细则 ……………………………………………… 139
常见别字二百辨 …………………………………………………………… 169
简繁体转换中的易错字 …………………………………………………… 214
朗读者最容易读错的字 …………………………………………………… 219
容易读错的成语 …………………………………………………………… 222
容易读错的姓名 …………………………………………………………… 225

容易读错的地名 …………………………………………… 228
出版物中的典型语病诊断 ………………………………… 234
计量单位名称使用中的常见误区 ………………………… 245
新华社新闻信息报道中的禁用词和慎用词 …………… 247
常用口语字一览 …………………………………………… 259

[附录]

规范:约定的、设定的和法定的 …………………… 陈光磊 263
如何区分"作"与"做" ……………………………… 杨林成 266
"的、地、得"相混何时了? ………………………… 杨剑桥 268
"的""地""得"——三个不同的成分标记 ……… 宗守云 270
"作/做""的/地"问题再观察 …………………… 张 耕 272
让语法融进生活,规范使用"的、地、得" ……… 吴 越 274
略说普通话异读词的审音原则 ………… 刘祥柏 刘丹青 276
审音课题组专家如是说 ……………………………… 一 得 285
也说"衰""斜""骑"读音的"改变" ……………… 何茂活 288
陈寅恪的"恪"怎么会读"què"? ………………… 郑张尚芳 291
"姥姥"还是"外婆"? ……………………………… 张寒冰 293
身份证"错误"四辩 ………………………………… 史有为 295
身份证上没有语文错误 …………………………… 朱晓农 298
词语的日常意义和百科意义 ……………………… 宗守云 302
语文批评不可任性 ………………………………… 宗守云 305
汉语规范中的弹性原则 …………………………… 董 琨 308
树立正确的语文规范观 …………………………… 晁继周 310

上编

中华人民共和国国家通用语言文字法

(2000年10月31日第九届全国人民代表大会
常务委员会第十八次会议通过)

第一章　总　则

第一条　为推动国家通用语言文字的规范化、标准化及其健康发展,使国家通用语言文字在社会生活中更好地发挥作用,促进各民族、各地区经济文化交流,根据宪法,制定本法。

第二条　本法所称的国家通用语言文字是普通话和规范汉字。

第三条　国家推广普通话,推行规范汉字。

第四条　公民有学习和使用国家通用语言文字的权利。

国家为公民学习和使用国家通用语言文字提供条件。

地方各级人民政府及其有关部门应当采取措施,推广普通话和推行规范汉字。

第五条　国家通用语言文字的使用应当有利于维护国家主权和民族尊严,有利于国家统一和民族团结,有利于社会主义物质文明建设和精神文明建设。

第六条　国家颁布国家通用语言文字的规范和标准,管理国家通用语言文字的社会应用,支持国家通用语言文字的教学和科学研究,促进国家通用语言文字的规范、丰富和发展。

第七条　国家奖励为国家通用语言文字事业做出突出贡献的组织和个人。

第八条　各民族都有使用和发展自己的语言文字的自由。

少数民族语言文字的使用依据宪法、民族区域自治法及其他法律的有关规定。

第二章　国家通用语言文字的使用

第九条　国家机关以普通话和规范汉字为公务用语用字。法律另有规定的除外。

第十条 学校及其他教育机构以普通话和规范汉字为基本的教育教学用语用字。法律另有规定的除外。

学校及其他教育机构通过汉语文课程教授普通话和规范汉字。使用的汉语文教材,应当符合国家通用语言文字的规范和标准。

第十一条 汉语文出版物应当符合国家通用语言文字的规范和标准。

汉语文出版物中需要使用外国语言文字的,应当用国家通用语言文字作必要的注释。

第十二条 广播电台、电视台以普通话为基本的播音用语。

需要使用外国语言为播音用语的,须经国务院广播电视部门批准。

第十三条 公共服务行业以规范汉字为基本的服务用字。因公共服务需要,招牌、广告、告示、标志牌等使用外国文字并同时使用中文的,应当使用规范汉字。

提倡公共服务行业以普通话为服务用语。

第十四条 下列情形,应当以国家通用语言文字为基本的用语用字:

(一)广播、电影、电视用语用字;

(二)公共场所的设施用字;

(三)招牌、广告用字;

(四)企业事业组织名称;

(五)在境内销售的商品的包装、说明。

第十五条 信息处理和信息技术产品中使用的国家通用语言文字应当符合国家的规范和标准。

第十六条 本章有关规定中,有下列情形的,可以使用方言:

(一)国家机关的工作人员执行公务时确需使用的;

(二)经国务院广播电视部门或省级广播电视部门批准的播音用语;

(三)戏曲、影视等艺术形式中需要使用的;

(四)出版、教学、研究中确需使用的。

第十七条 本章有关规定中,有下列情形的,可以保留或使用繁体字、异体字：

（一）文物古迹；

（二）姓氏中的异体字；

（三）书法、篆刻等艺术作品；

（四）题词和招牌的手书字；

（五）出版、教学、研究中需要使用的；

（六）经国务院有关部门批准的特殊情况。

第十八条　国家通用语言文字以《汉语拼音方案》作为拼写和注音工具。

《汉语拼音方案》是中国人名、地名和中文文献罗马字母拼写法的统一规范，并用于汉字不便或不能使用的领域。

初等教育应当进行汉语拼音教学。

第十九条　凡以普通话作为工作语言的岗位，其工作人员应当具备说普通话的能力。

以普通话作为工作语言的播音员、节目主持人和影视话剧演员、教师、国家机关工作人员的普通话水平，应当分别达到国家规定的等级标准；对尚未达到国家规定的普通话等级标准的，分别情况进行培训。

第二十条　对外汉语教学应当教授普通话和规范汉字。

第三章　管理和监督

第二十一条　国家通用语言文字工作由国务院语言文字工作部门负责规划指导、管理监督。

国务院有关部门管理本系统的国家通用语言文字的使用。

第二十二条　地方语言文字工作部门和其他有关部门，管理和监督本行政区域内的国家通用语言文字的使用。

第二十三条　县级以上各级人民政府工商行政管理部门依法对企业名称、商品名称以及广告的用语用字进行管理和监督。

第二十四条　国务院语言文字工作部门颁布普通话水平测试等级标准。

第二十五条　外国人名、地名等专有名词和科学技术术语译成国家通用语言文字,由国务院语言文字工作部门或者其他有关部门组织审定。

第二十六条 违反本法第二章有关规定,不按照国家通用语言文字的规范和标准使用语言文字的,公民可以提出批评和建议。

本法第十九条第二款规定的人员用语违反本法第二章有关规定的,有关单位应当对直接责任人员进行批评教育;拒不改正的,由有关单位作出处理。

城市公共场所的设施和招牌、广告用字违反本法第二章有关规定的,由有关行政管理部门责令改正;拒不改正的,予以警告,并督促其限期改正。

第二十七条 违反本法规定,干涉他人学习和使用国家通用语言文字的,由有关行政管理部门责令限期改正,并予以警告。

第四章 附 则

第二十八条 本法自 2001 年 1 月 1 日起施行。

通用规范汉字表·规范字与繁体字、异体字对照表(节录)

《规范字与繁体字、异体字对照表》是2013年6月国务院公布的《通用规范汉字表》附件1。该表收录了与2546个规范字相对应的2574个繁体字,以及794组共计1023个异体字。该表依据《简化字总表》的规定,对在部分义项和用法上不简化的"瞭、乾、藉、麽"等字,加注予以说明;对在部分义项和用法上可作规范字使用的"仝、甦、堃、脩"等异体字,也加注说明其使用范围和用法。注释共计52条。这是语文规范中的特殊之处,需要编辑、校对等语文工作者特别留意。现将有关条目以及注释汇集如下,供大家学习参考。表中的"～"代表与规范字相同的传承字。

规范字与繁体字、异体字对照表(节录)

规范字	繁体字	异体字	规范字	繁体字	异体字
了	～		升		[昇[8]陞[9]]
	(瞭[1])		仇		[讎讐[10]]
乃		[廼迺[2]]	只	(衹)	[祇[11]秖]
干	～			(隻)	
	(乾[3])	[乹乾]	宁	(寧)	[寍甯[12]]
	(幹)	[榦]	扬	(揚)	[敭颺[13]]
么	(麼[4])		夹	(夾)	[袷[14]裌]
丫		[枒椏[5]]	曲	～	
专	(專)	[耑[6]]		(麯)	[麴[15]]
巨		[鉅[7]]	同		[仝[16]衕]

（续表）

规范字	繁体字	异体字	规范字	繁体字	异体字
伙	～		修		[脩[33]]
	(夥[17])		洁	(潔)	[絜[34]]
克	～		捍		[扞[35]]
	(剋[18])	[尅]	哲		[喆[36]]
苏	(蘇)	[甦[19]穌]	秘		[祕[37]]
	(囌)		借	～	
村		[邨[20]]		(藉[38])	
泛		[氾[21]汎]	俯		[俛頫[39]]
坤		[堃[22]]	资	(資)	[貲[40]]
苹	(蘋[23])		假		[叚[41]]
奔		[犇逩犇[24]]	绩	(績)	[勣[42]]
和		[咊龢[25]]	绿	(綠)	[菉[43]]
欣		[訢[26]]	搜		[蒐[44]]
征	～		渺		[淼[45]渺]
	(徵[27])		碗		[盌盋椀[46]]
径	(徑)	[逕[28]]	溪		[谿[47]]
炉	(爐)	[鑪[29]]	管		[筦[48]]
线	(綫)	[線[30]]	澄		[澂[49]]
厘		[釐[31]]	札		[剳劄[50]]
钟	(鍾[32])		坂		[阪[51]岅]
	(鐘)		咤		[吒[52]]

1. 瞭:读 liào 时不简化作"了",如"瞭望""瞭哨"。

2. 迺:可用于姓氏人名、地名。

3. 乾:读 qián 时不简化作"干",如"乾坤""乾隆"。

4. 麽:读 mó 时不简化作"么",如"幺麽小丑"。

5. 椏:可用于姓氏人名、地名和科学技术术语,但须类推简化作"桠",如"五桠果科"。

6. 耑:可用于姓氏人名,读 duān。读 zhuān 时用"专"。

7. 鉅:可用于姓氏人名、地名,但须类推简化作"钜"。

8. 昇:可用于姓氏人名,如"毕昇"。

9. 陞:可用于姓氏人名、地名。

10. 讎:用于"校讎""讎定""仇讎"等,但须类推简化作"雠"。其他意义用"仇"。

11. 祇:用于表示地神,读 qí。读 zhǐ 时用"只"。

12. 甯:可用于姓氏人名。

13. 颺:可用于姓氏人名,但须类推简化作"飏"。

14. 袷:用于"袷袢",读 qiā。读 jiá 时用"夹"。

15. 麯:可用于姓氏人名,但须类推简化作"麴"。

16. 仝:可用于姓氏人名。

17. 夥:作"多"解时不简化作"伙"。

18. 剋:表示训斥、打人时读 kēi,不简化作"克"。

19. 甦:可用于姓氏人名。

20. 邨:可用于姓氏人名。

21. 氾:可用于姓氏人名,读 fán。读 fàn 时用"泛"。

22. 堃:可用于姓氏人名。

23. 蘋:用于表示植物名时简化作"蘋",不简化作"苹"。

24. 犇:可用于姓氏人名。

25. 龢:可用于姓氏人名。

26. 訢:可用于姓氏人名,但须类推简化作"䜣"。

27. 徵:用于表示"宫商角徵羽"五音之一时读 zhǐ,不简化作"征"。

28. 逕:可用于姓氏人名、地名,但须类推简化作"迳"。

29. 鑪:用于科学技术术语,指一种人造的放射性元素(符号为 Rf),但须类推简化作"铲"。

30. 線:可用于姓氏人名,但须类推简化作"缐"。

31. 釐:可用于姓氏人名,读 xī。读 lí 时用"厘"。

32. 錘:用于姓氏人名时可简化作"锤"。

33. 脩:用于表示干肉,如"束脩"。其他意义用"修"。

34. 絜:读 xié 或 jié 均可用于姓氏人名。

35. 扞:用于表示相互抵触,如"扞格"。其他意义用"捍"。

36. 喆:可用于姓氏人名。

37. 祕:可用于姓氏人名。

38. 藉:读 jí 或用于慰藉、衬垫义时不简化作"借",如"狼藉(jí)""枕藉(jiè)"。

39. 頫:可用于姓氏人名,但须类推简化作"頫",如"赵孟頫"。

40. 甡:可用于姓氏人名和表示计量义,但须类推简化作"甡"。

41. 叚:可用于姓氏人名,读 xiá。读 jiǎ 时用"假"。

42. 勛:可用于姓氏人名,但须类推简化作"勋"。

43. 菉:可用于姓氏人名、地名。

44. 蒐:用于表示草名和春天打猎。其他意义用"搜"。

45. 淼:可用于姓氏人名、地名。

46. 椀:用于科学技术术语,如"橡椀"。其他意义用"碗"。

47. 谿:可用于姓氏人名。

48. 凴:可用于姓氏人名。

49. 澂:可用于姓氏人名。

50. 劄:用于科学技术术语,如中医学中的"目劄"。其他意义用"札"。

51. 阪:可用于地名,如"大阪"。

52. 吒:可用于姓氏人名,读 zhā,如"哪吒"。读 zhà 时用"咤"。

第一批异形词整理表

（中华人民共和国教育部、国家语言文字工作委员会2001年12月19日发布，2002年3月31日试行）

1 范围

本规范是推荐性试行规范。根据"积极稳妥、循序渐进、区别对待、分批整理"的工作方针，选取了普通话书面语中经常使用、公众的取舍倾向比较明显的338组（不含附录中的44组）异形词（包括词和固定短语）作为第一批进行整理，给出了每组异形词的推荐使用词形。

本规范适用于普通话书面语，包括语文教学、新闻出版、辞书编纂、信息处理等方面。

2 规范性引用文件

第一批异体字整理表（1955年12月22日中华人民共和国文化部、中国文字改革委员会发布）

汉语拼音方案（1958年2月11日中华人民共和国第一届全国人民代表大会第五次会议批准）

普通话异读词审音表（1985年12月27日国家语言文字工作委员会、国家教育委员会和广播电视部发布）

简化字总表（1986年10月10日经国务院批准国家语言文字工作委员会重新发表）

现代汉语常用字表（1988年1月26日国家语言文字工作委员会、国家教育委员会发布）

现代汉语通用字表（1988年3月25日国家语言文字工作委员会、中华人民

共和国新闻出版署发布）

GB/T 16159—1996　汉语拼音正词法基本规则

3　术语

3.1　异形词

普通话书面语中并存并用的同音（本规范中指声、韵、调完全相同）、同义（本规范中指理性意义、色彩意义和语法意义完全相同）而书写形式不同的词语。

3.2　异体字

与规定的正体字同音、同义而写法不同的字。本规范中专指被《第一批异体字整理表》淘汰的异体字。

3.3　词形

本规范中指词语的书写形式。

3.4　语料

本规范中指用于词频统计的普通话书面语中的语言资料。

3.5　词频

在一定数量的语料中同一个词语出现的频度，一般用词语的出现次数或覆盖率来表示。本规范中指词语的出现次数。

4　整理异形词的主要原则

现代汉语中异形词的出现有一个历史发展过程，涉及形、音、义等多个方面。整理异形词必须全面考虑、统筹兼顾。既立足于现实，又尊重历史；既充分注意语言的系统性，又承认发展演变中的特殊情况。

4.1　通用性原则

根据科学的词频统计和社会调查，选取公众目前普遍使用的词形作为推荐词形。把通用性原则作为整理异形词的首要原则，这是由语言的约定俗成的社会属性所决定的。据多方考察，90%以上的常见异形词在使用中词频逐渐出现显著性差异，符合通用性原则的词形绝大多数与理据性等原则是一致的。即使少数词频高的词形与语源或理据不完全一致，但一旦约定俗成，也应尊重社会的选择。如"毕恭毕敬24—必恭必敬0"（数字表示词频，下同），从源头来看，"必恭必敬"出现较早，但此成语在流传过程中意义发生了变化，由"必定恭敬"演变为"十分恭敬"，理据也有了不同。从目前的使用频率看，"毕恭毕敬"通用性强，故以"毕恭毕敬"为推荐词形。

4.2 理据性原则

某些异形词目前较少使用，或词频无显著性差异，难以依据通用性原则确定取舍，则从词语发展的理据性角度推荐一种较为合理的词形，以便于理解词义和方便使用。如"规诫1—规戒2"，"戒""诫"为同源字，在古代二者皆有"告诫"和"警戒"义，因此两词形皆合语源。但现代汉语中"诫"多表"告诫"义，"戒"多表"警戒"义，"规诫"是以言相劝，"诫"的语素义与词义更为吻合，故以"规诫"为推荐词形。

4.3 系统性原则

词汇内部有较强的系统性，在整理异形词时要考虑同语素系列词用字的一致性。如"侈靡0—侈糜0|靡费3—糜费3"，根据使用频率，难以确定取舍。但同系列的异形词"奢靡87—奢糜17"，前者占有明显的优势，故整个系列都确定以含"靡"的词形为推荐词形。

以上三个原则只是异形词取舍的三个主要侧重点，具体到每组词还需要综合考虑决定取舍。

另外，目前社会上还流行着一批含有非规范字（即国家早已废止的异体字或已简化的繁体字）的异形词，造成书面语使用中的混乱。这次选择了一些影响较大的列为附录，明确作为非规范词形予以废除。

5 《第一批异形词整理表》说明

5.1 本表研制过程中，用《人民日报》1995—2000年全部作品作语料对异形词进行词频统计和分析，并逐条进行人工干预，尽可能排除电脑统计的误差，部分异形词还用《人民日报》1987—1995年语料以及1996—1997年的66种社会科学杂志和158种自然科学杂志的语料进行了抽样复查。同时参考了《现代汉语词典》《汉语大词典》《辞海》《新华词典》《现代汉语规范字典》等工具书和有关讨论异形词的文章。

5.2　每组异形词连接号前为选取的推荐词形。表中需要说明的个别问题,以注释方式附在表后。

5.3　本表所收的条目按首字的汉语拼音音序排列,同音的按笔画数由少到多排列。

5.4　附录中列出的非规范词形置于圆括号内,已淘汰的异体字和已简化的繁体字在左上角用"＊"号标明。

A

按捺—按纳　　　　　　　　按语—案语

B

百废俱兴—百废具兴　　　　笔画—笔划

百叶窗—百页窗　　　　　　毕恭毕敬—必恭必敬

斑白—班白、颁白　　　　　编者按—编者案

斑驳—班驳　　　　　　　　扁豆—萹豆、稨豆、藊豆

孢子—胞子　　　　　　　　标志—标识

保镖—保镳　　　　　　　　鬓角—鬓脚

保姆—保母、褓姆　　　　　秉承—禀承

辈分—辈份　　　　　　　　补丁—补靪、补钉

本分—本份

C

参与—参预　　　　　　　　铲除—刬除

惨淡—惨澹　　　　　　　　徜徉—倘佯

差池—差迟　　　　　　　　车厢—车箱

掺和—搀和①　　　　　　　彻底—澈底

掺假—搀假　　　　　　　　沉思—沈思②

掺杂—搀杂　　　　　　　　称心—趁心

成分—成份 　　　　　　　　出谋划策—出谋画策
澄澈—澄彻 　　　　　　　　喘吁吁—喘嘘嘘
侈靡—侈糜 　　　　　　　　瓷器—磁器
筹划—筹画 　　　　　　　　赐予—赐与
筹码—筹马 　　　　　　　　粗鲁—粗卤
踌躇—踌蹰

D

搭档—搭当、搭挡 　　　　　跌宕—跌荡
搭讪—搭赸、答讪 　　　　　跌跤—跌交
答复—答覆 　　　　　　　　喋血—蹀血
戴孝—带孝 　　　　　　　　叮咛—丁宁
担心—耽心 　　　　　　　　订单—定单⑤
担忧—耽忧 　　　　　　　　订户—定户
耽搁—担搁 　　　　　　　　订婚—定婚
淡泊—澹泊 　　　　　　　　订货—定货
淡然—澹然 　　　　　　　　订阅—定阅
倒霉—倒楣 　　　　　　　　斗拱—枓拱、枓栱
低回—低徊③ 　　　　　　　逗留—逗遛
凋敝—雕敝、雕弊④ 　　　　逗趣儿—斗趣儿
凋零—雕零 　　　　　　　　独角戏—独脚戏
凋落—雕落 　　　　　　　　端午—端五
凋谢—雕谢

E

二黄—二簧 　　　　　　　　二心—贰心

F

发酵—酸酵 　　　　　　　　繁衍—蕃衍
发人深省—发人深醒 　　　　吩咐—分付

分量—份量
分内—份内
分外—份外
分子—份子⑥
愤愤—忿忿
丰富多彩—丰富多采
风瘫—疯瘫
疯癫—疯颠

锋芒—锋铓
服侍—伏侍、服事
服输—伏输
服罪—伏罪
负隅顽抗—负嵎顽抗
附会—傅会
复信—覆信
覆辙—复辙

G

干预—干与
告诫—告戒
耿直—梗直、鲠直
恭维—恭惟
勾画—勾划
勾连—勾联
孤苦伶仃—孤苦零丁
辜负—孤负
古董—骨董

股份—股分
骨瘦如柴—骨瘦如豺
关联—关连
光彩—光采
归根结底—归根结柢
规诫—规戒
鬼哭狼嚎—鬼哭狼嗥
过分—过份

H

蛤蟆—虾蟆
含糊—含胡
含蓄—涵蓄
寒碜—寒伧
喝彩—喝采
喝倒彩—喝倒采
轰动—哄动
弘扬—宏扬

红彤彤—红通通
宏论—弘论
宏图—弘图、鸿图
宏愿—弘愿
宏旨—弘旨
洪福—鸿福
狐臭—胡臭
蝴蝶—胡蝶

糊涂—胡涂
琥珀—虎魄
花招—花着
划拳—豁拳、搳拳
恍惚—恍忽

辉映—晖映
溃脓—殨脓
浑水摸鱼—混水摸鱼
伙伴—火伴

J

机灵—机伶
激愤—激忿
计划—计画
纪念—记念
寄予—寄与
夹克—茄克
嘉宾—佳宾
驾驭—驾御
架势—架式
嫁妆—嫁装
简练—简炼

骄奢淫逸—骄奢淫佚
角门—脚门
狡猾—狡滑
脚跟—脚根
叫花子—叫化子
精彩—精采
纠合—鸠合
纠集—鸠集
就座—就坐
角色—脚色

K

克期—刻期
克日—刻日

刻画—刻划
阔佬—阔老

L

褴褛—蓝缕
烂漫—烂缦、烂熳
狼藉—狼籍
榔头—狼头、鎯头
累赘—累坠
黧黑—黎黑

连贯—联贯
连接—联接
连绵—联绵[7]
连缀—联缀
联结—连结
联袂—连袂

联翩—连翩　　　　　　　　流连—留连
踉跄—踉跱　　　　　　　　喽啰—喽罗、偻㑩
嘹亮—嘹喨　　　　　　　　鲁莽—卤莽
缭乱—撩乱　　　　　　　　录像—录象、录相
伶仃—零丁　　　　　　　　络腮胡子—落腮胡子
囹圄—囹圉　　　　　　　　落寞—落漠、落莫
溜达—蹓跶

M

麻痹—痲痹　　　　　　　　模仿—摹仿
麻风—痲风　　　　　　　　模糊—模胡
麻疹—痲疹　　　　　　　　模拟—摹拟
马蜂—蚂蜂　　　　　　　　摹写—模写
马虎—马糊　　　　　　　　摩擦—磨擦
门槛—门坎　　　　　　　　摩拳擦掌—磨拳擦掌
靡费—糜费　　　　　　　　磨难—魔难
绵连—绵联　　　　　　　　脉脉—眽眽
腼腆—靦觍　　　　　　　　谋划—谋画

N

那么—那末　　　　　　　　牛仔裤—牛崽裤
内讧—内哄　　　　　　　　纽扣—钮扣
凝练—凝炼

P

扒手—掱手　　　　　　　　磐石—盘石、蟠石
盘根错节—蟠根错节　　　　蹒跚—盘跚
盘踞—盘据、蟠踞、蟠据　　彷徨—旁皇
盘曲—蟠曲　　　　　　　　披星戴月—披星带月
盘陀—盘陁　　　　　　　　疲沓—疲塌

漂泊—飘泊　　　　　　　　飘摇—飘飖
漂流—飘流　　　　　　　　凭空—平空
飘零—漂零

Q

牵连—牵联　　　　　　　　情愫—情素
憔悴—蕉萃　　　　　　　　拳拳—惓惓
清澈—清彻　　　　　　　　劝诫—劝戒

R

热乎乎—热呼呼　　　　　　人才—人材
热乎—热呼　　　　　　　　日食—日蚀
热衷—热中　　　　　　　　入座—入坐

S

色彩—色采　　　　　　　　湿漉漉—湿渌渌
杀一儆百—杀一警百　　　　什锦—十锦
鲨鱼—沙鱼　　　　　　　　收服—收伏
山楂—山查　　　　　　　　首座—首坐
舢板—舢舨　　　　　　　　书简—书柬
艄公—梢公　　　　　　　　双簧—双锁
奢靡—奢縻　　　　　　　　思维—思惟
申雪—伸雪　　　　　　　　死心塌地—死心踏地
神采—神彩

T

踏实—塌实　　　　　　　　透彻—透澈
甜菜—菾菜　　　　　　　　图像—图象
铤而走险—挺而走险　　　　推诿—推委

W

玩意儿—玩艺儿　　　　　　魍魉—蝄蛃

诿过—委过 毋庸—无庸
乌七八糟—污七八糟 五彩缤纷—五采缤纷
无动于衷—无动于中 五劳七伤—五痨七伤
毋宁—无宁

X

息肉—瘜肉 相貌—像貌
稀罕—希罕 潇洒—萧洒
稀奇—希奇 小题大做—小题大作
稀少—希少 卸载—卸儎
稀世—希世 信口开河—信口开合
稀有—希有 惺忪—惺松
翕动—噏动 秀外慧中—秀外惠中
洗练—洗炼 序文—叙文
贤惠—贤慧 序言—叙言
香醇—香纯 训诫—训戒
香菇—香菰

Y

压服—压伏 义无反顾—义无返顾
押韵—压韵 淫雨—霪雨
鸦片—雅片 盈余—赢余
扬琴—洋琴 影像—影象
要么—要末 余晖—余辉
夜宵—夜消 渔具—鱼具
一锤定音—一槌定音 渔网—鱼网
一股脑儿—一古脑儿 与会—预会
衣襟—衣衿 与闻—预闻
衣着—衣著 驭手—御手

预备—豫备⑧   缘由—原由
原来—元来   月食—月蚀
原煤—元煤   月牙—月芽
原原本本—源源本本、元元本本   芸豆—云豆
缘故—原故

Z

杂沓—杂遝   直截了当—直捷了当、直接了当
再接再厉—再接再砺   指手画脚—指手划脚
崭新—斩新   周济—赒济
辗转—展转   转悠—转游
战栗—颤栗⑨   装潢—装璜
账本—帐本⑩   孜孜—孳孳
折中—折衷   姿势—姿式
这么—这末   仔细—子细
正经八百—正经八摆   自个儿—自各儿
芝麻—脂麻   佐证—左证
肢解—支解、枝解

[注释]

① "掺""搀"实行分工:"掺"表混合义,"搀"表搀扶义。

② "沉"本为"沈"的俗体,后来"沉"字成了通用字,与"沈"并存并用,并形成了许多异形词,如"沉没—沈没|沉思—沈思|深沉—深沈"等。现在"沈"只读 shěn,用于姓氏。地名沈阳的"沈"是"瀋"的简化字。表示"沉没"及其引申义,现在一般写作"沉",读 chén。

③《普通话异读词审音表》审定"徊"统读 huái。"低回"一词只读 dīhuí,不读 dīhuái。

④ "凋""雕"古代通用,1955 年《第一批异体字整理表》曾将"凋"作为"雕"的异体字予以淘汰。1988 年《现代汉语通用字表》确认"凋"为规范字,表示"凋谢"及其引申义。

⑤ "订""定"二字中古时本不同音,演变为同音字后,才在"预先约定"的义项上通用,形成了一批异形词。不过近几十年二字在此共同义项上又发生了细微的分化:"订"多指事先经

过双方商讨的,只是约定,并非确定不变的;"定"侧重在确定,不轻易变动。故有些异形词现已分化为近义词,但本表所列的"订单—定单"等仍为全等异形词,应依据通用性原则予以规范。

⑥ 此词是指属于一定阶级、阶层、集团或具有某种特征的人,如"地主～|知识～|先进～"。与分母相对的"分子"、由原子构成的"分子"(读 fēnzǐ)、凑份子送礼的"份子"(读 fènzi),音、义均不同,不可混淆。

⑦ "联绵字""联绵词"中的"联"不能改写为"连"。

⑧ "预""豫"二字,古代在"预先"的意义上通用,故形成了"预备—豫备|预防—豫防|预感—豫感|预期—豫期"等20多组异形词。现在此义项已完全由"预"承担。但考虑到鲁迅等名家习惯用"豫",他们的作品影响深远,故列出一组特作说明。

⑨ "颤"有两读:读 zhàn 时,表示人发抖,与"战"相通;读 chàn 时,主要表物体轻微振动,也可表示人发抖,如"颤动"既可用于物,也可用于人。什么时候读 zhàn,什么时候读 chàn,很难从意义上把握,统一写作"颤"必然会给读者带来一定困难,故宜根据目前大多数人的习惯读音来规范词形,以利于稳定读音,避免混读。如"颤动、颤抖、颤巍巍、颤音、颤悠、发颤"多读 chàn,写作"颤";"战栗、打冷战、打战、胆战心惊、冷战、寒战"等词习惯多读 zhàn,写作"战"。

⑩ "账"是"帐"的分化字。古人常把账目记于布帛上悬挂起来以利保存,故称日用的账目为"帐"。后来为了与帷帐分开,另造形声字"账",表示与钱财有关。"账""帐"并存并用后,形成了几十组异形词。《简化字总表》《现代汉语通用字表》中"账""帐"均收,可见主张分化。二字分工如下:"账"用于货币和货物出入的记载、债务等,如"账本、报账、借账、还账"等;"帐"专表用布、纱、绸子等制成的遮蔽物,如"蚊帐、帐篷、青纱帐(比喻用法)"等。

[附录]

含有非规范字的异形词(44组)

抵触(*牴触)   飞扬(飞*颺)

抵牾(*牴牾)   氛围(*雰围)

喋血(*啑血)   构陷(*搆陷)

仿佛(彷*佛、髣*髴)   浩渺(浩*淼)

红果儿(红*菓儿)　　　　弥漫(*瀰漫)

胡同(*衚*衕)　　　　　弥蒙(*瀰*濛)

糊口(*餬口)　　　　　　迷蒙(迷*濛)

蒺藜(蒺*蔾)　　　　　　渺茫(*淼茫)

家伙(*傢伙)　　　　　　飘扬(飘*颺)

家具(*傢具)　　　　　　憔悴(*顦*顇)

家什(*傢什)　　　　　　轻扬(轻*颺)

侥幸(*傲*倖、徼*倖)　　水果(水*菓)

局促(*侷促、*跼促)　　　趟地(*蹚地)②

撅嘴(*噘嘴)①　　　　　趟浑水(*蹚浑水)

克期(*剋期)　　　　　　趟水(*蹚水)

空蒙(空*濛)　　　　　　纨绔(纨*袴)

昆仑(*崑*崙)　　　　　丫杈(*桠杈)

劳动(劳*働)　　　　　　丫枝(*桠枝)

绿豆(*菉豆)　　　　　　殷勤(*慇*懃)

马扎(马*劄)　　　　　　札记(*劄记)

蒙眬(*矇眬)　　　　　　枝丫(枝*桠)

蒙蒙(*濛*濛)　　　　　跖骨(*蹠骨)

---

① 《通用规范汉字表》不再将"噘"作为"撅"的异体字。——编者

② 《通用规范汉字表》不再将"蹚(tāng)"作为"趟(tàng)"的异体字。——编者

标点符号用法

(GB/T 15834—2011,代替 GB/T 15834—1995。国家质量监督检验检疫总局、国家标准化管理委员会 2011 年 12 月 30 日发布,2012 年 6 月 1 日实施)

1 范围

本标准规定了现代汉语标点符号的用法。

本标准适用于汉语的书面语(包括汉语和外语混合排版时的汉语部分)。

2 术语和定义

下列术语和定义适用于本文件。

2.1 标点符号 punctuation

辅助文字记录语言的符号,是书面语的有机组成部分,用来表示语句的停顿、语气以及标示某些成分(主要是词语)的特定性质和作用。

注:数学符号、货币符号、校勘符号、辞书符号、注音符号等特殊领域的专门符号不属于标点符号。

2.2 句子 sentence

前后都有较大停顿、带有一定的语气和语调、表达相对完整意义的语言单位。

2.3 复句 complex sentence

由两个或多个在意义上有密切关系的分句组成的语言单位,包括简单复句(内部只有一层语义关系)和多重复句(内部包含多层语义关系)。

2.4 分句 clause

复句内两个或多个前后有停顿、表达相对完整意义、不带有句末语气和语调、有的前面可添加关联词语的语言单位。

2.5 语段 expression

指语言片段,是对各种语言单位(如词、短语、句子、复句等)不做特别区分时的统称。

3 标点符号的种类

3.1 点号

点号的作用是点断,主要表示停顿和语气。分为句末点号和句内点号。

3.1.1 句末点号

用于句末的点号,表示句末停顿和句子的语气。包括句号、问号、叹号。

3.1.2 句内点号

用于句内的点号,表示句内各种不同性质的停顿。包括逗号、顿号、分号、冒号。

3.2 标号

标号的作用是标明,主要标示某些成分(主要是词语)的特定性质和作用。包括引号、括号、破折号、省略号、着重号、连接号、间隔号、书名号、专名号、分隔号。

4 标点符号的定义、形式和用法

4.1 句号

4.1.1 定义

句末点号的一种,主要表示句子的陈述语气。

4.1.2 形式

句号的形式是"。"。

4.1.3 基本用法

4.1.3.1 用于句子末尾,表示陈述语气。使用句号主要根据语段前后有较大停顿、带有陈述语气和语调,并不取决于句子的长短。

示例1:北京是中华人民共和国的首都。

示例2:(甲:咱们走着去吧?)乙:好。

4.1.3.2 有时也可表示较缓和的祈使语气和感叹语气。

示例1：请您稍等一下。

示例2：我不由地感到,这些普通劳动者也同样是很值得尊敬的。

4.2 问号

4.2.1 定义

句末点号的一种,主要表示句子的疑问语气。

4.2.2 形式

问号的形式是"？"。

4.2.3 基本用法

4.2.3.1 用于句子末尾,表示疑问语气(包括反问、设问等疑问类型)。使用问号主要根据语段前后有较大停顿、带有疑问语气和语调,并不取决于句子的长短。

示例1：你怎么还不回家去呢？

示例2：难道这些普通的战士不值得歌颂吗？

示例3：(一个外国人,不远万里来到中国,帮助中国的抗日战争。)这是什么精神？这是国际主义的精神。

4.2.3.2 选择问句中,通常只在最后一个选项的末尾用问号,各个选项之间一般用逗号隔开。当选项较短且选项之间几乎没有停顿时,选项之间可不用逗号。当选项较多或较长,或有意突出每个选项的独立性时,也可每个选项之后都用问号。

示例1：诗中记述的这场战争究竟是真实的历史描述,还是诗人的虚构？

示例2：这是巧合还是有意安排？

示例3：要一个什么样的结尾:现实主义的？传统的？大团圆的？荒诞的？民族形式的？有象征意义的？

示例4：(他看着我的作品称赞了我。)但到底是称赞我什么:是有几处画得好？还是什么都敢画？抑或只是一种对于失败者的无可奈何的安慰？我不得而知。

示例5：这一切都是由客观的条件造成的？还是由行为的惯性造成的？

4.2.3.3 在多个问句连用或表达疑问语气加重时,可叠用问号。通常应先单用,再叠用,最多叠用三个问号。在没有异常强烈的情感表达需要时不宜叠用问号。

示例:这就是你的做法吗？你这个总经理是怎么当的？？你怎么竟敢这样欺骗消费者？？？

4.2.3.4　问号也有标号的用法，即用于句内，表示存疑或不详。

示例1:马致远(1250？—1321)，大都人，元代戏曲家、散曲家。

示例2:钟嵘(？—518)，颍川长社人，南朝梁代文学批评家。

示例3:出现这样的文字错误，说明作者(编者？校者？)很不认真。

4.3　叹号

4.3.1　定义

句末点号的一种，主要表示句子的感叹语气。

4.3.2　形式

叹号的形式是"！"。

4.3.3　基本用法

4.3.3.1　用于句子末尾，主要表示感叹语气，有时也可表示强烈的祈使语气、反问语气等。使用叹号主要根据语段前后有较大停顿、带有感叹语气和语调或带有强烈的祈使、反问语气和语调，并不取决于句子的长短。

示例1:才一年不见，这孩子都长这么高啦！

示例2:你给我住嘴！

示例3:谁知道他今天是怎么搞的！

4.3.3.2　用于拟声词后，表示声音短促或突然。

示例1:咔嚓！一道闪电划破了夜空。

示例2:咚！咚咚！突然传来一阵急促的敲门声。

4.3.3.3　表示声音巨大或声音不断加大时，可叠用叹号；表达强烈语气时，也可叠用叹号，最多叠用三个叹号。在没有异常强烈的情感表达需要时不宜叠用叹号。

示例1:轰！！在这天崩地塌的声音中，女娲猛然醒来。

示例2:我要揭露！我要控诉！！我要以死抗争！！！

4.3.3.4　当句子包含疑问、感叹两种语气且都比较强烈时(如带有强烈感情的反问句和带有惊愕语气的疑问句)，可在问号后再加叹号(问号、叹号各一)。

示例1:这么点困难就能把我们吓倒吗？！

示例 2：他连这些最起码的常识都不懂,还敢说自己是高科技人才?!

4.4 逗号

4.4.1 定义

句内点号的一种,表示句子或语段内部的一般性停顿。

4.4.2 形式

逗号的形式是","。

4.4.3 基本用法

4.4.3.1 复句内各分句之间的停顿,除了有时用分号(见 4.6.3.1),一般都用逗号。

示例 1：不是人们的意识决定人们的存在,而是人们的社会存在决定人们的意识。

示例 2：学历史使人更明智,学文学使人更聪慧,学数学使人更精细,学考古使人更深沉。

示例 3：要是不相信我们的理论能反映现实,要是不相信我们的世界有内在和谐,那就不可能有科学。

4.4.3.2 用于下列各种语法位置:

a) 较长的主语之后。

示例 1：苏州园林建筑各种门窗的精美设计和雕镂功夫,都令人叹为观止。

b) 句首的状语之后。

示例 2：在苍茫的大海上,狂风卷集着乌云。

c) 较长的宾语之前。

示例 3：有的考古工作者认为,南方古猿生存于上新世至更新世的初期和中期。

d) 带句内语气词的主语(或其他成分)之后,或带句内语气词的并列成分之间。

示例 4：他呢,倒是很乐意地、全神贯注地干起来了。

示例 5：(那是个没有月亮的夜晚。)可是整个村子——白房顶啦,白树木啦,雪堆啦,全看得见。

e) 较长的主语中间、谓语中间或宾语中间。

示例 6：母亲沉痛的诉说,以及亲眼见到的事实,都启发了我幼年时期追求真理的思想。

示例 7：那姑娘头戴一顶草帽,身穿一条绿色的裙子,腰间还系着一根橙色的腰带。

示例 8：必须懂得,对于文化传统,既不能不分青红皂白统统抛弃,也不能不管精华糟粕全盘继承。

f) 前置的谓语之后或后置的状语、定语之前。

示例9：真美啊,这条蜿蜒的林间小路。

示例10：她吃力地站了起来,慢慢地。

示例11：我只是一个人,孤孤单单的。

4.4.3.3 用于下列各种停顿处：

a) 复指成分或插说成分前后。

示例1：老张,就是原来的办公室主任,上星期已经调走了。

示例2：车,不用说,当然是头等。

b) 语气缓和的感叹语、称谓语或呼唤语之后。

示例3：哎哟,这儿,快给我揉揉。

示例4：大娘,您到哪儿去啊?

示例5：喂,你是哪个单位的?

c) 某些序次语("第"字头、"其"字头及"首先"类序次语)之后。

示例6：为什么许多人都有长不大的感觉呢?原因有三：第一,父母总认为自己比孩子成熟;第二,父母总要以自己的标准来衡量孩子;第三,父母出于爱心而总不想让孩子在成长的过程中走弯路。

示例7：《玄秘塔碑》所以成为书法的范本,不外乎以下几方面的因素：其一,具有楷书点画、构体的典范性;其二,承上启下,成为唐楷的极致;其三,字如其人,爱人及字,柳公权高尚的书品、人品为后人所崇仰。

示例8：下面从三个方面讲讲语言的污染问题：首先,是特殊语言环境中的语言污染问题;其次,是滥用缩略语引起的语言污染问题;再次,是空话和废话引起的语言污染问题。

4.5 顿号

4.5.1 定义

句内点号的一种,表示语段中并列词语之间或某些序次语之后的停顿。

4.5.2 形式

顿号的形式是"、"。

4.5.3 基本用法

4.5.3.1 用于并列词语之间。

示例1：这里有自由、民主、平等、开放的风气和氛围。

示例2：造型科学、技艺精湛、气韵生动，是盛唐石雕的特色。

4.5.3.2 用于需要停顿的重复词语之间。

示例：他几次三番、几次三番地辩解着。

4.5.3.3 用于某些序次语（不带括号的汉字数字或"天干地支"类序次语）之后。

示例1：我准备讲两个问题：一、逻辑学是什么？二、怎样学好逻辑学？

示例2：风格的具体内容主要有以下四点：甲、题材；乙、用字；丙、表达；丁、色彩。

4.5.3.4 相邻或相近两数字连用表示概数通常不用顿号。若相邻两数字连用为缩略形式，宜用顿号。

示例1：飞机在6 000米高空水平飞行时，只能看到两侧八九公里和前方一二十公里范围内的地面。

示例2：这种凶猛的动物常常三五成群地外出觅食和活动。

示例3：农业是国民经济的基础，也是二、三产业的基础。

4.5.3.5 标有引号的并列成分之间、标有书名号的并列成分之间通常不用顿号。若有其他成分插在并列的引号之间或并列的书名号之间（如引语或书名号之后还有括注），宜用顿号。

示例1："日""月"构成"明"字。

示例2：店里挂着"顾客就是上帝""质量就是生命"等横幅。

示例3：《红楼梦》《三国演义》《西游记》《水浒传》，是我国长篇小说的四大名著。

示例4：李白的"白发三千丈"（《秋浦歌》）、"朝如青丝暮成雪"（《将进酒》）都是脍炙人口的诗句。

示例5：办公室里订有《人民日报》（海外版）、《光明日报》和《时代周刊》等报刊。

4.6 分号

4.6.1 定义

句内点号的一种，表示复句内部并列关系分句之间的停顿，以及非并列关系的多重复句中第一层分句之间的停顿。

4.6.2 形式

分号的形式是"；"。

4.6.3 基本用法

4.6.3.1 表示复句内部并列关系的分句(尤其当分句内部还有逗号时)之间的停顿。

示例1:语言文字的学习,就理解方面说,是得到一种知识;就运用方面说,是养成一种习惯。

示例2:内容有分量,尽管文章短小,也是有分量的;内容没有分量,即使写得再长也没有用。

4.6.3.2 表示非并列关系的多重复句中第一层分句(主要是选择、转折等关系)之间的停顿。

示例1:人还没看见,已经先听见歌声了;或者人已经转过山头望不见了,歌声还余音袅袅。

示例2:尽管人民革命的力量在开始时总是弱小的,所以总是受压的;但是由于革命的力量代表历史发展的方向,因此本质上又是不可战胜的。

示例3:不管一个人如何伟大,也总是生活在一定的环境和条件下;因此,个人的见解总难免带有某种局限性。

示例4:昨天夜里下了一场雨,以为可以凉快些;谁知没有凉快下来,反而更热了。

4.6.3.3 用于分项列举的各项之间。

示例:特聘教授的岗位职责为:一、讲授本学科的主干基础课程;二、主持本学科的重大科研项目;三、领导本学科的学术队伍建设;四、带领本学科赶超或保持世界先进水平。

4.7 冒号

4.7.1 定义

句内点号的一种,表示语段中提示下文或总结上文的停顿。

4.7.2 形式

冒号的形式是":"。

4.7.3 基本用法

4.7.3.1 用于总说性或提示性词语(如"说""例如""证明"等)之后,表示提示下文。

示例1:北京紫禁城有四座城门:午门、神武门、东华门和西华门。

示例2:她高兴地说:"咱们去好好庆祝一下吧!"

示例3:小王笑着点了点头:"我就是这么想的。"

示例4:这一事实证明:人能创造环境,环境同样也能创造人。

4.7.3.2 表示总结上文。

示例:张华上了大学,李萍进了技校,我当了工人:我们都有美好的前途。

4.7.3.3 用在需要说明的词语之后,表示注释和说明。

示例1:(本市将举办首届大型书市。)主办单位:市文化局;承办单位:市图书进出口公司;时间:8月15日—20日;地点:市体育馆观众休息厅。

示例2:(做阅读理解题有两个办法。)办法之一:先读题干,再读原文,带着问题有针对性地读课文。办法之二:直接读原文,读完再做题,减少先入为主的干扰。

4.7.3.4 用于书信、讲话稿中称谓语或称呼语之后。

示例1:广平先生:……

示例2:同志们、朋友们:……

4.7.3.5 一个句子内部一般不应套用冒号。在列举式或条文式表述中,如不得不套用冒号时,宜另起段落来显示各个层次。

示例:第十条　遗产按照下列顺序继承:

第一顺序:配偶、子女、父母。

第二顺序:兄弟姐妹、祖父母、外祖父母。

4.8 引号

4.8.1 定义

标号的一种,标示语段中直接引用的内容或需要特别指出的成分。

4.8.2 形式

引号的形式有双引号""""和单引号"''"两种。左侧的为前引号,右侧的为后引号。

4.8.3 基本用法

4.8.3.1 标示语段中直接引用的内容。

示例:李白诗中就有"白发三千丈"这样极尽夸张的语句。

4.8.3.2 标示需要着重论述或强调的内容。

示例:这里所谓的"文",并不是指文字,而是指文采。

4.8.3.3 标示语段中具有特殊含义而需要特别指出的成分,如别称、简称、反语等。

示例1:电视被称作"第九艺术"。

示例2:人类学上常把古人化石统称为尼安德特人,简称"尼人"。

示例3:有几个"慈祥"的老板把捡来的菜叶用盐浸浸就算作工友的菜肴。

4.8.3.4 当引号中还需要使用引号时,外面一层用双引号,里面一层用单引号。

示例:他问:"老师,'七月流火'是什么意思?"

4.8.3.5 独立成段的引文如果只有一段,段首和段尾都用引号;不止一段时,每段开头仅用前引号,只在最后一段末尾用后引号。

示例:我曾在报纸上看到有人这样谈幸福:

"幸福是知道自己喜欢什么和不喜欢什么。……

"幸福是知道自己擅长什么和不擅长什么。……

"幸福是在正确的时间做了正确的选择。……"

4.8.3.6 在书写带月、日的事件、节日或其他特定意义的短语(含简称)时,通常只标引其中的月和日;需要突出和强调该事件或节日本身时,也可连同事件或节日一起标引。

示例1:"5·12"汶川大地震

示例2:"五四"以来的话剧,是我国戏剧中的新形式。

示例3:纪念"五四运动"90周年

4.9 括号

4.9.1 定义

标号的一种,标示语段中的注释内容、补充说明或其他特定意义的语句。

4.9.2 形式

括号的主要形式是圆括号"()",其他形式还有方括号"[]"、六角括号"〔〕"和方头括号"【】"等。

4.9.3 基本用法

4.9.3.1 标示下列各种情况,均用圆括号:

a) 标示注释内容或补充说明。

示例1:我校拥有特级教师(含已退休的)17人。

示例2:我们不但善于破坏一个旧世界,我们还将善于建设一个新世界!(热烈鼓掌)

　　b) 标示订正或补加的文字。

示例3:信纸上用稚嫩的字体写着:"阿夷(姨),你好!"。

示例4:该建筑公司负责的建设工程全部达到优良工程(的标准)。

　　c) 标示序次语。

示例5:语言有三个要素:(1)声音;(2)结构;(3)意义。

示例6:思想有三个条件:(一)事理;(二)心理;(三)伦理。

　　d) 标示引语的出处。

示例7:他说得好:"未画之前,不立一格;既画之后,不留一格。"(《板桥集·题画》)

　　e) 标示汉语拼音注音。

示例8:"的(de)"这个字在现代汉语中最常用。

4.9.3.2 标示作者国籍或所属朝代时,可用方括号或六角括号。

示例1:[英]赫胥黎《进化论与伦理学》

示例2:〔唐〕杜甫著

4.9.3.3 报刊标示电讯、报道的开头,可用方头括号。

示例:【新华社南京消息】

4.9.3.4 标示公文发文字号中的发文年份时,可用六角括号。

示例:国发〔2011〕3号文件

4.9.3.5 标示被注释的词语时,可用六角括号或方头括号。

示例1:〔奇观〕奇伟的景象。

示例2:【爱因斯坦】物理学家。生于德国,1933年因受纳粹政权迫害,移居美国。

4.9.3.6 除科技书刊中的数学、逻辑公式外,所有括号(特别是同一形式的括号)应尽量避免套用。必须套用括号时,宜采用不同的括号形式配合使用。

示例:〔茸(róng)毛〕很细很细的毛。

4.10 破折号

4.10.1 定义

标号的一种,标示语段中某些成分的注释、补充说明或语音、意义的变化。

4.10.2 形式

破折号的形式是"——"。

4.10.3 基本用法

4.10.3.1 标示注释内容或补充说明(也可用括号,见 4.9.3.1;二者的区别另见 B.1.7)。

示例1:一个矮小而结实的日本中年人——内山老板走了过来。

示例2:我一直坚持读书,想借此唤起弟妹对生活的希望——无论环境多么困难。

4.10.3.2 标示插入语(也可用逗号,见 4.4.3.3)。

示例:这简直就是——说得不客气点——无耻的勾当!

4.10.3.3 标示总结上文或提示下文(也可用冒号,见 4.7.3.1、4.7.3.2)。

示例1:坚强,纯洁,严于律己,客观公正——这一切都难得地集中在一个人身上。

示例2:画家开始娓娓道来——

　　　　数年前的一个寒冬,……

4.10.3.4 标示话题的转换。

示例:"好香的干菜,——听到风声了吗?"赵七爷低声说道。

4.10.3.5 标示声音的延长。

示例:"嘎——"传过来一声水禽被惊动的鸣叫。

4.10.3.6 标示话语的中断或间隔。

示例1:"班长他牺——"小马话没说完就大哭起来。

示例2:"亲爱的妈妈,你不知道我多爱您。——还有你,我的孩子!"

4.10.3.7 标示引出对话。

示例:——你长大后想成为科学家吗?

　　　——当然想了!

4.10.3.8 标示事项列举分承。

示例:根据研究对象的不同,环境物理学分为以下五个分支学科:

　　　——环境声学;

　　　——环境光学;

　　　——环境热学;

　　　——环境电磁学;

　　　——环境空气动力学。

4.10.3.9 用于副标题之前。

示例:飞向太平洋

——我国新型号运载火箭发射目击记

4.10.3.10　用于引文、注文后,标示作者、出处或注释者。

示例1:先天下之忧而忧,后天下之乐而乐。

——范仲淹

示例2:乐浪海中有倭人,分为百余国。

——《汉书》

示例3:很多人写好信后把信笺折成方胜形,我看大可不必。(方胜,指古代妇女戴的方形首饰,用彩绸等制作,由两个斜方部分叠合而成。——编者注)

4.11　省略号

4.11.1　定义

标号的一种,标示语段中某些内容的省略及意义的断续等。

4.11.2　形式

省略号的形式是"……"。

4.11.3　基本用法

4.11.3.1　标示引文的省略。

示例:我们齐声朗诵起来:"……俱往矣,数风流人物,还看今朝。"

4.11.3.2　标示列举或重复词语的省略。

示例1:对政治的敏感,对生活的敏感,对性格的敏感,……这都是作家必须要有的素质。

示例2:他气得连声说:"好,好……算我没说。"

4.11.3.3　标示语意未尽。

示例1:在人迹罕至的深山密林里,假如突然看见一缕炊烟,……

示例2:你这样干,未免太……!

4.11.3.4　标示说话时断断续续。

示例:她磕磕巴巴地说:"可是……太太……我不知道……你一定是认错了。"

4.11.3.5　标示对话中的沉默不语。

示例:"还没结婚吧?"

"……"他飞红了脸,更加忸怩起来。

4.11.3.6　标示特定的成分虚缺。

示例: 只要……就……

4.11.3.7 在标示诗行、段落的省略时,可连用两个省略号(即相当于十二连点)。

示例1: 从隔壁房间传来缓缓而抑扬顿挫的吟咏声——
　　　　床前明月光,疑是地上霜。
　　　　……………

示例2: 该刊根据工作质量、上稿数量、参与程度等方面的表现,评选出了高校十佳记者站。还根据发稿数量、提供新闻线索情况以及对刊物的关注度等,评选出了十佳通讯员。
　　　　……………

4.12 着重号

4.12.1 定义

标号的一种,标示语段中某些重要的或需要指明的文字。

4.12.2 形式

着重号的形式是".",标注在相应文字的下方。

4.12.3 基本用法

4.12.3.1 标示语段中重要的文字。

示例1: 诗人需要表现,而不是证明。

示例2: 下面对本文的理解,不正确的一项是:……

4.12.3.2 标示语段中需要指明的文字。

示例: 下边加点的字,除了在词中的读法外,还有哪些读法?
　　　　着急　子弹　强调

4.13 连接号

4.13.1 定义

标号的一种,标示某些相关联成分之间的连接。

4.13.2 形式

连接号的形式有短横线"-"、一字线"—"和浪纹线"～"三种。

4.13.3 基本用法

4.13.3.1 标示下列各种情况,均用短横线:

a)　化合物的名称或表格、插图的编号。

示例1:3-戊酮为无色液体,对眼及皮肤有强烈的刺激性。

示例2:参见下页表2-8、表2-9。

  b) 连接号码,包括门牌号码、电话号码,以及用阿拉伯数字表示年月日等。

示例3:安宁里东路26号院3-2-11室

示例4:联系电话:010-88842603

示例5:2011-02-15

  c) 在复合名词中起连接作用。

示例6:吐鲁番-哈密盆地

  d) 某些产品的名称和型号。

示例7:WZ-10直升机具有复杂天气和夜间作战的能力。

  e) 汉语拼音、外来语内部的分合。

示例8:shuōshuō-xiàoxiào(说说笑笑)

示例9:盎格鲁-撒克逊人

示例10:让-雅克·卢梭("让-雅克"为双名)

示例11:皮埃尔·孟戴斯-弗朗斯("孟戴斯-弗朗斯"为复姓)

4.13.3.2 标示下列各种情况,一般用一字线,有时也可用浪纹线:

  a) 标示相关项目(如时间、地域等)的起止。

示例1:沈括(1031—1095),宋朝人。

示例2:2011年2月3日—10日

示例3:北京—上海特别旅客快车

  b) 标示数值范围(由阿拉伯数字或汉字数字构成)的起止。

示例4:25～30 g

示例5:第五～八课

4.14 间隔号

4.14.1 定义

标号的一种,标示某些相关联成分之间的分界。

4.14.2 形式

间隔号的形式是"·"。

4.14.3 基本用法

4.14.3.1 标示外国人名或少数民族人名内部的分界。

示例1:克里斯蒂娜·罗塞蒂

示例2:阿依古丽·买买提

4.14.3.2 标示书名与篇(章、卷)名之间的分界。

示例:《淮南子·本经训》

4.14.3.3 标示词牌、曲牌、诗体名等和题名之间的分界。

示例1:《沁园春·雪》

示例2:《天净沙·秋思》

示例3:《七律·冬云》

4.14.3.4 用在构成标题或栏目名称的并列词语之间。

示例4:《天·地·人》

4.14.3.5 以月、日为标志的事件或节日,用汉字数字表示时,只在一、十一和十二月后用间隔号;当直接用阿拉伯数字表示时,月、日之间均用间隔号(半角字符)。

示例1:"九一八"事变 "五四"运动

示例2:"一·二八"事变 "一二·九"运动

示例3:"3·15"消费者权益日 "9·11"恐怖袭击事件

4.15 书名号

4.15.1 定义

标号的一种,标示语段中出现的各种作品的名称。

4.15.2 形式

书名号的形式有双书名号"《》"和单书名号"〈〉"两种。

4.15.3 基本用法

4.15.3.1 标示书名、卷名、篇名、刊物名、报纸名、文件名等。

示例1:《红楼梦》(书名)

示例2:《史记·项羽本纪》(卷名)

示例3:《论雷峰塔的倒掉》(篇名)

示例4:《每周关注》(刊物名)

示例5:《人民日报》(报纸名)

示例6:《全国农村工作会议纪要》(文件名)

4.15.3.2　标示电影、电视、音乐、诗歌、雕塑等各类用文字、声音、图像等表现的作品的名称。

示例1:《渔光曲》(电影名)

示例2:《追梦录》(电视剧名)

示例3:《勿忘我》(歌曲名)

示例4:《沁园春·雪》(诗词名)

示例5:《东方欲晓》(雕塑名)

示例6:《光与影》(电视节目名)

示例7:《社会广角镜》(栏目名)

示例8:《庄子研究文献数据库》(光盘名)

示例9:《植物生理学系列挂图》(图片名)

4.15.3.3　标示全中文或中文在名称中占主导地位的软件名。

示例:科研人员正在研制《电脑卫士》杀毒软件。

4.15.3.4　标示作品名的简称。

示例:我读了《念青唐古拉山脉纪行》一文(以下简称《念》),收获很大。

4.15.3.5　当书名号中还需要书名号时,里面一层用单书名号,外面一层用双书名号。

示例:《教育部关于提请审议〈高等教育自学考试试行办法〉的报告》

4.16　专名号

4.16.1　定义

标号的一种,标示古籍和某些文史类著作中出现的特定类专有名词。

4.16.2　形式

专名号的形式是一条直线,标注在相应文字的下方。

4.16.3　基本用法

4.16.3.1　标示古籍、古籍引文或某些文史类著作中出现的专有名词,主要包括人名、地名、国名、民族名、朝代名、年号、宗教名、官署名、组织名等。

示例1:孙坚人马被刘表率军围得水泄不通。(人名)

示例2：于是聚集冀、青、幽、并四州兵马七十多万准备决一死战。（地名）

示例3：当时乌孙及西域各国都向汉派遣了使节。（国名、朝代名）

示例4：从咸宁二年到太康十年,匈奴、鲜卑、乌桓等族人徙居塞内。（年号、民族名）

4.16.3.2 现代汉语文本中的上述专有名词,以及古籍和现代文本中的单位名、官职名、事件名、会议名、书名等不应使用专名号。必须使用标号标示时,宜使用其他相应标号(如引号、书名号等)。

4.17 分隔号

4.17.1 定义

标号的一种,标示诗行、节拍及某些相关文字的分隔。

4.17.2 形式

分隔号的形式是"/"。

4.17.3 基本用法

4.17.3.1 诗歌接排时分隔诗行(也可使用逗号和分号,见4.4.3.1/4.6.3.1)。

示例:春眠不觉晓/处处闻啼鸟/夜来风雨声/花落知多少。

4.17.3.2 标示诗文中的音节节拍。

示例:横眉/冷对/千夫指,俯首/甘为/孺子牛。

4.17.3.3 分隔供选择或可转换的两项,表示"或"。

示例:动词短语中除了作为主体成分的述语动词之外,还包括述语动词所带的宾语和/或补语。

4.17.3.4 分隔组成一对的两项,表示"和"。

示例1:13/14次特别快车

示例2:羽毛球女双决赛中国组合杜婧/于洋两局完胜韩国名将李孝贞/李敬元。

4.17.3.5 分隔层级或类别。

示例:我国的行政区划分为:省(直辖市、自治区)/省辖市(地级市)/县(县级市、区、自治州)/乡(镇)/村(居委会)。

5 标点符号的位置和书写形式

5.1 横排文稿标点符号的位置和书写形式

5.1.1 句号、逗号、顿号、分号、冒号均置于相应文字之后,占一个字位置,居左下,不出现在一行之首。

5.1.2 问号、叹号均置于相应文字之后,占一个字位置,居左,不出现在一行之首。两个问号(或叹号)叠用时,占一个字位置;三个问号(或叹号)叠用时,占两个字位置;问号和叹号连用时,占一个字位置。

5.1.3 引号、括号、书名号中的两部分标在相应项目的两端,各占一个字位置。其中前一半不出现在一行之末,后一半不出现在一行之首。

5.1.4 破折号标在相应项目之间,占两个字位置,上下居中,不能中间断开分处上行之末和下行之首。

5.1.5 省略号占两个字位置,两个省略号连用时占四个字位置并须单独占一行。省略号不能中间断开分处上行之末和下行之首。

5.1.6 连接号中的短横线比汉字"一"略短,占半个字位置;一字线比汉字"一"略长,占一个字位置;浪纹线占一个字位置。连接号上下居中,不出现在一行之首。

5.1.7 间隔号标在需要隔开的项目之间,占半个字位置,上下居中,不出现在一行之首。

5.1.8 着重号和专名号标在相应文字的下边。

5.1.9 分隔号占半个字位置,不出现在一行之首或一行之末。

5.1.10 标点符号排在一行末尾时,若为全角字符则应占半角字符的宽度(即半个字位置),以使视觉效果更美观。

5.1.11 在实际编辑出版工作中,为排版美观、方便阅读等需要,或为避免某一小节最后一个汉字转行或出现在另外一页开头等情况(浪费版面及视觉效果差),可适当压缩标点符号所占用的空间。

5.2 竖排文稿标点符号的位置和书写形式

5.2.1 句号、问号、叹号、逗号、顿号、分号和冒号均置于相应文字之下偏右。

5.2.2 破折号、省略号、连接号、间隔号和分隔号置于相应文字之下居中,上下方向排列。

5.2.3 引号改用双引号"﹃""﹄"和单引号"﹁""﹂",括号改用"︵""︶",标在相应项目的上下。

5.2.4 竖排文稿中使用浪线式书名号"﹏",标在相应文字的左侧。

5.2.5 着重号标在相应文字的右侧,专名号标在相应文字的左侧。

5.2.6 横排文稿中关于某些标点不能居行首或行末的要求,同样适用于竖排文稿。

附录 A
（规范性附录）
标点符号用法的补充规则

A.1 句号用法补充规则

图或表的短语式说明文字，中间可用逗号，但末尾不用句号。即使有时说明文字较长，前面的语段已出现句号，最后结尾处仍不用句号。

示例1：行进中的学生方队

示例2：经过治理，本市市容市貌焕然一新。这是某区街道一景

A.2 问号用法补充规则

使用问号应以句子表示疑问语气为依据，而并不根据句子中包含有疑问词。当含有疑问词的语段充当某种句子成分，而句子并不表示疑问语气时，句末不用问号。

示例1：他们的行为举止、审美趣味，甚至读什么书，坐什么车，都在媒体掌握之中。

示例2：谁也不见，什么也不吃，哪儿也不去。

示例3：我也不知道他究竟躲到什么地方去了。

A.3 逗号用法补充规则

用顿号表示较长、较多或较复杂的并列成分之间的停顿时，最后一个成分前可用"以及（及）"进行连接，"以及（及）"之前应用逗号。

示例：压力过大、工作时间过长、作息不规律，以及忽视营养均衡等，均会导致健康状况的下降。

A.4 顿号用法补充规则

A.4.1 表示含有顺序关系的并列各项间的停顿，用顿号，不用逗号。下例解释"对于"一词用法，"人""事物""行为"之间有顺序关系（即人和人、人和事物、人和行为、事物和事物、事物和行为、行为和行为等六种对待关系），各项之间应用顿号。

示例:〔对于〕表示人,事物,行为之间的相互对待关系。(误)

〔对于〕表示人、事物、行为之间的相互对待关系。(正)

A.4.2 用阿拉伯数字表示年月日的简写形式时,用短横线连接号,不用顿号。

示例:2010、03、02(误)

2010－03－02(正)

A.5 分号用法补充规则

分项列举的各项有一项或多项已包含句号时,各项的末尾不能再用分号。

示例:本市先后建立起三大农业生产体系:一是建立甘蔗生产服务体系。成立糖业服务公司,主要给农民提供机耕等服务;二是建立蚕桑生产服务体系。……;三是建立热作服务体系。……。(误)

本市先后建立起三大农业生产体系:一是建立甘蔗生产服务体系。成立糖业服务公司,主要给农民提供机耕等服务。二是建立蚕桑生产服务体系。……。三是建立热作服务体系。……。(正)

A.6 冒号用法补充规则

A.6.1 冒号用在提示性话语之后引起下文。表面上类似但实际不是提示性话语的,其后用逗号。

示例1:郦道元《水经注》记载:"沼西际山枕水,有唐叔虞祠。"(提示性话语)

示例2:据《苏州府志》载,苏州城内大小园林约有150多座,可算名副其实的园林之城。(非提示性话语)

A.6.2 冒号提示范围无论大小(一句话、几句话甚至几段话),都应与提示性话语保持一致(即在该范围的末尾要用句号点断)。应避免冒号涵盖范围过窄或过宽。

示例:艾滋病有三个传播途径:血液传播,性传播和母婴传播,日常接触是不会传播艾滋病的。(误)

艾滋病有三个传播途径:血液传播,性传播和母婴传播。日常接触是不会传播艾滋病的。(正)

A.6.3 冒号应用在有停顿处,无停顿处不应用冒号。

示例1:他头也不抬,冷冷地问:"你叫什么名字?"(有停顿)

示例2:这事你得拿主意,光说"不知道"怎么行?(无停顿)

A.7　引号用法补充规则

"丛刊""文库""系列""书系"等作为系列著作的选题名,宜用引号标引。当"丛刊"等为选题名的一部分时,放在引号之内,反之则放在引号之外。

示例1:"汉译世界学术名著丛书"

示例2:"中国哲学典籍文库"

示例3:"20世纪心理学通览"丛书

A.8　括号用法补充规则

括号可分为句内括号和句外括号。句内括号用于注释句子里的某些词语,即本身就是句子的一部分,应紧跟在被注释的词语之后。句外括号则用于注释句子、句群或段落,即本身结构独立,不属于前面的句子、句群或段落,应位于所注释语段的句末点号之后。

示例:标点符号是辅助文字记录语言的符号,是书面语的有机组成部分,用来表示语句的停顿、语气以及标示某些成分(主要是词语)的特定性质和作用。(数学符号、货币符号、校勘符号等特殊领域的专门符号不属于标点符号。)

A.9　省略号用法补充规则

A.9.1　不能用多于两个省略号(多于12点)连在一起表示省略。省略号须与多点连续的连珠号相区别(后者主要是用于表示目录中标题和页码对应和连接的专门符号)。

A.9.2　省略号和"等""等等""什么的"等词语不能同时使用。在需要读出来的地方用"等""等等""什么的"等词语,不用省略号。

示例:含有铁质的食物有猪肝、大豆、油菜、菠菜……等。(误)
　　　　含有铁质的食物有猪肝、大豆、油菜、菠菜等。(正)

A.10　着重号用法补充规则

不应使用文字下加直线或波浪线等形式表示着重。文字下加直线为专名号形式(4.16);文字下加浪纹线是特殊书名号(A.13.6)。着重号的形式统一为相应项目下加小圆点。

示例:下面对本文的理解,<u>不正确</u>的一项是(误)
　　　　下面对本文的理解,不正确的一项是(正)

A.11　连接号用法补充规则

浪纹线连接号用于标示数值范围时,在不引起歧义的情况下,前一数值附加符号或计量单位可省略。

示例:5 公斤～100 公斤(正)

5～100 公斤(正)

A.12　间隔号用法补充规则

当并列短语构成的标题中已用间隔号隔开时,不应再用"和"类连词。

示例:《水星·火星和金星》(误)

《水星·火星·金星》(正)

A.13　书名号用法补充规则

A.13.1　不能视为作品的课程、课题、奖品奖状、商标、证照、组织机构、会议、活动等名称,不应用书名号。下面均为书名号误用的示例:

示例 1:下学期本中心将开设《现代企业财务管理》《市场营销》两门课程。

示例 2:明天将召开《关于"两保两挂"的多视觉理论思考》课题立项会。

示例 3:本市将向 70 岁以上(含 70 岁)老年人颁发《敬老证》。

示例 4:本校共获得《最佳印象》《自我审美》《卡拉 OK》等六个奖杯。

示例 5:《闪光》牌电池经久耐用。

示例 6:《文史杂志社》编辑力量比较雄厚。

示例 7:本市将召开《全国食用天然色素应用研讨会》。

示例 8:本报将于今年暑假举行《墨宝杯》书法大赛。

A.13.2　有的名称应根据指称意义的不同确定是否用书名号。如文艺晚会指一项活动时,不用书名号;而特指一种节目名称时,可用书名号。再如展览作为一种文化传播的组织形式时,不用书名号;特定情况下将某项展览作为一种创作的作品时,可用书名号。

示例 1:2008 年重阳联欢晚会受到观众的称赞和好评。

示例 2:本台将重播《2008 年重阳联欢晚会》。

示例 3:"雪域明珠——中国西藏文化展"今天隆重开幕。

示例 4:《大地飞歌艺术展》是一部大型现代艺术作品。

A.13.3　书名后面表示该作品所属类别的普通名词不标在书名号内。

示例:《我们》杂志

A.13.4　书名有时带有括注。如果括注是书名、篇名等的一部分,应放在书名号之内,反之则应放在书名号之外。

示例 1:《琵琶行(并序)》

示例 2:《中华人民共和国民事诉讼法(试行)》

示例 3:《新政治协商会议筹备会组织条例(草案)》

示例 4:《百科知识》(彩图本)

示例 5:《人民日报》(海外版)

A.13.5　书名、篇名末尾如有叹号或问号,应放在书名号之内。

示例 1:《日记何罪!》

示例 2:《如何做到同工又同酬?》

A.13.6　在古籍或某些文史类著作中,为与专名号配合,书名号也可改用浪线式"＿",标注在书名下方。这可以看作是特殊的专名号或特殊的书名号。

A.14　分隔号用法补充规则

分隔号又称正斜线号,须与反斜线号"\"相区别(后者主要是用于编写计算机程序的专门符号)。使用分隔号时,紧贴着分隔号的前后通常不用点号。

附录 B
（资料性附录）
标点符号若干用法的说明

B.1 易混标点符号用法比较

B.1.1 逗号、顿号表示并列词语之间停顿的区别

逗号和顿号都表示停顿，但逗号表示的停顿长，顿号表示的停顿短。并列词语之间的停顿一般用顿号，但当并列词语较长或其后有语气词时，为了表示稍长一点的停顿，也可用逗号。

示例 1：我喜欢吃的水果有苹果、桃子、香蕉和菠萝。

示例 2：我们需要了解全局和局部的统一，必然和偶然的统一，本质和现象的统一。

示例 3：看游记最难弄清位置和方向，前啊，后啊，左啊，右啊，看了半天，还是不明白。

B.1.2 逗号、顿号在表列举省略的"等""等等"之类词语前的使用

并列成分之间用顿号，末尾的并列成分之后用"等""等等"之类词语时，"等"类词前不用顿号或其他点号；并列成分之间用逗号，末尾的并列成分之后用"等"类词时，"等"类词前应用逗号。

示例 1：现代生物学、物理学、化学、数学等基础科学的发展，带动了医学科学的进步。

示例 2：写文章前要想好，文章主题是什么，用哪些材料，哪些详写，哪些略写，等等。

B.1.3 逗号、分号表示分句间停顿的区别

当复句的表述不复杂、层次不多，相连的分句语气比较紧凑、分句内部也没有使用逗号表示停顿时，分句间的停顿多用逗号。当用逗号不易分清多重复句内部的层次（如分句内部已有逗号），而用句号又可能割裂前后关系的地方，应用分号表示停顿。

示例 1：她拿起钥匙，开了箱上的锁，又开了首饰盒上的锁，往老地方放钱。

示例 2：纵比，即以一事物的各个发展阶段作比；横比，则以此事物与彼事物相比。

B.1.4 顿号、逗号、分号在标示层次关系时的区别

句内点号中，顿号表示的停顿最短、层次最低，通常只能表示并列词语之间的停顿；分号表示的停顿最长、层次最高，可以用来表示复句的第一层分句之间的停顿；逗号介于两者之间，既可表示并列词语之间的停顿，也可表示复句中分句之间的停顿。若分句内部已用逗号，分句之间就应用分号（见 B.1.3 示例 2）。用分号隔开的几个并列分句不能由逗号统领或总结。

示例1:有的学会烤烟,自己做挺讲究的纸烟和雪茄;有的学会蔬菜加工,做的番茄酱能吃到冬天;有的学会蔬菜腌渍、窖藏,使秋菜接上春菜。

示例2:动物吃植物的方式多种多样,有的是把整个植物吃掉,如原生动物;有的是把植物的大部分吃掉,如鼠类;有的是吃掉植物的要害部位,如鸟类吃掉植物的嫩芽。(误)

动物吃植物的方式多种多样:有的是把整个植物吃掉,如原生动物;有的是把植物的大部分吃掉,如鼠类;有的是吃掉植物的要害部位,如鸟类吃掉植物的嫩芽。(正)

B.1.5 冒号、逗号用于"说""道"之类词语后的区别

位于引文之前的"说""道"后用冒号。位于引文之后的"说""道"分两种情况:处于句末时,其后用句号;"说""道"后还有其他成分时,其后用逗号。插在话语中间的"说""道"类词语后只能用逗号表示停顿。

示例1:他说:"晚上就来家里吃饭吧。"

示例2:"我真的很期待。"他说。

示例3:"我有件事忘了说……"他说,表情有点为难。

示例4:"现在请皇上脱下衣服,"两个骗子说,"好让我们为您换上新衣。"

B.1.6 不同点号表示停顿长短的排序

各种点号都表示说话时的停顿。句号、问号、叹号都表示句子完结,停顿最长。分号用于复句的分句之间,停顿长度介于句末点号和逗号之间,而短于冒号。逗号表示一句话中间的停顿,又短于分号。顿号用于并列词语之间,停顿最短。通常情况下,各种点号表示的停顿由长到短为:句号=问号=叹号>冒号(指涵盖范围为一句话的冒号)>分号>逗号>顿号。

B.1.7 破折号与括号表示注释或补充说明时的区别

破折号用于表示比较重要的解释说明,这种补充是正文的一部分,可与前后文连读;而括号表示比较一般的解释说明,只是注释而非正文,可不与前后文连读。

示例1:在今年——农历虎年,必须取得比去年更大的成绩。

示例2:哈雷在牛顿思想的启发下,终于认出了他所关注的彗星(该星后人称为哈雷彗星)。

B.1.8 书名号、引号在"题为……""以……为题"格式中的使用

"题为……""以……为题"中的"题",如果是诗文、图书、报告或其他作品可作为篇名、书名看待时,可用书名号;如果是写作、科研、辩论、谈话的主题,非特定作品的标题,应用引号。即"题为……""以……为题"中的"题"应根据其类别分别按书名号和引号的用法处理。

示例1:有篇题为《柳宗元的诗》的文章,全文才2 000字,引文不实却达11处之多。

示例2：今天一个以"地球·人口·资源·环境"为题的大型宣传活动在此间举行。

示例3：《我的老师》写于1956年9月，是作者应《教师报》之约而写的。

示例4："我的老师"这类题目，同学们也许都写过。

B.2 两个标点符号连用的说明

B.2.1 行文中表示引用的引号内外的标点用法

当引文完整且独立使用，或虽不独立使用但带有问号或叹号时，引号内句末点号应保留。除此之外，引号内不用句末点号。当引文处于句子停顿处（包括句子末尾）且引号内未使用点号时，引号外应使用点号；当引文位于非停顿处或者引号内已使用句末点号时，引号外不用点号。

示例1："沉舟侧畔千帆过，病树前头万木春。"他最喜欢这两句诗。

示例2：书价上涨令许多读者难以接受，有些人甚至发出"还买得起书吗？"的疑问。

示例3：他以"条件还不成熟，准备还不充分"为由，否决了我们的提议。

示例4：你这样"明日复明日"地要拖到什么时候？

示例5：司马迁为了完成《史记》的写作，使之"藏之名山"，忍受了人间最大的侮辱。

示例6：在施工中要始终坚持"把质量当生命"。

示例7："言之无文，行而不远"这句话，说明了文采的重要。

示例8：俗话说："墙头一根草，风吹两边倒。"用这句话来形容此辈再恰当不过。

B.2.2 行文中括号内外的标点用法

括号内行文末尾需要时可用问号、叹号和省略号。除此之外，句内括号行文末尾通常不用标点符号。句外括号行文末尾是否用句号由括号内的语段结构决定：若语段较长、内容复杂，应用句号。句内括号外是否用点号取决于括号所处位置：若句内括号处于句子停顿处，应用点号。句外括号外通常不用点号。

示例1：如果不采取（但应如何采取呢？）十分具体的控制措施，事态将进一步扩大。

示例2：3分钟过去了（仅仅才3分钟！），从眼前穿梭而过的出租车竟达32辆！

示例3：她介绍时用了一连串比喻（有的状如树枝，有的貌似星海……），非常形象。

示例4：科技协作合同（包括科研、试制、成果推广等）根据上级主管部门或有关部门的计划签订。

示例5：应把夏朝看作原始公社向奴隶制国家过渡时期。（龙山文化遗址里，也有俯身葬。俯身者很可能就是奴隶。）

示例6：问：你对你不喜欢的上司是什么态度？

答：感情上疏远，组织上服从。（掌声，笑声）

示例7：古汉语（特别是上古汉语），对于我来说，有着常人无法想象的吸引力。

示例8：由于这种推断尚未经过实践的考验，我们只能把它作为假设（或假说）提出来。

示例9：人际交往过程就是使用语词传达意义的过程。（严格说，这里的"语词"应为语词指号。）

B.2.3　破折号前后的标点用法

破折号之前通常不用点号；但根据句子结构和行文需要，有时也可分别使用句内点号或句末点号。破折号之后通常不会紧跟着使用其他点号；但当破折号表示语音的停顿或延长时，根据语气表达的需要，其后可紧接问号或叹号。

示例1：小妹说："我现在工作得挺好，老板对我不错，工资也挺高。——我能抽支烟吗？"（表示话题的转折）

示例2：我不是自然主义者，我主张文学高于现实，能够稍稍居高临下地去看现实，因为文学的任务不仅在于反映现实。光描写现存的事物还不够，还必须记住我们所希望的和可能产生的事物。必须使现象典型化。应该把微小而有代表性的事物写成重大的和典型的事物。——这就是文学的任务。（表示对前几句话的总结）

示例3："是他——？"石一川简直不敢相信自己的耳朵。

示例4："我终于考上大学啦！我终于考上啦——！"金石开兴奋得快要晕过去了。

B.2.4　省略号前后的标点用法

省略号之前通常不用点号。以下两种情况例外：省略号前的句子表示强烈语气、句末使用问号或叹号时；省略号前不用点号就无法标示停顿或表明结构关系时。省略号之后通常也不用点号，但当句末表达强烈的语气或感情时，可在省略号后用问号或叹号；当省略号后还有别的话、省略的文字和后面的话不连续且有停顿时，应在省略号后用点号；当表示特定格式的成分虚缺时，省略号后可用点号。

示例1：想起这些，我就觉得一辈子都对不起你。你对梁家的好，我感激不尽！……

示例2：他进来了，……一身军装，一张朴实的脸，站在我们面前显得很高大，很年轻。

示例3：这，这是……？

示例4：动物界的规矩比人类还多，野骆驼、野猪、黄羊……，直至塔里木兔、跳鼠，都是各行其路，决不混淆。

示例5：大火被渐渐扑灭，但一片片油污又旋即出现在遇难船旁……。清污船迅速赶来，并施放围栏以控制油污。

示例6：如果……，那么……。

B.3 序次语之后的标点用法

B.3.1 "第""其"字头序次语，或"首先""其次""最后"等做序次语时，后用逗号（见4.4.3.3）。

B.3.2 不带括号的汉字数字或"天干地支"做序次语时，后用顿号（见4.5.3.3）。

B.3.3 不带括号的阿拉伯数字、拉丁字母或罗马数字做序次语时，后面用下脚点（该符号属于外文的标点符号）。

示例1：总之，语言的社会功能有三点：1.传递信息，交流思想；2.确定关系，调节关系；3.组织生活，组织生产。

示例2：本课一共讲解三个要点：A.生理停顿；B.逻辑停顿；C.语法停顿。

B.3.4 加括号的序次语后面不用任何点号。

示例1：受教育者应履行以下义务：（一）遵守法律、法规；（二）努力学习，完成规定的学习任务；（三）遵守所在学校或其他教育机构的制度。

示例2：科学家很重视下面几种才能：（1）想象力；（2）直觉的理解力；（3）数学能力。

B.3.5 阿拉伯数字与下脚点结合表示章节关系的序次语末尾不用任何点号。

示例：3 停顿

  3.1 生理停顿

  3.2 逻辑停顿

B.3.6 用于章节、条款的序次语后宜用空格表示停顿。

示例：第一课 春天来了

B.3.7 序次简单、叙述性较强的序次语后不用标点符号。

示例：语言的社会功能共有三点：一是传递信息；二是确定关系；三是组织生活。

B.3.8 同类数字形式的序次语，带括号的通常位于不带括号的下一层。通常第一层是带有顿号的汉字数字；第二层是带括号的汉字数字；第三层是带下脚点的阿拉伯数字；第四层是带括号的阿拉伯数字；再往下可以是带圈的阿拉伯数字或小写拉丁字母。一般可根据文章特点选择从某一层序次语开始行文，选定之后应顺着序次语的层次向下行文，但使用层次较低的序次语之后不宜反过来再使用层次更高的序次语。

示例：一、……

（一）……

1.……

（1）……

①/a.……

B.4 文章标题的标点用法

文章标题的末尾通常不用标点符号，但有时根据需要可用问号、叹号或省略号。

示例1：看看电脑会有多聪明，让它下盘围棋吧

示例2：猛龙过江：本店特色名菜

示例3：严防"电脑黄毒"危害少年

示例4：回家的感觉真好

——访大赛归来的本市运动员

示例5：里海是湖，还是海？

示例6：人体也是污染源！

示例7：和平协议签署之后……

出版物上数字用法

(GB/T 15835—2011,代替 GB/T 15835—1995,国家质量监督检验检疫总局、国家标准化管理委员会 2011 年 7 月 29 日发布,2011 年 11 月 1 日实施)

1 范围

本标准规定了出版物上汉字数字和阿拉伯数字的用法。

本标准适用于各类出版物(文艺类出版物和重排古籍除外)。政府和企事业单位公文,以及教育、媒体和公共服务领域的数字用法,也可参照本标准执行。

2 规范性引用文件

下列文件对于本文件的应用是必不可少的。凡是注日期的引用文件,仅注日期的版本适用于本文件。凡是不注日期的引用文件,其最新版本(包括所有的修改单)适用于本文件。

GB/T 7408—2005 数据元和交换格式 信息交换 日期和时间表示法

3 术语和定义

下列术语和定义适用于本文件。

3.1 计量 measuring

将数字用于加、减、乘、除等数学运算。

3.2 编号 numbering

将数字用于为事物命名或排序,但不用于数学运算。

3.3 概数 approximate number

用于模糊计量的数字。

4 数字形式的选用

4.1 选用阿拉伯数字

4.1.1 用于计量的数字

在使用数字进行计量的场合,为达到醒目、易于辨识的效果,应采用阿拉伯数字。

示例 1:-125.03　　34.05%　　63%～68%　　1∶500　　97/108

当数值伴随有计量单位时,如:长度、容积、面积、体积、质量、温度、经纬度、音量、频率等等,特别是当计量单位以字母表达时,应采用阿拉伯数字。

示例 2:523.56 km(523.56 千米)　　　346.87 L(346.87 升)

　　　　5.34 m²(5.34 平方米)　　　567 mm³(567 立方毫米)

　　　　605 g(605 克)　　100～150 kg(100～150 千克)　　34～39℃(34～39 摄氏度)

　　　　北纬 40°(40 度)　　120 dB(120 分贝)

4.1.2 用于编号的数字

在使用数字进行编号的场合,为达到醒目、易于辨识的效果,应采用阿拉伯数字。

示例:电话号码:98888

　　　邮政编码:100871

　　　通信地址:北京市海淀区复兴路 11 号

　　　电子邮件地址:x186@ 186.net

　　　网页地址:http://127.0.0.1

　　　汽车号牌:京 A00001

　　　公交车号:302 路公交车

　　　道路编号:101 国道

　　　公文编号:国办发〔1987〕9 号

　　　图书编号:ISBN 978－7－80184－224－4

　　　刊物编号:CN11－1399

　　　章节编号:4.1.2

　　　产品型号:PH－3000 型计算机

产品序列号:C84XB – JYVFD – P7HC4 – 6XKRJ – 7M6XH

单位注册号:02050214

行政许可登记编号:0684D10004 – 828

4.1.3 已定型的含阿拉伯数字的词语

现代社会生活中出现的事物、现象、事件,其名称的书写形式中包含阿拉伯数字,已经广泛使用而稳定下来,应采用阿拉伯数字。

示例:3G 手机　　MP3 播放器　　G8 峰会　　维生素 B_{12}

97 号汽油　"5·27"事件　"12·5"枪击案

4.2 选用汉字数字

4.2.1 非公历纪年

干支纪年、农历月日、历史朝代纪年及其他传统上采用汉字形式的非公历纪年等等,应采用汉字数字。

示例:丙寅年十月十五日　庚辰年八月五日

腊月二十三　正月初五　八月十五中秋

秦文公四十四年　太平天国庚申十年九月二十四日

清咸丰十年九月二十日　藏历阳木龙年八月二十六日　日本庆应三年

4.2.2 概数

数字连用表示的概数、含"几"的概数,应采用汉字数字。

示例:三四个月　一二十个　四十五六岁　五六万套　五六十年前

几千　二十几　一百几十　几万分之一

4.2.3 已定型的含汉字数字的词语

汉语中长期使用已经稳定下来的包含汉字数字形式的词语,应采用汉字数字。

示例:万一　一律　一旦　三叶虫　四书五经　星期五　四氧化三铁

八国联军　七上八下　一心一意　不管三七二十一　一方面

二百五　半斤八两　五省一市　五讲四美　相差十万八千里

八九不离十　白发三千丈　不二法门　二八年华　五四运动

"一·二八"事变　"一二·九"运动

4.3 选用阿拉伯数字与汉字数字均可

如果表达计量或编号所需要用到的数字个数不多,选择汉字数字还是阿拉伯数字在书写的简洁性和辨识的清晰性两方面没有明显差异时,两种形式均可使用。

示例1:17 号楼(十七号楼)　3 倍(三倍)　第 5 个工作日(第五个工作日)

100 多件(一百多件)　20 余次(二十余次)　约 300 人(约三百人)

40 左右(四十左右)　50 上下(五十上下)　50 多人(五十多人)

第 25 页(第二十五页)　第 8 天(第八天)　第 4 季度(第四季度)

第 45 份(第四十五份)　共 235 位同学(共二百三十五位同学)

0.5(零点五)　76 岁(七十六岁)　120 周年(一百二十周年)

1/3(三分之一)　公元前 8 世纪(公元前八世纪)

20 世纪 80 年代(二十世纪八十年代)

公元 253 年(公元二五三年)　1997 年 7 月 1 日(一九九七年七月一日)

下午 4 点 40 分(下午四点四十分)　4 个月(四个月)　12 天(十二天)

如果要突出简洁醒目的表达效果,应使用阿拉伯数字;如果要突出庄重典雅的表达效果,应使用汉字数字。

示例2:北京时间 2008 年 5 月 12 日 14 时 28 分

十一届全国人大一次会议(不写为"11 届全国人大 1 次会议")

六方会谈(不写为"6 方会谈")

在同一场合出现的数字,应遵循"同类别同形式"原则来选择数字的书写形式。如果两数字的表达功能类别相同(比如都是表达年月日时间的数字),或者两数字在上下文中所处的层级相同(比如文章目录中同级标题的编号),应选用相同的形式。反之,如果两数字的表达功能不同,或所处层级不同,可以选用不同的形式。

示例3:2008 年 8 月 8 日　二〇〇八年八月八日(不写为"二〇〇八年 8 月 8 日")

第一章　第二章……第十二章(不写为"第一章　第二章……第 12 章")

第二章的下一级标题可以用阿拉伯数字编号:2.1,2.2,……

应避免相邻的两个阿拉伯数字造成歧义的情况。

示例4:高三 3 个班　高三三个班(不写为"高 33 个班")

高三 2 班　高三(2)班　（不写为"高 32 班"）

有法律效力的文件、公告文件或财务文件中可同时采用汉字数字和阿拉伯数字。

示例 5：2008 年 4 月保险账户结算日利率为万分之一点五七五零(0.015 750%)

　　　　35.5 元(35 元 5 角　三十五元五角　叁拾伍圆伍角)

5　数字形式的使用

5.1　阿拉伯数字的使用

5.1.1　多位数

为便于阅读,四位以上的整数或小数,可采用以下两种方式分节：

——第一种方式：千分撇

整数部分每三位一组,以","分节。小数部分不分节。四位以内的整数可以不分节。

示例 1：624,000　92,300,000　19,351,235.235767　1256

——第二种方式：千分空

从小数点起,向左和向右每三位数字一组,组间空四分之一个汉字,即二分之一个阿拉伯数字的位置。四位以内的整数可以不加千分空。

示例 2：55 235 367.346 23　98 235 358.238 368

注：各科学技术领域的多位数分节方式参照 GB 3101—1993 的规定执行。

5.1.2　纯小数

纯小数必须写出小数点前定位的"0",小数点是齐阿拉伯数字底线的实心点"."。

示例：0.46 不写为.46 或 0。46

5.1.3　数值范围

在表示数值的范围时,可采用浪纹式连接号"～"或一字线连接号"—"。前后两个数值的附加符号或计量单位相同时,在不造成歧义的情况下,前一个数值的附加符号或计量单位可省略。如果省略数值的附加符号或计量单位会造成歧义,则不应省略。

示例:-36～-8℃　400—429 页　100—150 kg　12 500～20 000 元
　　　9 亿～16 亿(不写为 9～16 亿)　13 万元～17 万元(不写为 13～17 万元)
　　　15%～30%(不写为 15～30%)　4.3×10⁶～5.7×10⁶(不写为 4.3～5.7×10⁶)

5.1.4　年月日

年月日的表达顺序应按照口语中年月日的自然顺序书写。

示例 1:2008 年 8 月 8 日　1997 年 7 月 1 日

"年""月"可按照 GB/T 7408—2005 的 5.2.1.1 中的扩展格式,用"-"替代,但年月日不完整时不能替代。

示例 2:2008-8-8　1997-7-1　8 月 8 日(不写为 8-8)　2008 年 8 月(不写为 2008-8)

四位数字表示的年份不应简写为两位数字。

示例 3:"1990 年"不写为"90 年"

月和日是一位数时,可在数字前补"0"。

示例 4:2008-08-08　1997-07-01

5.1.5　时分秒

计时方式既可采用 12 小时制,也可采用 24 小时制。

示例 1:11 时 40 分(上午 11 时 40 分)　21 时 12 分 36 秒(晚上 9 时 12 分 36 秒)

时分秒的表达顺序应按照口语中时、分、秒的自然顺序书写。

示例 2:15 时 40 分　14 时 12 分 36 秒

"时""分"也可按照 GB/T 7408—2005 的 5.3.1.1 和 5.3.1.2 中的扩展格式,用":"替代。

示例 3:15:40　14:12:36

5.1.6　含有月日的专名

含有月日的专名采用阿拉伯数字表示时,应采用间隔号"·"将月、日分开,并在数字前后加引号。

示例:"3·15"消费者权益日

5.1.7　书写格式

5.1.7.1　字体

出版物中的阿拉伯数字,一般应使用正体二分字身,即占半个汉字位置。

示例:234　57.236

5.1.7.2 换行

一个用阿拉伯数字书写的数值应在同一行中,避免被断开。

5.1.7.3 竖排文本中的数字方向

竖排文字中的阿拉伯数字按顺时针方向转 90 度。旋转后要保证同一个词语单位的文字方向相同。

示例:

> 示例一 雪花牌 BCD188 型家用电冰箱容量是一百八十八升,功率为一百二十五瓦,市场售价两千零五十二元,返修率仅为百分之零点一五。
>
> 示例二 海军 J12 号打捞救生船在太平洋上航行了十三天,于一九九〇年八月六日零时三十分返回基地。

5.2 汉字数字的使用

5.2.1 概数

两个数字连用表示概数时,两数之间不用顿号"、"隔开。

示例:二三米　一两个小时　三五天　一二十个　四十五六岁

5.2.2 年份

年份简写后的数字可以理解为概数时,一般不简写。

示例:"一九七八年"不写为"七八年"

5.2.3 含有月日的专名

含有月日的专名采用汉字数字表示时,如果涉及一月、十一月、十二月,应用间隔号"·"将表示月和日的数字隔开,涉及其他月份时,不用间隔号。

示例:"一·二八"事变　"一二·九"运动　五一国际劳动节

5.2.4 大写汉字数字

——大写汉字数字的书写形式

零、壹、贰、叁、肆、伍、陆、柒、捌、玖、拾、佰、仟、万、亿

——大写汉字数字的适用场合

法律文书和财务票据上,应采用大写汉字数字形式记数。

示例:3,504元(叁仟伍佰零肆圆)　39,148元(叁万玖仟壹佰肆拾捌圆)

5.2.5　"零"和"〇"

阿拉伯数字"0"有"零"和"〇"两种汉字书写形式。一个数字用作计量时,其中"0"的汉字书写形式为"零",用作编号时,"0"的汉字书写形式为"〇"。

示例:"3052(个)"的汉字数字形式为"三千零五十二"(不写为"三千〇五十二")

"95.06"的汉字数字形式为"九十五点零六"(不写为"九十五点〇六")

"公元2012(年)"的汉字数字形式为"二〇一二"(不写为"二零一二")

5.3　阿拉伯数字与汉字数字同时使用

如果一个数值很大,数值中的"万""亿"单位可以采用汉字数字,其余部分采用阿拉伯数字。

示例1:我国1982年人口普查人数为10亿零817万5 288人

除上面情况之外的一般数值,不能同时采用阿拉伯数字与汉字数字。

示例2:108可以写作"一百零八",但不应写作"1百零8""一百08"

4 000可以写作"四千",但不应写作"4千"。

汉语拼音正词法基本规则

(GB/T 16159—2012,代替 GB/T 16159—1996。国家质量监督检验检疫总局、国家标准化管理委员会 2012 年 6 月 29 日发布,2012 年 10 月 1 日实施)

1 范围

本标准规定了用《汉语拼音方案》拼写现代汉语的规则。内容包括分词连写规则、人名地名拼写规则、大写规则、标调规则、移行规则、标点符号使用规则等。为了适应特殊的需要,同时规定了一些变通规则。

本标准适用于文化教育、编辑出版、中文信息处理及其他方面的汉语拼音拼写。

2 规范性引用文件

下列文件对于本文件的应用是必不可少的。凡是注日期的引用文件,仅注日期的版本适用于本文件。凡是不注日期的引用文件,其最新版本(包括所有的修改单)适用于本文件。

GB/T15834　标点符号用法

GB/T28039　中国人名汉语拼音字母拼写规则

《汉语拼音方案》(1958 年 2 月 11 日第一届全国人民代表大会第五次会议批准)

《中国地名汉语拼音字母拼写规则(汉语地名部分)》(1984 年 12 月 25 日中国地名委员会、中国文字改革委员会、国家测绘局发布)

3 术语和定义

下列术语和定义适用于本文件。

3.1　词 word

语言里最小的、可以独立运用的单位。

3.2　汉语拼音方案 scheme for the Chinese phonetic alphabet

给汉字注音和拼写普通话语音的方案,1958 年 2 月 11 日第一届全国人民代表大会第五次会议批准。方案采用拉丁字母,并用附加符号表示声调,是帮助学习汉字和推广普通话的工具。

3.3　汉语拼音正词法 the Chinese phonetic alphabet orthography

汉语拼音的拼写规范及其书写格式的准则。

4　制定原则

4.1　本标准是在《汉语拼音方案》确定的音节拼写规则的基础上进一步规定的词的拼写规则。

4.2　以词为拼写单位,并适当考虑语音、语义等因素,并兼顾词的拼写长度。

4.3　按语法词类分节规定分词连写规则。

5　总则

5.1　拼写普通话基本上以词为书写单位。例如:

rén(人)　　　　　　pǎo(跑)

hǎo(好)　　　　　　nǐ(你)

sān(三)　　　　　　gè(个)

hěn(很)　　　　　　bǎ(把)

hé(和)　　　　　　de(的)

ā(啊)　　　　　　pēng(砰)

fúróng(芙蓉)　　　　qiǎokèlì(巧克力)

māma(妈妈)　　　　péngyou(朋友)

yuèdú(阅读)　　　　wǎnhuì(晚会)

zhòngshì(重视)　　　dìzhèn(地震)

niánqīng(年轻)　　　　　qiānmíng(签名)

shìwēi(示威)　　　　　　niǔzhuǎn(扭转)

chuánzhī(船只)　　　　　dànshì(但是)

fēicháng(非常)　　　　　dīngdōng(叮咚)

āiyā(哎呀)　　　　　　　diànshìjī(电视机)

túshūguǎn(图书馆)

5.2　表示一个整体概念的双音节和三音节结构,连写。例如:

quánguó(全国)　　　　　zǒulái(走来)

dǎnxiǎo(胆小)　　　　　huánbǎo(环保)

gōngguān(公关)　　　　chángyòngcí(常用词)

àiniǎozhōu(爱鸟周)　　　yǎnzhōngdīng(眼中钉)

èzuòjù(恶作剧)　　　　　pòtiānhuāng(破天荒)

yīdāoqiē(一刀切)　　　　duìbuqǐ(对不起)

chīdexiāo(吃得消)

5.3　四音节及四音节以上表示一个整体概念的名称,按词或语节(词语内部由语音停顿而划分成的片段)分写,不能按词或语节划分的,全都连写。例如:

wúfèng gāngguǎn(无缝钢管)　　huánjìng bǎohù guīhuà(环境保护规划)

jīngtǐguǎn gōnglǜ fàngdàqì(晶体管功率放大器)

Zhōnghuá Rénmín Gònghéguó(中华人民共和国)

Zhōngguó Shèhuì Kēxuéyuàn(中国社会科学院)

yánjiūshēngyuàn(研究生院)

hóngshízìhuì(红十字会)　　　yúxīngcǎosù(鱼腥草素)

gāoměngsuānjiǎ(高锰酸钾)　　gǔshēngwùxuéjiā(古生物学家)

5.4　单音节词重叠,连写;双音节词重叠,分写。例如:

rénrén(人人)　　　　　　niánnián(年年)

kànkan(看看)　　　　　　shuōshuo(说说)

dàdà(大大)　　　　　　　hónghóng de(红红的)

gègè(个个)　　　　　　　tiáotiáo(条条)

yánjiū yánjiū(研究研究)　　shāngliang shāngliang(商量商量)

xuěbái xuěbái(雪白雪白)　　tōnghóng tōnghóng(通红通红)

重叠并列即 AABB 式结构,连写。例如:

láiláiwǎngwǎng(来来往往)　　shuōshuōxiàoxiào(说说笑笑)

qīngqīngchǔchǔ(清清楚楚)　　wānwānqūqū(弯弯曲曲)

fāngfāngmiànmiàn(方方面面)　　qiānqiānwànwàn(千千万万)

5.5　单音节前附成分(副、总、非、反、超、老、阿、可、无、半等)或单音节后附成分(子、儿、头、性、者、员、家、手、化、们等)与其他词语,连写。例如:

fùbùzhǎng(副部长)　　zǒnggōngchéngshī(总工程师)

fùzǒnggōngchéngshī(副总工程师)　　fēijīnshǔ(非金属)

fēiyèwù rényuán(非业务人员)　　fǎndàndào dǎodàn(反弹道导弹)

chāoshēngbō(超声波)　　lǎohǔ(老虎)

āyí(阿姨)　　kěnì fǎnyìng(可逆反应)

wútiáojiàn(无条件)　　bàndǎotǐ(半导体)

zhuōzi(桌子)　　jīnr(今儿)

quántou(拳头)　　kēxuéxìng(科学性)

shǒugōngyèzhě(手工业者)　　chéngwùyuán(乘务员)

yìshùjiā(艺术家)　　tuōlājīshǒu(拖拉机手)

xiàndàihuà(现代化)　　háizimen(孩子们)

5.6　为了便于阅读和理解,某些并列的词、语素之间或某些缩略语当中可用连接号。例如:

bā-jiǔ tiān(八九天)　　shíqī-bā suì(十七八岁)

rén-jī duìhuà(人机对话)　　zhōng-xiǎoxué(中小学)

lù-hǎi-kōngjūn(陆海空军)

biànzhèng-wéiwù zhǔyì(辩证唯物主义)

Cháng-Sānjiǎo(长三角[长江三角洲])

Hù-Níng-Háng Dìqū(沪宁杭地区)

Zhè-Gàn Xiàn(浙赣线)

Jīng-Zàng Gāosù Gōnglù(京藏高速公路)

6 基本规则

6.1 分词连写规则

6.1.1 名词

6.1.1.1 名词与后面的方位词,分写。例如:

shān shàng(山上)   shù xià(树下)

mén wài(门外)   mén wàimian(门外面)

hé li(河里)   hé lǐmian(河里面)

huǒchē shàngmian(火车上面)   xuéxiào pángbiān(学校旁边)

Yǒngdìng Hé shàng(永定河上)   Huáng Hé yǐnán(黄河以南)

6.1.1.2 名词与后面的方位词已经成词的,连写。例如:

tiānshang(天上)   dìxia(地下)

kōngzhōng(空中)   hǎiwài(海外)

6.1.2 动词

6.1.2.1 动词与后面的动态助词"着""了""过",连写。例如:

kànzhe(看着)   tǎolùn bìng tōngguòle(讨论并通过了)

jìnxíngguo(进行过)

6.1.2.2 句末的"了"兼做语气助词,分写。例如:

Zhè běn shū wǒ kàn le.(这本书我看了。)

6.1.2.3 动词与所带的宾语,分写。例如:

kàn xìn(看信)   chī yú(吃鱼)

kāi wánxiào(开玩笑)   jiāoliú jīngyàn(交流经验)

动宾式合成词中间插入其他成分的,分写。

jūle yī gè gōng(鞠了一个躬)   lǐguo sān cì fà(理过三次发)

6.1.2.4 动词(或形容词)与后面的补语,两者都是单音节的,连写;其余情况,分写。例如:

gǎohuài(搞坏)   dǎsǐ(打死)

shútòu(熟透)　　　　　　　jiànchéng(建成[楼房])

huàwéi(化为[蒸汽])　　　　dàngzuò(当做[笑话])

zǒu jìnlái(走进来)　　　　 zhěnglǐ hǎo(整理好)

jiànshè chéng(建设成[公园])　gǎixiě wéi(改写为[剧本])

6.1.3 形容词

6.1.3.1 单音节形容词与用来表示形容词生动形式的前附成分或后附成分,连写。例如:

mēngmēngliàng(蒙蒙亮)　　liàngtángtáng(亮堂堂)

hēigulōngdōng(黑咕隆咚)

6.1.3.2 形容词与后面的"些""一些""点儿""一点儿",分写。例如:

dà xiē(大些)　　　　　　　dà yīxiē(大一些)

kuài diǎnr(快点儿)　　　　 kuài yīdiǎnr(快一点儿)

6.1.4 代词

6.1.4.1 人称代词、疑问代词与其他词语,分写。例如:

Wǒ ài Zhōngguó.(我爱中国。)　　Tāmen huílái le.(他们回来了。)

Shuí shuō de?（谁说的?）　　　　Qù nǎlǐ?（去哪里?）

6.1.4.2 指示代词"这""那",疑问代词"哪"与后面的名词或量词,分写。例如:

zhè rén(这人)　　　　　　　nà cì huìyì(那次会议)

zhè zhī chuán(这只船)　　　nǎ zhāng bàozhǐ(哪张报纸)

指示代词"这""那",疑问代词"哪"与后面的"点儿""般""边""时""会儿",连写。例如:

zhèdiǎnr(这点儿)　　　　　zhèbān(这般)

zhèbiān(这边)　　　　　　 nàshí(那时)

nàhuìr(那会儿)

6.1.4.3 "各""每""某""本""该""我""你"等与后面的名词或量词,分写。例如:

gè guó(各国)　　　　　　　gè rén(各人)

gè xuékē(各学科)　　　　　měi nián(每年)

měi cì(每次)　　　　　　mǒu rén(某人)

mǒu gōngchǎng(某工厂)　běn shì(本市)

běn bùmén(本部门)　　　gāi kān(该刊)

gāi gōngsī(该公司)　　　wǒ xiào(我校)

nǐ dānwèi(你单位)

6.1.5 数词和量词

6.1.5.1　汉字数字用汉语拼音拼写,阿拉伯数字则仍保留阿拉伯数字写法。例如:

èr líng líng bā nián(二〇〇八年)　èr fēn zhī yī(二分之一)

wǔ yòu sì fēn zhī sān(五又四分之三)

sān diǎn yī sì yī liù(三点一四一六)

líng diǎn liù yī bā(零点六一八)　　635 fēn jī(635 分机)

6.1.5.2　十一到九十九之间的整数,连写。例如:

shíyī(十一)　　　　　　shíwǔ(十五)

sānshísān(三十三)　　　jiǔshíjiǔ(九十九)

6.1.5.3　"百""千""万""亿"与前面的个位数,连写;"万""亿"与前面的十位以上的数,分写,当前面的数词为"十"时,也可连写。例如:

shí yì líng qīwàn èrqiān sānbǎi wǔshíliù/ shíyì líng qīwàn èrqiān sānbǎi wǔshíliù(十亿零七万二千三百五十六)

liùshísān yì qīqiān èrbǎi liùshíbā wàn sìqiān líng jiǔshíwǔ(六十三亿七千二百六十八万四千零九十五)

6.1.5.4　数词与前面表示序数的"第"中间,加连接号。例如:

dì-yī(第一)　　　　　　dì-shísān(第十三)

dì-èrshíbā(第二十八)　　dì-sānbǎi wǔshíliù(第三百五十六)

数词(限于"一"至"十")与前面表示序数的"初",连写。例如:

chūyī(初一)　　　　　　chūshí(初十)

6.1.5.5　代表月日的数词,中间加连接号。例如:

wǔ-sì(五四)　　　　　　yī'èr-jiǔ(一二·九)

6.1.5.6 数词与量词,分写。例如:

liǎng gè rén(两个人)　　　　　yī dà wǎn fàn(一大碗饭)

liǎng jiān bàn wūzi(两间半屋子)　kàn liǎng biàn(看两遍)

数词、量词与表示约数的"多""来""几",分写。例如:

yībǎi duō gè(一百多个)　　　　shí lái wàn rén(十来万人)

jǐ jiā rén(几家人)　　　　　　jǐ tiān gōngfu(几天工夫)

"十几""几十"连写。例如:

shíjǐ gè rén(十几个人)　　　　jǐshí gēn gāngguǎn(几十根钢管)

两个邻近的数字或表位数的单位并列表示约数,中间加连接号。例如:

sān－wǔ tiān(三五天)　　　　qī－bāgè(七八个)

yì－wàn nián(亿万年)　　　　qiān－bǎi cì(千百次)

复合量词内各并列成分连写。例如:

réncì(人次)　　　　　　　　qiānwǎxiǎoshí(千瓦小时)

dūngōnglǐ(吨公里)　　　　　qiānkèmǐměimiǎo(千克·米/秒)

6.1.6 副词

副词与后面的词语,分写。例如:

hěn hǎo(很好)　　　　　　　dōu lái(都来)

gèng měi(更美)　　　　　　　zuì dà(最大)

bù lái(不来)　　　　　　　　bù hěn hǎo(不很好)

gānggāng zǒu(刚刚走)　　　　fēicháng kuài(非常快)

shífēn gǎndòng(十分感动)

6.1.7 介词

介词与后面的其他词语,分写。例如:

zài qiánmiàn zǒu(在前面走)　　xiàng dōngbian qù(向东边去)

wèi rénmín fúwù(为人民服务)　cóng zuótiān qǐ(从昨天起)

bèi xuǎnwéi dàibiǎo(被选为代表)　shēng yú 1940 nián(生于1940年)

guānyú zhège wèntí(关于这个问题)

cháozhe xiàbian kàn(朝着下边看)

6.1.8 连词

连词与其他词语,分写。例如:

gōngrén hé nóngmín(工人和农民)　tóngyì bìng yōnghù(同意并拥护)

guāngróng ér jiānjù(光荣而艰巨)　bùdàn kuài érqiě hǎo(不但快而且好)

Nǐ lái háishi bù lái?(你来还是不来?)

Rúguǒ xià dàyǔ, bǐsài jiù tuīchí.(如果下大雨,比赛就推迟。)

6.1.9 助词

6.1.9.1 结构助词"的""地""得""之""所"等与其他词语,分写。其中,"的""地""得"前面的词是单音节的,也可连写。例如:

dàdì de nǚ'ér(大地的女儿)

Zhè shì wǒ de shū./Zhè shì wǒde shū.(这是我的书。)

Wǒmen guòzhe xìngfú de shēnghuó.(我们过着幸福的生活。)

Shāngdiàn li bǎimǎnle chī de, chuān de, yòng de./ Shāngdiàn li bǎimǎnle chīde, chuānde, yòngde.(商店里摆满了吃的、穿的、用的。)

mài qīngcài luóbo de(卖青菜萝卜的)

Tā zài dàjiē shang mànman de zǒu.(他在大街上慢慢地走。)

Tǎnbái de gàosu nǐ ba.(坦白地告诉你吧。)

Tā yī bù yī gè jiǎoyìnr de gōngzuòzhe.(他一步一个脚印儿地工作着。)

dǎsǎo de gānjìng(打扫得干净)

xiě de bù hǎo/ xiěde bù hǎo(写得不好)

hóng de hěn/ hóngde hěn(红得很)

lěng de fādǒu/ lěngde fādǒu(冷得发抖)

shàonián zhī jiā(少年之家)

zuì fādá de guójiā zhī yī(最发达的国家之一)

jù wǒ suǒ zhī(据我所知)

bèi yīngxióng de shìjì suǒ gǎndòng(被英雄的事迹所感动)

6.1.9.2 语气助词与其他词语,分写。例如:

Nǐ zhīdào ma?(你知道吗?)

Zěnme hái bù lái a?（怎么还不来啊?）

Kuài qù ba!（快去吧!）

Tā yīdìng huì lái de.（他一定会来的。）

Huǒchē dào le.（火车到了。）

Tā xīnlǐ míngbai, zhǐshì bù shuō bàle.（他心里明白,只是不说罢了。）

6.1.9.3　动态助词

动态助词主要有"着""了""过"。见 6.1.2.1 的规定。

6.1.10　叹词

叹词通常独立于句法结构之外,与其他词语分写。例如:

À! Zhēn měi!（啊! 真美!）

Ńg, nǐ shuō shénme?（嗯,你说什么?）

Hng, zǒuzhe qiáo ba!（哼,走着瞧吧!）

Tīng míngbai le ma? Wèi!（听明白了吗? 喂!）

Āiyā, wǒ zěnme bù zhīdào ne!（哎呀,我怎么不知道呢!）

6.1.11　拟声词

拟声词与其他词语,分写。例如:

"hōnglōng" yī shēng（"轰隆"一声）　chánchán liúshuǐ（潺潺流水）

módāo huòhuò（磨刀霍霍）

jījīzhāzhā jiào gè bù tíng（叽叽喳喳叫个不停）

Dà gōngjī wōwō tí.（大公鸡喔喔啼。）

"Dū——", qìdí xiǎng le.（"嘟——",汽笛响了。）

Xiǎoxī huāhuā de liútǎng.（小溪哗哗地流淌。）

6.1.12　成语和其他熟语

6.1.12.1　成语通常作为一个语言单位使用,以四字文言语句为主。结构上可以分为两个双音节的,中间加连接号。例如:

fēngpíng – làngjìng（风平浪静）　　àizēng – fēnmíng（爱憎分明）

shuǐdào – qúchéng（水到渠成）　　yángyáng – dàguān（洋洋大观）

píngfēn - qiūsè(平分秋色)　　guāngmíng - lěiluò(光明磊落)

diānsān - dǎosì(颠三倒四)

结构上不能分为两个双音节的,全部连写。例如:

céngchūbùqióng(层出不穷)　　bùyìlèhū(不亦乐乎)

zǒng'éryánzhī(总而言之)　　àimònéngzhù(爱莫能助)

yīyīdàishuǐ(一衣带水)

6.1.12.2 非四字成语和其他熟语内部按词分写。例如:

bēi hēiguō(背黑锅)　　yī bíkǒng chū qìr(一鼻孔出气儿)

bā gānzi dǎ bù zháo(八竿子打不着)

zhǐ xǔ zhōuguān fàng huǒ,bù xǔ bǎixìng diǎn dēng(只许州官放火,不许百姓点灯)

xiǎocōng bàn dòufu——yīqīng - èrbái(小葱拌豆腐——一清二白)

6.2　人名地名拼写规则

6.2.1　人名拼写

6.2.1.1　汉语人名中的姓和名分写,姓在前,名在后。复姓连写。双姓中间加连接号。姓和名的首字母分别大写,双姓两个字首字母都大写。笔名、别名等,按姓名写法处理。例如:

Lǐ Huá(李华)　　Wáng Jiànguó(王建国)

Dōngfāng Shuò(东方朔)　　Zhūgě Kǒngmíng(诸葛孔明)

Zhāng - Wáng Shūfāng(张王淑芳)　　Lǔ Xùn(鲁迅)

Méi Lánfāng(梅兰芳)　　Zhāng Sān(张三)

Wáng Mázi(王麻子)

6.2.1.2　人名与职务、称呼等,分写;职务、称呼等首字母小写。例如:

Wáng bùzhǎng(王部长)　　Tián zhǔrèn(田主任)

Wú kuàijì(吴会计)　　Lǐ xiānsheng(李先生)

Zhào tóngzhì(赵同志)　　Liú lǎoshī(刘老师)

Dīng xiōng(丁兄)　　Zhāng mā(张妈)

Zhāng jūn(张君)　　Wú lǎo(吴老)

Wáng shì(王氏)　　　　　　　Sūn mǒu(孙某)

Guóqiáng tóngzhì(国强同志)　　Huìfāng āyí(惠芳阿姨)

6.2.1.3 "老""小""大""阿"等与后面的姓、名、排行,分写,分写部分的首字母分别大写。例如:

Xiǎo Liú(小刘)　　　　　　　Lǎo Qián(老钱)

Lǎo Zhāngtour(老张头儿)　　　Dà Lǐ(大李)

Ā Sān(阿三)

6.2.1.4 已经专名化的称呼,连写,开头大写。例如:

Kǒngzǐ(孔子)　　　　　　　　Bāogōng(包公)

Xīshī(西施)　　　　　　　　　Mèngchángjūn(孟尝君)

6.2.2　地名拼写

6.2.2.1 汉语地名中的专名和通名,分写,每一分写部分的首字母大写。例如:

Běijīng Shì(北京市)　　　　　Héběi Shěng(河北省)

Yālù Jiāng(鸭绿江)　　　　　Tài Shān(泰山)

Dòngtíng Hú(洞庭湖)　　　　Táiwān Hǎixiá(台湾海峡)

6.2.2.2 专名与通名的附加成分,如是单音节的,与其相关部分连写。例如:

Xīliáo Hé(西辽河)　　　　　　Jǐngshān Hòujiē(景山后街)

Cháoyángménnèi Nánxiǎojiē(朝阳门内南小街)

Dōngsì shítiáo(东四十条)

6.2.2.3 已专名化的地名不再区分专名和通名,各音节连写。例如:

Hēilóngjiāng(黑龙江[省])　　　Wángcūn(王村[镇])

Jiǔxiānqiáo(酒仙桥[医院])

不需区分专名和通名的地名,各音节连写。例如:

Zhōukǒudiàn(周口店)　　　　Sāntányìnyuè(三潭印月)

6.2.3 非汉语人名、地名的汉字名称,用汉语拼音拼写。例如:

Wūlánfū(乌兰夫,Ulanhu)

Jièchuān Lóngzhījiè(芥川龙之介,Akutagawa Ryunosuke)

Āpèi Āwàngjìnměi(阿沛·阿旺晋美,Ngapoi Ngawang Jigme)

Mǎkèsī(马克思,Marx)　　　　Wūlǔmùqí(乌鲁木齐,Ürümqi)

Lúndūn(伦敦,London)　　　　Dōngjīng(东京,Tokyo)

6.2.4　人名、地名拼写的详细规则,遵循 GB/T 28039《中国人名汉语拼音字母拼写规则》《中国地名汉语拼音字母拼写规则(汉语地名部分)》。

6.3　大写规则

6.3.1　句子开头的字母大写。例如:

Chūntiān lái le.(春天来了。)

Wǒ ài wǒ de jiāxiāng.(我爱我的家乡。)

诗歌每行开头的字母大写。例如:

　　《Yǒude Rén》(《有的人》)

　　Zāng Kèjiā(臧克家)

Yǒude rén huózhe,(有的人活着,)

Tā yǐjīng sǐ le;(他已经死了;)

Yǒude rén sǐ le,(有的人死了,)

Tā hái huózhe.(他还活着。)

6.3.2　专有名词的首字母大写。例如:

Běijīng(北京)

Chángchéng(长城)

Jǐngpōzú(景颇族)

Qīngmíng(清明)

Fēilǜbīn(菲律宾)

由几个词组成的专有名词,每个词的首字母大写。例如:

Guójì Shūdiàn(国际书店)　　　　Hépíng Bīnguǎn(和平宾馆)

Guāngmíng Rìbào(光明日报)

Guójiā Yǔyán Wénzì Gōngzuò Wěiyuánhuì(国家语言文字工作委员会)

在某些场合,专有名词的所有字母可全部大写。例如:

XIÀNDÀI HÀNYǓ CÍDIǍN(现代汉语词典)

BĚIJĪNG(北京)

LǏ HUÁ(李华)　　　　　　　　DŌNGFĀNG SHUÒ(东方朔)

6.3.3　专有名词成分与普通名词成分连写在一起,是专有名词或视为专有名词的,首字母大写。例如:

Míngshǐ(明史)　　　　　　　Hànyǔ(汉语)

Yuèyǔ(粤语)　　　　　　　　Guǎngdōnghuà(广东话)

Fójiào(佛教)　　　　　　　　Tángcháo(唐朝)

专有名词成分与普通名词成分连写在一起,是一般语词或视为一般语词的,首字母小写。例如:

guǎnggān(广柑)　　　　　　jīngjù(京剧)

ējiāo(阿胶)　　　　　　　　zhōngshānfú(中山服)

chuānxiōng(川芎)　　　　　zàngqīngguǒ(藏青果)

zhāoqín－mùchǔ(朝秦暮楚)　qiánlǘzhījì(黔驴之技)

6.4　缩写规则

6.4.1　连写的拼写单位(多音节词或连写的表示一个整体概念的结构),缩写时取每个汉字拼音的首字母,大写并连写。例如:

Běijīng(缩写:BJ)(北京)　　　ruǎnwò(缩写:RW)(软卧)

6.4.2　分写的拼写单位(按词或语节分写的表示一个整体概念的结构),缩写时以词或语节为单位取首字母,大写并连写。例如:

guójiā biāozhǔn(缩写:GB)(国家标准)

hànyǔ shuǐpíng kǎoshì(缩写:HSK)(汉语水平考试)

pǔtōnghuà shuǐpíng cèshì(缩写:PSC)(普通话水平测试)

6.4.3　为了给汉语拼音的缩写形式做出标记,可在每个大写字母后面加小圆点。例如:

Běijīng(北京)也可缩写:B.J.

guójiā biāozhǔn(国家标准)也可缩写:G.B.

6.4.4　汉语人名的缩写,姓全写,首字母大写或每个字母大写;名取每个汉

字拼音的首字母,大写,后面加小圆点。例如:

  Lǐ Huá(缩写:Lǐ H.或 LǏ H.)(李华)

  Wáng Jiànguó(缩写:Wáng J. G.或 WÁNG J.G.)(王建国)

  Dōngfāng Shuò(缩写:Dōngfāng S.或 DŌNGFĀNG S.)(东方朔)

  Zhūgě Kǒngmíng(缩写:Zhūgě K.M.或 ZHŪGĚ K.M.)(诸葛孔明)

6.5 标调规则

6.5.1 声调符号标在一个音节的主要元音(韵腹)上。韵母 iu、ui,声调符号标在后面的字母上面。在 i 上标声调符号,应省去 i 上的小点。例如:

  āyí(阿姨)   cèlüè(策略)

  dàibiǎo(代表)   guāguǒ(瓜果)

  huáishù(槐树)   kǎolǜ(考虑)

  liúshuǐ(流水)   xīnxiān(新鲜)

轻声音节不标声调。例如:

  zhuāngjia(庄稼)   qīngchu(清楚)

  kàndeqǐ(看得起)

6.5.2 "一""不"一般标原调,不标变调。例如:

  yī jià(一架)   yī tiān(一天)

  yī tóu(一头)   yī wǎn(一碗)

  bù qù(不去)   bù duì(不对)

  bùzhìyú(不至于)

在语言教学等方面,可根据需要按变调标写。例如:

  yī tiān(一天)可标为 yì tiān,bù duì(不对)可标为 bú duì。

6.5.3 ABB、AABB 形式的词语,BB 一般标原调,不标变调。例如:

  lǜyóuyóu(绿油油)   chéndiàndiàn(沉甸甸)

  hēidòngdòng(黑洞洞)   piàopiàoliàngliàng(漂漂亮亮)

有些词语的 BB 在语言实际中只读变调,则标变调。例如:

  hóngtōngtōng(红彤彤)   xiāngpēnpēn(香喷喷)

  huángdēngdēng(黄澄澄)

6.5.4 在某些场合,专有名词的拼写,也可不标声调。例如:

Li Hua(缩写:Li H.或 LI H.)(李华) Beijing(北京)

RENMIN RIBAO(人民日报)　　　　WANGFUJING DAJIE(王府井大街)

6.5.5 除了《汉语拼音方案》规定的符号标调法以外,在技术处理上,也可采用数字、字母等标明声调,如采用阿拉伯数字 1、2、3、4、0 分别表示汉语四声和轻声。

6.6 移行规则

6.6.1 移行要按音节分开,在没有写完的地方加连接号。音节内部不可拆分。例如:

guāngmíng(光明)移作"……guāng-

míng"(光明)

不能移作"……gu-

āngmíng"(光明)。

缩写词(如 GB,HSK,汉语人名的缩写部分)不可移行。

Wáng J. G.(王建国)移作"……Wáng

J. G."(王建国)

不能移作"……Wáng J.-

G."(王建国)。

6.6.2 音节前有隔音符号,移行时,去掉隔音符号,加连接号。例如:

Xī'ān(西安)移作"……Xī-

ān"(西安)

不能移作"……Xī'-

ān"(西安)。

6.6.3 在有连接号处移行时,末尾保留连接号,下行开头补加连接号。例如:

chēshuǐ-mǎlóng(车水马龙)移作"……chēshuǐ-

-mǎlóng"(车水马龙)

6.7 标点符号使用规则

汉语拼音拼写时,句号使用小圆点".",连接号用半字线"-",省略号也可使用 3 个小圆点"…",顿号也可用逗号","代替,其他标点符号遵循 GB/T 15834 的规定。

7 变通规则

7.1 根据识字需要(如小学低年级和幼儿汉语识字读物),可按字注音。

7.2 辞书注音需要显示成语及其他词语内部结构时,可按词或语素分写。

例如:

chīrén shuō mèng(痴人说梦)　　wèi yǔ chóumóu(未雨绸缪)

shǒu kǒu rú píng(守口如瓶)　　Hēng - Hā èr jiàng(哼哈二将)

Xī Liáo Hé(西辽河)　　Nán - Běi Cháo(南北朝)

7.3 辞书注音为了提示轻声音节,音节前可标中圆点。例如:

zhuāng·jia(庄稼)　　qīng·chu(清楚)

kàn·deqǐ(看得起)

如是轻重两读,音节上仍标声调。例如:

hóu·lóng(喉咙)　　zhī·dào(知道)

tǔ·xīngqì(土腥气)

7.4 在中文信息处理方面,表示一个整体概念的多音节结构,可全部连写。

例如:

guómínshēngchǎnzǒngzhí(国民生产总值)

jìsuànjītǐcéngchéngxiàngyí(计算机体层成像仪)

shìjièfēiwùzhìwénhuàyíchǎn(世界非物质文化遗产)

中文书刊名称汉语拼音拼写法

(GB 3259—92 替代国标 3259—82。国家技术监督局 1992 年 2 月 1 日批准、发布,1992 年 11 月 1 日实施)

1　主题内容与适用范围

本标准规定了用汉语拼音拼写我国出版的中文书刊名称的方法。

本标准适用于我国正式出版的中文书刊名称的汉语拼音的拼写,也适用于文献资料的信息处理。

国内出版的中文书刊应依照本标准的规定,在封面,或扉页,或封底,或版权页上加注汉语拼音书名、刊名。

2　术语

汉语拼音正词法:用《汉语拼音方案》拼写现代汉语的规则。《汉语拼音方案》确定了音节的拼写规则。汉语拼音正词法是在《汉语拼音方案》的基础上进一步规定词的拼写方法。

3　拼写原则

以词为拼写单位,并适当考虑语音、词义等因素,同时考虑词形长短适度。

4　拼写参考文献

4.1　《汉语拼音正词法基本规则》(国家教育委员会、国家语言文字工作委员会 1988 年 7 月联合公布)。

4.2　《现代汉语词典》《汉语拼音词汇》《汉英词典》。

5 拼写规则

5.1　中文书刊名称拼写基本上以词为书写单位。每个词第一个字母要大写。因设计需要,也可以全用大写。

　　子夜　Ziye　　　　　　　　　珍珠　Zhenzhu
　　长城恋　Changcheng Lian　　　新工具　Xin Gongju
　　中国青年　Zhongguo Qingnian　人民日报　Renmin Ribao
　　幼儿小天地　You'er Xiao Tiandi　行政法概论　Xingzhengfa Gailun
　　人口经济学　Renkou Jingjixue
　　散文创作艺术　Sanwen Chuangzuo Yishu

5.2　结合紧密的双音节和三音节的结构(不论词或词组)连写。

　　海囚　Haiqiu　　　　　　　　军魂　Junhun
　　地火　Dihuo　　　　　　　　 红楼梦　Hongloumeng
　　爆破工　Baopogong　　　　　资本论　Zibenlun

5.3　四音节以上的表示一个整体概念的名称按词(或语节)分开写,不能按词或语节划分的,全部连写。

　　线性代数　Xianxing Daishu
　　汽油发电机　Qiyou Fadianji
　　中华人民共和国森林法　Zhonghua Renmin Gongheguo Senlinfa
　　高压架空送电线路机械设计　Gaoya Jiakong Songdian Xianlu Jixie Sheji
　　微积分学　Weijifenxue　　　极限环论　Jixianhuanlun
　　非平衡态统计力学　Feipinghengtai Tongji Lixue

5.4　名词与单音节前加成分和单音节后加成分,连写。

　　超声波　Chaoshengbo　　　　现代化　Xiandaihua

5.5　虚词与其他语词分写,小写。因设计需要,也可以大写。

　　水的世界　Shui de Shijie　　　大地之歌　Dadi zhi Ge
　　功和能　Gong he Neng　　　　红与黑　Hong yu Hei

5.6　并列结构、缩略语等可以用短横。

　　秦汉史　Qin-Han Shi　　　　　英汉词典　Ying-Han Cidian

袖珍真草隶篆四体百家姓　Xiuzhen Zhen-cao-li-zhuan Si Ti Baijiaxing

北京大学和五四运动　Beijing Daxue he Wu-si Yundong

环保通讯　Huan-bao Tongxun

中共党史讲义　Zhong-Gong Dangshi Jiangyi

5.7　汉语人名按姓和名分写,姓和名的开头字母大写。笔名、别名等,按姓名写法处理。

茅盾全集　Mao Dun Quanji

巴金研究专集　Ba Jin Yanjiu Zhuanji

沈从文文集　Shen Congwen Wenji

盖叫天表演艺术　Gai Jiaotian Biaoyan Yishu

已经专名化的称呼,连写,开头大写。

庄子译注　Zhuangzi Yizhu

小包公　Xiao Baogong

5.8　汉语地名专名和通名分写,每一分写部分的第一个字母大写。

江苏省地图　Jiangsu Sheng Ditu

九华山　Jiuhua Shan

话说长江　Huashuo Chang Jiang

5.9　某些地名可用中国地名委员会认可的特殊拼法。

陕西日报　Shaanxi Ribao

5.10　书刊名称中的中国少数民族和外国的人名、地名可以按原文的拉丁字母拼法拼写,也可以按汉字注音拼写。

成吉思汗的故事　Chengjisihan de Gushi

怀念班禅大师　Huainian Banchan Dashi

铁托选集　Tietuo Xuanji

居里夫人传　Juli Furen Zhuan

威廉·李卜克内西传　Weilian Libukeneixi Zhuan

在伊犁　Zai Yili　　　　　拉萨游记　Lasa Youji

巴黎圣母院　Bali Shengmuyuan

维也纳的旋律　Weiyena de Xuanlü

5.11 数词十一到九十九之间的整数,连写。

十三女性 Shisan Nüxing

财政工作三十五年 Caizheng Gongzuo Sanshiwu Nian

六十年目睹怪现状 Liushi Nian Mudu Guai Xianzhuang

黄自元楷书九十二法 Huang Ziyuan Kaishu Jiushi'er Fa

5.12 "百""千""亿"与前面的个位数,连写;"万""亿"与前面的十位以上的数,分写。

美国二百年大事记 Meiguo Erbai Nian Dashiji

一千零一夜 Yiqian Ling Yi Ye

十万个为什么 Shi Wan Ge Weishenme

5.13 表示序数的"第"与后面的数词中间,加短横。

第二国际史 Di-er Guoji Shi

第三次浪潮 Di-san Ci Langchao

5.14 数词和量词分写。

一条鱼 Yi Tiao Yu

两个小伙子 Liang Ge Xiaohuozi

5.15 阿拉伯数字和外文字母照写。

赠给 18 岁诗人 Zenggei 18 Sui Shiren

1979—1980 中篇小说选集 1979—1980 Zhongpian Xiaoshuo Xuanji

BASIC 语言 BASIC Yuyan

IBM-PC（0520）微型机系统介绍 IBM-PC（0520）Weixingji Xitong Jieshao

5.16 中文书刊的汉语拼音名称一律横写。

附加说明：

本标准由全国文献工作标准化技术委员会提出。

本标准由全国文献工作标准化技术委员会第二分委员会起草。

本标准起草人乔风。

本标准修订人金惠淑、姜树森。

信息与文献　参考文献著录规则

（GB/T 7714—2015，代替 GB/T 7714—2005。国家质量监督检验检疫总局、中国国家标准化管理委员会2015年5月15日发布,2015年12月1日实施）

1　范围

本标准规定了各个学科、各种类型信息资源的参考文献的著录项目、著录顺序、著录用符号、著录用文字、各个著录项目的著录方法以及参考文献在正文中的标注法。

本标准适用于著者和编辑著录参考文献,而不是供图书馆员、文献目录编制者以及索引编辑者使用的文献著录规则。

2　规范性引用文件

下列文件对于本文件的应用是必不可少的。凡是注日期的引用文件,仅注日期的版本适用于本文件。凡是不注日期的引用文件,其最新版本（包括所有的修改版）适用于本文件。

GB/T 7408—2005　数据元和交换格式　信息交换　日期和时间表示法

GB/T 28039—2011　中国人名汉语拼音字母拼写规则

ISO 4　信息与文献　出版物题名和标题缩写规则（Information and documentation-Rules for the abbreviation of title words and titles of publications）

3　术语和定义

下列术语和定义适用于本文件。

3.1　参考文献　reference

对一个信息资源或其中一部分进行准确和详细著录的数据,位于文末或文中的信息源。

3.2 主要责任者 creator

主要负责创建信息资源的实体,即对信息资源的知识内容或艺术内容负主要责任的个人或团体。主要责任者包括著者、编者、学位论文撰写者、专利申请者或专利权人、报告撰写者、标准提出者、析出文献的著者等。

3.3 专著 monograph

以单行本或多卷册(在限定的期限内出齐)形式出版的印刷型或非印刷型出版物,包括普通图书、古籍、学位论文、会议文集、汇编、标准、报告、多卷书、丛书等。

3.4 连续出版物 serial

通常载有年卷期号或年月日顺序号,并计划无限期连续出版发行的印刷或非印刷形式的出版物。

3.5 析出文献 contribution

从整个信息资源中析出的具有独立篇名的文献。

3.6 电子资源 electronic resource

以数字方式将图、文、声、像等信息存储在磁、光、电介质上,通过计算机、网络或相关设备使用的记录有知识内容或艺术内容的信息资源,包括电子公告、电子图书、电子期刊、数据库等。

3.7 顺序编码制 numeric references method

一种引文参考文献的标注体系,即引文采用序号标注,参考文献表按引文的序号排序。

3.8 著者-出版年制 first element and date method

一种引文参考文献的标注体系,即引文采用著者-出版年标注,参考文献表按著者字顺和出版年排序。

3.9 合订题名 title of the individual works

由 2 种或 2 种以上的著作汇编而成的无总题名的文献中各部著作的题名。

3.10 阅读型参考文献 reading reference

著者为撰写或编辑论著而阅读过的信息资源,或供读者进一步阅读的信息资源。

3.11　引文参考文献　cited reference

著者为撰写或编辑论著而引用的信息资源。

3.12　数字对象唯一标识符　digital object identifier；DOI

针对数字资源的全球唯一永久性标识符,具有对资源进行永久命名标志、动态解析链接的特性。

4　著录项目与著录格式

本标准规定参考文献设必备项目与选择项目。凡是标注"任选"字样的著录项目系参考文献的选择项目,其余均为必备项目。本标准分别规定了专著、专著中的析出文献、连续出版物、连续出版物中的析出文献、专利文献以及电子资源的著录项目和著录格式。

4.1　专著

4.1.1　著录项目

主要责任者

题名项

　题名

　其他题名信息

　文献类型标识(任选)

其他责任者(任选)

版本项

出版项

　出版地

　出版者

　出版年

　引文页码

　引用日期

获取和访问路径(电子资源必备)

数字对象唯一标识符(电子资源必备)

4.1.2 著录格式

主要责任者.题名:其他题名信息[文献类型标识/文献载体标识].其他责任者.版本项.出版地:出版者,出版年:引文页码[引用日期].获取和访问路径.数字对象唯一标识符.

示例:

[1] 陈登原.国史旧闻:第1卷[M].北京:中华书局,2000:29.

[2] 哈里森,沃尔德伦.经济数学与金融数学[M].谢远涛,译.北京:中国人民大学出版社,2012:235-236.

[3] 北京市政协民族和宗教委员会,北京联合大学民族与宗教研究所.历代王朝与民族宗教[M].北京:民族出版社,2012:112.

[4] 全国信息与文献标准化技术委员会.信息与文献 都柏林核心元数据元素集:GB/T 25100—2010[S].北京:中国标准出版社,2010:2-3.

[5] 徐光宪,王祥云.物质结构[M].北京:科学出版社,2010.

[6] 顾炎武.昌平山水记;京东考古录[M].北京:北京古籍出版社,1992.

[7] 王夫之.宋论[M].刻本.金陵:湘乡曾国荃,1865(清同治四年).

[8] 牛志明,斯温兰德,雷光春.综合湿地管理国际研讨会论文集[C].北京:海洋出版社,2012.

[9] 中国第一历史档案馆,辽宁省档案馆.中国明朝档案总汇[A].桂林:广西师范大学出版社,2001.

[10] 杨保军.新闻道德论[D/OL].北京:中国人民大学出版社,2010[2012-11-01]. http://apabi.lib.pku.edu.cn/usp/pku/pub.mvc? pid=book.detail & metaid=m. 20101104-BPO-889-1023 & cult=CN.

[11] 赵学功.当代美国外交[M/OL].北京:社会科学文献出版社,2001[2014-06-11].http://www.cadal.zju.edu.cn/book/trySinglePage/33023884/1.

[12] 同济大学土木工程防灾国家重点实验室.汶川地震震害研究[M/OL].上海:同济大学出版社,2011:5-6[2013-05-09]. http://apabi.lib.pku.edu.cn/usp/pku/pub.mvc? pid=book.detail&metaid=m.20120406-YPT-889-0010.

[13] 中国造纸学会.中国造纸年鉴:2003[M/OL].北京:中国轻工业出版社,2003[2014-

04-25].http://www.cadal.zju.edu.cn/book/view/25010080.

[14] PEEBLES P Z,Jr.Probability,random variable,and random signal principles[M].4th ed.New York:McGraw Hill, 2001.

[15] YUFIN S A. Geoecology and computers: proceedings of the Third International Conference on Advances of Computer Methods in Geotechnical and Geoenvironmental Engineering, Moscow, Russia, February 1-4, 2000 [C]. Rotterdam: A. A. Balkema, 2000.

[16] BALDOCK P. Developing early chidhood services: past, present and future [M/OL]. [S.1.]:Open University Press, 2011:105[2012-11-27].http://lib.myilibrary.com/Open.aspx?id=312377.

[17] FAN X, SOMMERS C H. Food irradiation research and technology. 2nd ed. Ames, Iowa: Blackwell Publishing,2013:25-26[2014-06-26].http://onlinelibrary.wiley.com/doi/10.1002/9781118422557.ch2/summary.

4.2 专著中的析出文献

4.2.1 著录项目

析出文献主要责任者

析出文献题名项

  析出文献题名

  文献类型标识(任选)

析出文献其他责任者(任选)

出处项

  专著主要责任者

  专著题名

  其他题名信息

版本项

出版项

  出版地

  出版者

  出版年

析出文献的页码

引用日期

获取和访问路径(电子资源必备)

数字对象唯一标识符(电子资源必备)

4.2.2 著录格式

析出文献主要责任者,析出文献题名[文献类型标识/文献载体标识].析出文献其他责任者//专著主要责任者.专著题名:其他题名信息.版本项.出版地:出版者,出版年:析出文献的页码[引用日期].获取和访问路径.数字对象唯一标识符.

示例:

[1] 周易外传:卷5[M]//王夫之.船山全书:第6册.长沙:岳麓书社,2011:1109.

[2] 程根伟.1998年长江洪水的成因与减灾对策[M]//许厚泽,赵其国.长江流域洪涝灾害与科技对策.北京:科学出版社,1999:32-36.

[3] 陈晋镳,张惠民,朱士兴,等.蓟县震旦亚界研究[M]//中国地质科学院天津地质矿产研究所.中国震旦亚界.天津:天津科学技术出版社,1980:56-114.

[4] 马克思.政治经济学批判[M]//马克思,恩格斯.马克思恩格斯全集:第35卷.北京:人民出版社,2013:302.

[5] 贾东琴,柯平.面向数字素养的高校图书馆数字服务体系研究[C]//中国图书馆学会.中国图书馆学会年会论文集:2011年卷.北京:国家图书馆出版社,2011:45-52.

[6] WEINSTEIN L, SWERTZ M N. Pathogenic properties of invading mieroorganism[M]//SODEMAN WA, Jr, SODEMAN W A. Pathologic physiology:mechanisms of disease. Philadelphia:Saunders, 1974:745-772.

[7] ROBERSON J A, BURNESON E G. Drinking water standards, regulations and goals[M/OL]//American Water Works Association. Water quality & treatment: a handbook on drinking water. 6th ed. New York:McGraw-Hill, 2011:1.1-1.36[2012-12-10]. http://lib.myilibrary.com/Open.aspx? id=291430.

4.3 连续出版物

4.3.1 著录项目

主要责任者

题名项
　　题名
　　其他题名信息
　　文献类型标识(任选)
年卷期或其他标识(任选)
出版项
　　出版地
　　出版者
　　出版年
　　引用日期
获取和访问路径(电子资源必备)
数字对象唯一标识符(电子资源必备)

4.3.2　著录格式

主要责任者.题名:其他题名信息[文献类型标识/文献载体标识].年,卷(期)-年,卷(期).出版地:出版者,出版年[引用日期].获取和访问路径.数字对象唯一标识符.

示例:

[1]中华医学会湖北分会.临床内科杂志[J].1984.1(1)-.武汉:中华医学会湖北分会,1984-.

[2]中国图书馆学会.图书馆学通讯[J].1957(1)-1990(4).北京:北京图书馆,1957-1990.

[3]American Association for the Advancement of Science. Science [J].1883,1(1)-. Washington,D.C.: American Association for the Advancement of Science,1883-.

4.4　连续出版物中的析出文献

4.4.1　著录项目

析出文献主要责任者

析出文献题名项

　　析出文献题名

文献类型标识(任选)

出处项

  连续出版物题名

  其他题名信息

  年卷期标识与页码

  引用日期

获取和访问路径(电子资源必备)

数字对象唯一标识符(电子资源必备)

4.4.2 著录格式

析出文献主要责任者.析出文献题名[文献类型标识/文献载体标识].连续出版物题名:其他题名信息,年,卷(期):页码[引用日期].获取和访问路径.数字对象唯一标识符.

示例:

[1] 袁训来,陈哲,肖书海,等.蓝田生物群:一个认识多细胞生物起源和早期演化的新窗口[J].科学通报,2012,55(34):3219.

[2] 余建斌.我们的科技一直在追赶:访中国工程院院长周济[N/OL].人民日报,2013-01-12(2)[2013-03-20].http://paper.people.com.cn/rmrb/html/2013-01/12/nw.D110000renmrb_20130112_5-02.htm.

[3] 李炳穆.韩国图书馆法[J/OL].图书情报工作,2008,52(6):6-12[2013-10-25].http://www.docin.com/p-400265742.html.

[4] 李幼平,王莉.循证医学研究方法:附视频[J/OL].中华移植杂志(电子版),2010,4(3):225-228[2014-06-09].http://www.cqvip.com/Read/Read.aspx?id=36658332.

[5] 武丽丽,华一新,张亚军,等."北斗一号"监控管理网设计与实现[J/OL].测绘科学,2008,33(5):8-9[2009-10-25].http://vip.calis.edu.cn/CSTJ/Sear.dll?OPAC_Create Detail.DOI:10.3771/j.issn.1009-2307.2008.05.002.

[6] KANAMORI H.Shaking without quaking[J].Science,1998,279(5359):2063.

[7] CAPLAN P.Cataloging internet resources[J].The public access computer systems review,1993,4(2):61-66.

[8] FRESE K S,KATUS H A,MEDER B.Next-generation sequencing:from understanding

biology to personalized medicine[J/OL].Biology,2013,2(1):378-398[2013-03-19].http://www.mdpi.com/2079-7737/2/1/378.DOI:10.3390/biology2010378.

[9] MYBURG A A,GRATTAPAGLIA D,TUSKAN G A,et al.The genome of Eucalyptus grandis[J/OL].Nature,2014,510:356-362(2014-06-19)[2014-06-25].http://www.nature.com/nature/journal/v510/n7505/pdf/nature13308.pdf.DOI:10.1038/nature13308.

4.5 专利文献

4.5.1 著录项目

专利申请者或所有者

题名项

 专利题名

 专利号

 文献类型标识(任选)

出版项

 公告日期或公开日期

 引用日期

获取和访问路径(电子资源必备)

数字对象唯一标识符(电子资源必备)

4.5.2 著录格式

专利申请者或所有者.专利题名:专利号[文献类型标识/文献载体标识].公告日期或公开日期[引用日期].获取和访问路径.数字对象唯一标识符.

示例:

[1] 邓一刚.全智能节电器:20060171314.3[P].2006-12-13.

[2] 西安电子科技大学.光折变自适应光外差探测方法:01128777.2[P/OL].2002-03-06[2002-05-28].http://211.152.9.47/sipoasp/zljs/hyjs-yx-new.asp?recid=01128777.2&leixin=0.

[3] TACHIBANA R,SHIMIZU S,KOBAYSHI S,et al.Electronic watermarking method and system:US6915001[P/OL].2005-07-05[2013-11-11].http://www.google.co.in/patents/US6915001.

4.6 电子资源

凡属电子专著、电子专著中的析出文献、电子连续出版物、电子连续出版物中的析出文献以及电子专利的著录项目与著录格式分别按 4.1～4.5 中的有关规则处理。除此而外的电子资源根据本规则著录。

4.6.1 著录项目

主要责任者

题名项

 题名

 其他题名信息

 文献类型标识(任选)

出版项

 出版地

 出版者

 出版年

 引文页码

 更新或修改日期

 引用日期

获取和访问路径

数字对象唯一标识符

4.6.2 著录格式

主要责任者.题名:其他题名信息[文献类型标识/文献载体标识].出版地:出版者,出版年:引文页码(更新或修改日期)[引用日期].获取和访问路径.数字对象唯一标识符.

示例:

[1] 中国互联网络信息中心.第 29 次中国互联网络发展现状统计报告[R/OL].(2012-01-16)[2013-03-26].http://www.cnnic.net.cn/hlwfzyj/hlwxzbg/201201/P020120709345264469680.pdf.

[2] 北京市人民政府办公厅.关于转发北京市企业投资项目核准暂行实施办法的通知:京政办发[2005]37 号[A/OL].(2005-07-12)[2011-07-12].http://china.findlaw.cn/fagui/

p_1/39934.html.

[3] BAWDEN D. Origins and concepts of digital literacy [EB/OL].(2008-05-04)[2013-03-08].http://www.soi.city.ac.uk/~dbawden/digital%20literacy%20chapter.pdf.

[4] Online Computer Library Center, Inc. About OCLC:history of cooperation [EB/OL].[2012-03-27].http://www.oclc.org/about/cooperation.en.html.

[5] HOPKINSON A. UNIMARC and metadata:Dublin core [EB/OL].(2009-04-22)[2013-03-27].http://archive.ifla.org/IV/ifla64/138-16le.htm.

5 著录信息源

参考文献的著录信息源是被著录的信息资源本身。专著、论文集、学位论文、报告、专利文献等可依据题名页、版权页、封面等主要信息源著录各个著录项目;专著、论文集中析出的篇章与报刊上的文章依据参考文献本身著录析出文献的信息,并依据主要信息源著录析出文献的出处;电子资源依据特定网址中的信息著录。

6 著录用文字

6.1 参考文献原则上要求用信息资源本身的语种著录。必要时,可采用双语著录。用双语著录参考文献时,首先应用信息资源的原语种著录,然后用其他语种著录。

示例1:用原语种著录参考文献

[1] 周鲁卫.软物质物理导论[M].上海:复旦大学出版社,2011:1.

[2] 常森.《五行》学说与《荀子》[J].北京大学学报(哲学社会科学版),2013,50(1):75.

[3] 김세훈, 외.도서관및독서진흥법 개정안 연구 [M].서울:한국문화관광정책연구원,2003:15.

[4] 図書館用語辭典編集委員會.最新図書館用語大辭典[M].東京:柏書房株式會社,2004:154.

[5] RUDDOCK L.Economics for the modern built environment [M/OL]. London:Taylor & Francis,2009:12[2010-06-15].http://lib.mylibrary.com/Open.aspx?id=179660.

[6] Кочетков А Я. Молибден-медно-эолотопорфиовое месторождение Рябиновсе[J/

OL]. Отечественная гелогия,1993(7):50-58.

示例2:用韩中2种语种著录参考文献

[1] 이병목. 도서관법규총람: 제1권[M]. 서울: 구미무역 출판부,2005:67-68.

李炳穆.图书馆法规总览:第1卷[M].首尔:九美贸易出版部,2005:67-68.

[2] 도서관정보 책위원회 발족식 및 도서관정보정책기획단 신설[J]. 圖書館文化,2007,48(7):11-12.

图书馆信息政策委员会成立仪式与图书馆信息政策规划团[J].图书馆文化,2007,48(7):11-12.

示例3:用中英2种语种著录参考文献

[1]熊平,吴颉.从交易费用的角度谈如何构建药品流通的良性机制[J].中国物价,2005(8):42-45.

XIONG P, WU X. Discussion on how to construct benign medicine circulation mechanism from tranaction cost perspective [J]. China price, 2005 (8): 42-45.

[2]上海市食品药品监督管理局课题组.互联网药品经营现状和监管机制的研究[J].上海食品药品监管情报研究,2008(1):8-11.

Research Group of Shanghai Food and Drug Administration. A study on online pharmaceutical operating situation and supervision mechanism [J]. Shanghai food and drug information research,2008(1):8-11.

6.2 著录数字时,应保持信息资源原有的形式。但是,卷期号、页码、出版年、版次、更新或修改日期、引用日期、顺序编码制的参考文献序号等应用阿拉伯数字表示。外文书的版次用序数词的缩写形式表示。

6.3 个人著者,其姓全部著录,字母全大写,名可缩写为首字母(见8.1.1);如用首字母无法识别该人名时,则用全名。

6.4 出版项中附在出版地之后的省名、州名、国名等(见8.4.1.1)以及作为限定语的机关团体名称可按国际公认的方法缩写。

6.5 西文期刊刊名的缩写可参照ISO4的规定。

6.6 著录西文文献时,大写字母的使用要符合信息资源本身文种的习惯用法。

7 著录用符号

7.1 本标准中的著录用符号为前置符。按著录-出版年制组织的参考文献表中的第一个著录项目,如主要责任者、析出文献主要责任者、专利申请者或所有者前不使用任何标识符号。按顺序编码组织的参考文献表中的各篇文献序号用方括号,如[1]、[2]…。

7.2 参考文献使用下列规定的标识符号:

. 用于题名项、析出文献题名项、其他责任者、析出文献其他责任者、连续出版物的"年卷期或其他标识"项、版本项、出版项、连续出版物中析出文献的出处项、获取和访问路径以及数字对象唯一标识符前。每一条参考文献的结尾可用"."号。

: 用于其他题名信息、出版者、引文页码、析出文献的页码、专利号前。

, 用于同一著作方式的责任者、"等""译"字样、出版年、期刊年卷期标识中的年和卷号前。

; 用于同一责任者的合订题名以及期刊后续的年卷期标识与页码前。

// 用于专著中析出文献的出处项前。

( ) 用于期刊年卷期标识中的期号、报纸的版次、电子资源的更新或修改日期以及非公元纪年的出版年。

[ ] 用于文献序号、文献类型标识、电子资源的引用日期以及自拟的信息。

/ 用于合期的期号间以及文献载体标识前。

– 用于起讫序号和起讫页码间。

8 著录细则

8.1 主要责任者或其他责任者

8.1.1 个人著者采用姓在前名在后的著录形式。欧美著者的名可用缩写字母,缩写名后省略缩写点。欧美著者的中译名只著录其姓;同姓不同名的欧美著者,其中译名不仅要著录其姓,还需著录其名的首字母。依据 GB/T 28039—2011 有关规定,用汉语拼音书写的人名,姓全大写,其名可缩写,取每个汉字拼音的首字母。

 示例 1:李时珍   原题:(明)李时珍

 示例 2:乔纳斯   原题:(瑞士)伊迪斯·乔纳斯

 示例 3:昂温   原题:(美)S. 昂温(Stephen Unwin)

 示例 4:昂温 G,昂温 P S

 原题:(英)G. 昂温(G. Unwin),P. S. 昂温(P. S. Unwin)

 示例 5:丸山敏秋   原题:(日)丸山敏秋

 示例 6:凯西尔   原题:(阿拉伯)伊本·凯西尔

 示例 7:EINSTEIN A   原题:Albert Einstein

 示例 8:WILLIAMS ELLIS A 原题:Amabel Williams Ellis

 示例 9:DE MORGAN A   原题:Augustus De Morgan

 示例 10:LI Jiangning   原题:Li Jiangning

 示例 11:LI J N   原题:Li Jiangning

8.1.2 著作方式相同的责任者不超过 3 个时,全部照录。超过 3 个时,著录前 3 个责任者,其后加",等"或与之相应的词。

 示例 1:钱学森,刘再复   原题:钱学森 刘再复

 示例 2:李四光,华罗庚,茅以升 原题:李四光 华罗庚 茅以升

 示例 3:印森林,吴胜和,李俊飞,等 原题:印森林 吴胜和 李俊飞 冯文杰

 示例 4:FORDHAM E W, ALI A, TURNER D A,et al.

  原题:Evenst W. Fordham Amiad Ali David A. Turner John R. Charters

8.1.3 无责任者或者责任者情况不明的文献,"主要责任者"项应注明"佚名"或与之相应的词。凡采用顺序编码制组织的参考文献可省略此项,直接著录题名。

 示例:Anon, 1981. Coffee drinking and cancer of the pancreas [J]. Br Med J. 283(6292):628.

8.1.4 凡是对文献负责的机关团体名称,通常根据著录信息源著录。机关团体名称应由上至下分级著录,上下级间用"."分隔,用汉字书写的机关团体名称除外。

 示例 1:中国科学院物理研究所

示例 2：贵州省土壤普查办公室

示例 3：American Chemical Society

示例 4：Stanford University. Department of Civil Engineering

8.2 题名

题名包括书名、刊名、报纸名、专利题名、报告名、标准名、学位论文名、档案名、舆图名、析出的文献名等。题名按著录信息源所载的内容著录。

示例 1：王夫之"乾坤并建"的诠释面向

示例 2：张子正蒙注

示例 3：化学动力学和反应器原理

示例 4：袖珍神学,或,简明基督教词典

示例 5：北京师范大学学报(自然科学版)

示例 6：Gases in sea ice 1975－1979

示例 7：J Math & Phys

8.2.1 同一责任者的多个合订题名,著录前3个合订题名。对于不同责任者的多个合订题名,可以只著录第一个或处于显要位置的合订题名。在参考文献中不著录并列题名。

示例 1：为人民服务;纪念白求恩;愚公移山

　　原题：为人民服务　纪念白求恩　愚公移山　毛泽东著

示例 2：大趋势

　　原题：大趋势　　Megatrends

8.2.2 文献类型标识(含文献载体标识)宜依附录B《文献类型和文献载体标识代码》著录。电子资源既要著录文献类型标识,也要著录文献载体标识。本标准根据文献类型及文献载体的发展现状作了必要的补充。

8.2.3 其他题名信息根据信息资源外部特征的具体情况决定取舍。其他题名信息包括副题名,说明题名文字,多卷书的分卷书名、卷次、册次,专利号,报告号,标准号等。

示例 1：地壳运动假说:从大陆漂移到板块构造[M]

示例 2：三松堂全集:第4卷[M]

示例 3：世界出版业:美国卷[M]

示例 4:ECL 集成电路:原理与设计[M]

示例 5:中国科学技术史:第 2 卷 科学思想史[M]

示例 6:商鞅战秋菊:法治转型的一个思想实验[J]

示例 7:中国科学:D 辑 地球科学[J]

示例 8:信息与文献 都柏林核心元数据元素集:GB/T 25100—2010[S]

示例 9:中子反射数据分析技术:CNIC‐01887[R]

示例 10:Asian Pacific journal of cancer prevention:e‐only

8.3 版本

第 1 版不著录,其他版本说明应著录。版本用阿拉伯数字、序数缩写形式或其他标识表示。古籍的版本可著录"写本""抄本""刻本""活字本"等。

示例 1:3 版   原题:第三版

示例 2:新 1 版   原题:新 1 版

示例 3:明刻本   原题:明刻本

示例 4:5th ed.   原题:Fifth edition

示例 5:Rev.ed.   原题:Revised edition

8.4 出版项

出版项应按出版地、出版者、出版年顺序著录。

示例 1:北京:人民出版社,2013

示例 2:New York:Academic Press,2012

8.4.1 出版地

8.4.1.1   出版地著录出版者所在地的城市名称。对同名异地或不为人们熟悉的城市名,宜在城市名后附省、州名或国名等限定语。

示例 1:Cambridge,Eng.

示例 2:Cambridge,Mass.

8.4.1.2   文献中载多个出版地,只著录第一个或处于显要位置的出版地。

示例 1:北京:科学出版社,2013

   原题:科学出版社 北京 上海 2013

示例 2:London:Butterworths,2000

   原题:Butterwoths London Boston Durban Syngapore Sydney Toronto Wellington 2000

8.4.1.3 无出版地的中文文献著录"出版地不详",外文文献著录"S.1.",并置于方括号内。无出版地的电子资源可省略此项。

示例 1:[出版地不详]:三户图书刊行社,1990

示例 2:[S.1.]:MacMillan,1975

示例 3:Open University Press,2011:105[2014-06-16].http://lib.myilibrary.com/Open.aspx? id=312377

8.4.2 出版者

8.4.2.1 出版者可以按著录信息源所载的形式著录,也可以按国际公认的简化形式或缩写形式著录。

示例 1:中国标准出版社　　　　　　　原题:中国标准出版社

示例 2:Elsevier Science Publishers　　原题:Elsevier Science Publishers

示例 3:IRRI　　　　　　　　　　　　原题:International Rice Research Institute

8.4.2.2 文献中载有多个出版者,只著录第一个或处于显要位置的出版者。

示例:Chicago:ALA,1978

原题:American Library Association/Chicago　Canadian Library Association/Ottawa 1978

8.4.2.3 无出版者的中文文献著录"出版者不详",外文文献著录"s.n.",并置于方括号内。无出版者的电子资源可省略此项。

示例 1:哈尔滨:[出版者不详],2013

示例 2:Salt Lake City:[s.n.],1964

8.4.3 出版日期

8.4.3.1 出版年采用公元纪年,并用阿拉伯数字著录。如有其他纪年形式时,将原有的纪年形式置于"(　)"内。

示例 1:1947(民国三十六年)

示例 2:1705(康熙四十四年)

8.4.3.2 报纸的出版日期按照"YYYY-MM-DD"格式,用阿拉伯数字著录。

示例:2013-01-08

8.4.3.3 出版年无法确定时,可依次选用版权年、印刷年、估计的出版年。估计的出版年应置于方括号内。

示例1:c1988

示例2:1995 印刷

示例3:[1936]

8.4.4 公告日期、更新日期、引用日期

8.4.4.1 依据 GB/T 7408—2005 专利文献的公告日期或公开日期按照"YYYY-MM-DD"格式,用阿拉伯数字著录。

8.4.4.2 依据 GB/T 7408—2005 电子资源的更新或修改日期、引用日期按照"YYYY-MM-DD"格式,用阿拉伯数字著录。

示例:(2012-05-03)[2013-11-12]

8.5 页码

专著或期刊中析出文献的页码或引文页码,应采用阿拉伯数字著录(参见8.8.2、10.1.3、10.2.4)。引自序言或扉页题词的页码,可按实际情况著录。

示例1:曹凌.中国佛教疑伪经综录[M].上海:上海古籍出版社,2011:19.

示例2:钱学森.创建系统学[M].太原:山西科学技术出版社,2001:序2-3.

示例3:冯友兰.冯友兰自选集[M].2版.北京:首都师范大学出版社,2008:第1版自序.

示例4:李约瑟.题词[M]//苏克福,管成学,邓明鲁.苏颂与《本草图经》研究.长春:长春出版社,1991:扉页.

示例5:DUNBAR K L, MITCHELL D A. Revealing nature's synthetic potential through the study of ribosomal natural product biosynthesis[J/OL]. ACS chemical biology, 2013, 8:473-487 [2013-10-06]. http://pubs.acs.org/doi/pdfplus/10.1021/cb3005325.

8.6 获取和访问路径

根据电子资源在互联网中的实际情况,著录其获取和访问路径。

示例1:储大同.恶性肿瘤个体化治疗靶向药物的临床表现[J/OL].中华肿瘤杂志,2010,32(10):721-724[2014-06-25].http://vip.calis.edu.cn/asp/Detail.asp.

示例2:WEINER S. Microarchaeology: beyond the visible archaeological record [M/OL]. Cambridge, Eng. Cambridge University Press Textbooks, 2010:38 [2013-10-14]. http://lib.myilibrary.com/Open.aspx? id=253897.

8.7 数字对象唯一标识符

获取和访问路径中不含数字对象唯一标识符时,可依原文如实著录数字对

象唯一标识符。否则,可省略数字对象唯一标识符。

示例1:获取和访问路径中不含数字对象唯一标识符

刘乃安.生物质材料热解失重动力学其分析方法研究[D/OL].合肥:中国科学技术大学,2000:17-18[2014-08-29].http://wenku.baidu.com/link?rul=GJDJxb41xBUXnIPmqlXoEGSIR1H8TMLb-idW-Lj1Yu33tpt707u62rKliypU-FBGUmox7ovPNaVIVBALAMd5yfwuKUUOAGYuB7cuZ-BYEhXa.DOI:10.7666/d.y351065.

(该书数字对象唯一标识符为:DOI:10.7666/d.y351065)

示例2:获取和访问路径中含数字对象唯一标识符

DEVERELL W,IGLER D. A companion to California history[M/OL]. New York:John Wiley & Sons,2013:21-22(2013-11-15)[2014-06-24].http://onlinelibrary.wiley.com/doi/10.1002/9781444305036.ch2/summary.

(该书数字对象唯一标识符为:DOI:10.1002/9781444305036.ch2)

8.8 析出文献

8.8.1 从专著中析出有独立著者、独立篇名的文献按4.2的有关规定著录,其析出文献与源文献的关系用"//"表示。凡是从报刊中析出具有独立著者、独立篇名的文献按4.4的有关规定著录,其析出文献与源文献的关系用"."表示。关于引文参考文献的著录与标识参见10.1.3与10.2.4。

示例1:姚中秋.作为一种制度变迁模式的"转型"[M]//罗卫东,姚中秋.中国转型的理论分析:奥地利学派的视角.杭州:浙江大学出版社,2009:44.

示例2:关立哲,韩纪富,张晨珏.科技期刊编辑审读中要注重比较思维的科学运用[J].编辑学报,2014,26(2):144-146.

示例3:TENOPIR C. Online databases:quality control[J]. Library journal,1987,113(3):124-125.

8.8.2 凡是从期刊中析出的文章,应在刊名之后注明其年、卷、期、页码。阅读型参考文献的页码著录文章的起讫页或起始页,引文参考文献的页码著录引用信息所在页。

示例1:2001,1(1):5-6

    年 卷期 页码

示例2:2014,510:356-363

　　　　　年　卷　　页码

示例 3:2010(6):23

　　　　　年　卷　页码

示例 4:2012,22(增刊2):81-86

　　　　　年　卷　　　　页码

8.8.3　对从合期中析出的文献,按 8.8.2 的规则著录,并在圆括号内注明合期号。

示例:2001 (9/10):36-39

　　　　年　　期　　页码

8.8.4　凡是在同一期刊上连载的文献,其后续部分不必另行著录,可在原参考文献后直接注明后续部分的年、卷、期、页码等。

示例:2011, 33 (2) : 20-25;2011, 33 (3) : 26-30

　　　年　卷期　　页码　　年　卷期　　页码

8.8.5　凡是从报纸中析出的文献,应在报纸名后著录其出版日期与版次。

示例:2013-03-16(1)

　　　年　月　日 版次

9　参考文献表

　　参考文献表可以按顺序编码制组织,也可以按著者-出版年制组织。引文参考文献既可以集中著录在文后或书末,也可以分散著录在页下端。阅读型参考文献著录在文后、书的各章节后或书末。

9.1　顺序编码制

　　参考文献表采用顺序编码制组织时,各篇文献应按正文部分标注的序号依次列出(参见 10.1)。

示例:

[1] BAKER S K, JACKSON M E. The future of resource sharing [M]. New York：The Haworth Press, 1995.

[2] CHERNIK B E. Introduction to library services for library Technicians [M]. Littleton, Colo.：Libraries Unlimited, Inc., 1982.

［3］尼葛洛庞帝.数字化生存［M］.胡泳,范海燕,译.海口:海南出版社,1996.

［4］汪冰.电子图书馆理论与实践研究［M］.北京:北京图书馆出版社,1997:16.

［5］杨宗英.电子图书馆的现实模型［J］.中国图书馆学报,1996(2):24-29.

［6］DOWLER L. The research university's dilemma:resource sharing and research in a transinstitutional environment［J］. Journal of library administration,1995,21(1/2):5-26.

9.2 著者-出版年制

参考文献表采用著者-出版年制组织时,各篇文献首先按文种集中,可分为中文、日文、西文、俄文、其他文种5部分;然后按著者字顺和出版年排列。中文文献可以按著者汉语拼音字顺排列(参见10.2),也可以按著者的笔画笔顺排列。

示例:

尼葛洛庞帝,1996. 数字化生存［M］.胡泳,范海燕,译.海口:海南出版社.

汪冰,1997. 电子图书馆理论与实践研究［M］. 北京:北京图书馆出版社:16.

杨宗英,1996. 电子图书馆的现实模型［J］. 中国图书馆学报(2):24-29.

BAKER S K, JACKSON M E, 1995. The future of resource sharing［M］. New York:The Haworth Press.

CHERNIK B E, 1982. Introduction to library services for library technicians［M］.Littleton, Colo.:Libraries Unlimited, Inc.

DOWLER L, 1995. The research university's dilemma:resource sharing and research in a transinstitutional environment［J］. Journal of library administration,21(1/2):5-26.

10 参考文献标注法

正文中引用的文献的标注方法可以采用顺序编码制,也可以采用著者-出版年制。

10.1 顺序编码制

10.1.1 顺序编码制是按正文中引用的文献出现的先后顺序连续编码,将序号置于方括号中。如果顺序编码制用脚注方式时,序号可由计算机自动生成圈码。

示例1:引用单篇文献,序号置于方括号中

......德国学者 N. 克罗斯研究了瑞士巴塞尔市附近侏罗山中老第三纪断裂对第三系褶皱的控制[235];之后,他又描述了西里西亚第 3 条大型的近南北向构造带,并提出地槽是在不均一的块体的基底上发展的思想[236]。

....

示例 2:引用单篇文献,序号由计算机自动生成圈码

......所谓"移情",就是"说话人将自己认同于......他用句子所描写的事件或状态中的一个参与者"①。《汉语大词典》和张相②都认为"可"是"痊愈",侯精一认为是"减轻"③。......另外,根据侯精一,表示病痛程度减轻的形容词"可"和表示逆转否定的副词"可"是兼类词④,这也说明二者应该存在着源流关系。

....

10.1.2 同一处引用多篇文献时,应该各篇文献的序号在方括号内全部列出,各序号间用","。如遇连续序号,起讫序号间用短横线连接。此规则不适用于用计算机自动编码的序号。

示例:引用多篇文献

裴伟[570,83]提出……

莫拉德对稳定区的节理格式的研究[255-256]……

10.1.3 多次引用同一著者的同一文献时,在正文中标注首次引用的文献序号,并在序号的"[ ]"外著录引文页码。如果用计算机自动编序号时,应重复著录参考文献,但参考文献表中的著录项目可简化为文献序号及引文页码,参见本条款的示例 2。

示例 1:多次引用同一著者的同一文献的序号

......改变社会规范也可能存在类似的"二阶囚徒困境"问题;尽管改变旧的规范对所有人都好,但个人理性选择使得没有人愿意率先违反旧的规范[1]。......事实上,古希腊对轴心时代思想真正的贡献不是来自对民主的赞扬,而是来自对民主制度的批评,苏格拉底、柏拉图和亚里士多德 3 位贤都是民主制度的坚决反对者[2]260。......柏拉图在西方世界的影响力是如此之大以至于有学者评论说,一切后世的思想都是一系列为柏拉图思想所作的脚注[3]。......据《唐会要》记载,当时拆毁的寺院有 4 600 余所,招提、兰若等佛教建筑 4 万余所,没收寺产,并强迫僧尼还俗达 260 500 人。佛教受到极大的打击[2]326-329。......陈登原先生的考证是非常精确的,他印证了《春秋说题辞》"黍者绪也,故其立字,禾人米为黍,为酒以扶老,为酒以序尊

卑,禾为柔物,亦宜养老",指出:"以上谓等威之辨,尊卑之序,由于饮食荣辱。"[4]

参考文献:

[1] SUNSTEIN C R. Social norms and social roles [J/OL].Columbia law review, 1996, 96: 903 [2012-01-26]. http://www.heinonline.org/HOL/Page? handle = hein.journals/clr96 & id = 913 & collection = journals & index = journals/clr.

[2] MORRI I. Why the west rules for now: the patterns of history, and what they reveal about the future [M].New York: Farrar, Straus and Giroux, 2010.

[3] 罗杰斯.西方文明史:问题与源头[M].潘惠霞,魏婧,杨艳,等译.大连:东北财经大学出版社,2011: 15-16.

[4] 陈登原.国史旧闻:第1卷[M].北京:中华书局,2000: 29.

示例2: 多次引用同一著者的同一文献的脚注序号

……改变社会规范也可能存在类似的"二阶囚徒困境"问题;尽管改变旧的规范对所有人都好,但个人理性选择使得没有人愿意率先违反旧的规范①……事实上,古希腊对轴心时代思想真正的贡献不是来自对民主的赞扬,而是来自对民主制度的批评,苏格拉底、柏拉图和亚里士多德3位贤圣都是民主制度的坚决反对者②。……柏拉图在西方世界的影响力是如此之大以至于有学者评论说,一切后世的思想都是一系列为柏拉图思想所作的脚注③。……据《唐会要》记载,当时拆毁的寺院有4 600余所,招提、兰若等佛教建筑4万余所,没收寺产,并强迫僧尼还俗达260 500人。佛教受到极大的打击④。……陈登原先生的考证是非常精确的,他印证了《春秋说题辞》"黍者绪也,故其立字,禾入米为黍,为酒以扶老,为酒以序尊卑,禾为柔物,亦宜养老",指出:"以上谓等威之辨,尊卑之序,由于饮食荣辱。"⑤

参考文献:

① SUNSTEIN C R. Social norms and social roles [J/OL]. Columbia law review, 1996, 96: 903 [2012-01-26]. http://www.heinonline.org/HOL/Page? handle = hein.journals/clr96&id = 913&collection = journals&index = journals/clr.

② MORRI I. Why the west rules for now: the patterns of history, and what they reveal about the future [M].New York: Farrar, Straus and Giroux, 2010: 260.

③ 罗杰斯.西方文明史:问题与源头[M].潘惠霞,魏婧,杨艳,等译.大连:东北财经大学出版社,2011: 15-16.

④ 同②: 326-329.

⑤ 陈登原.国史旧闻:第1卷[M].北京:中华书局,2000: 29.

10.2 著者-出版年制

10.2.1 正文引用的文献采用著者-出版年制时,各篇文献的标注内容由著者姓氏与出版年构成,并置于"( )"内。倘若只标注著者姓氏无法识别该人名时,可标注著者姓名,例如中国人、韩国人、日本人用汉字书写的姓名。集体著者著述的文献可标注机关团体名称。倘若正文中已提及著者姓名,则在其后的"( )"内只著录出版年。

示例:引用单篇文献

The notion of an invisible college has been explored in the sciences(Crane,1972).Its absence among historians was noted by Stieg(1981)…

参考文献:

CRANE D,1972. Invisible college[M]. Chicago:Univ.of Chicago Press.

STIEG M F,1981. The information needs of historians[J].College and research libraries,42(6):549-560.

10.2.2 正文中引用多著者文献时,对欧美著者只需标注第一个著者的姓,其后附"et al.";对于中国著者应标注第一著者的姓名,其后附"等"字。姓氏与"et al.""等"之间留适当空隙。

10.2.3 在参考文献表中著录同一著者在同一年出版的多篇文献时,出版年后应用小写字母 a,b,c…区别。

示例1:引用同一著者同年出版的多篇中文文献

王临惠,等,2010a. 天津方言的源流关系刍议[J].山西师范大学学报(社会科学版),37(4):147.

王临惠,2010b. 从几组声母的演变看天津方言形成的自然条件和历史条件[C]//曹志耘.汉语方言的地理语言学研究:首届中国地理语言学国际学术研讨会论文集.北京:北京语言大学出版社:138.

示例2:引用同一著名同年出版的多篇英文文献

KENNEDY W J, GARRISON R E,1975a. Morphology and genesis of nodular chalks and hardgrounds in the Upper Cretaceous of southern England[J]. Sedimentoligy,22:311.

KENNEDY W J, GARRISON R E,1975b. Morphology and genesis of nodular phosphates in the cenomanian of Southeast England[J]. Lethaia,8:339.

10.2.4 多次引用同一著者的同一文献,在正文中标注著者与出版年,并在"( )"外以角标的形式著录引文页码。

示例:多次引用同一著者的同一文献

主编靠编辑思想指挥全局已是编辑界的共识(张忠智,1997),然而对编辑思想至今没有一个明确的界定,故不妨提出一个构架……参与讨论。由于"思想"的内涵是"客观存在反映在人的意识中经过思维活动而产生的结果"(中国社会科学院语言研究所词典编辑室,1996)[1194],所以"编辑思想"的内涵就是编辑实践反映在编辑工作者的意识中,"经过思维活动而产生的结果"。……《中国青年》杂志创办人追求的高格调——理性的成熟与热点的凝聚(刘彻东,1998),表明其读者群的文化的品位的高层次……"方针"指"引导事业前进的方向和目标"(中国社会科学院语言研究所词典编辑室,1996)[235],……对编辑方针,1981年中国科协副主席裴丽生曾有过科学的论断——"自然科学学术期刊应坚持以马列主义、毛泽东思想为指导,贯彻为国民经济发展服务,理论与实践相结合,普及与提高相结合,'百花齐放,百家争鸣'的方针。"(裴丽生,1981)它完整地回答了为谁服务,怎样服务,如何服务得更好的问题。

…………

参考文献:

裴丽生,1981.在中国科协学术期刊编辑工作经验交流会上的讲话[C]//中国科学技术协会.中国科协学术期刊编辑工作经验交流会资料选.北京:中国科学技术协会学会工作部:2-10.

刘彻东,1998.中国的青年刊物:个性特色为本[J].中国出版(5):38-39.

张忠智,1997.科技书刊的总编(主编)的角色要求[C]//中国科学技术期刊编辑学会.中国科学技术期刊编辑学会建会十周年学术研讨会论文汇编.北京:中国科学技术期刊编辑学会学术委员会:33-34.

中国社会科学院语言研究所词典编辑室,1996.现代汉语词典[M].修订本.北京:商务印书馆.

…………

附录 A
（资料性附录）
顺序编码制参考文献表著录格式示例

A.1 普通图书

［1］张伯伟.全唐五代诗格汇考［M］.南京：江苏古籍出版社，2002：288.

［2］师伏堂日记：第 4 册［M］.北京：北京图书馆出版社，2009：155.

［3］胡承正，周详，缪灵.理论物理概论：上［M］.武汉：武汉大学出版社，2010：112.

［4］美国妇产科医师学会.新生儿脑病和脑性瘫痪发病机制与病理生理［M］.段涛，杨慧霞，译.北京：人民卫生出版社，2010：38－39.

［5］康熙字典：巳集上：水部［M］.同文书局影印本.北京：中华书局，1962：50.

［6］汪昂.增订本草备要：四卷［M］.刻本.京都：老二酉堂，1881（清光绪七年）.

［7］蒋有绪，郭泉水，马娟，等.中国森林群落分类及其群落学特征［M］.北京：科学出版社，1998.

［8］中国企业投资协会，台湾并购与私募股权协会，汇盈国际投资集团.投资台湾：大陆企业赴台投资指南［M］.北京：九州出版社，2013.

［9］罗斯基.战前中国经济的增长［M］.唐巧天，毛立坤，姜修宪，译.杭州：浙江大学出版社，2009.

［10］库恩.科学革命的结构：第 4 版［M］.金吾伦，胡新和，译.2 版.北京：北京大学出版社，2012.

［11］侯文顺.高分子物理：高分子材料分析、选择与改性［M/OL］.北京：化学工业出版社，2010：119［2012－11－27］. http：//apabi. lib. pku. cdu. cn/usp/pku/pub. mvc？pid＝book. detail&metaid＝m. 2011 1114－HGS－889－0228.

［12］GRA WFPRD W，GORMAN M. Future libraries：dreams，madness，& reality［M］. Chicago：American Library Association，1995.

［13］International Federation of Library Association and Institutions. Names of persons：national usages for entry in catalogues［M］. 3rd ed. London：IFLA International Office for UBC，1977.

［14］ O'BRIEN J A. Introduction to information systems［M］. 7th ed. Burr Ridge，Ⅲ：Irwin，1994.

［15］ KINCHY A. Seeds，sciences，and struggle：the global politics of transgenic crops［M/OL］.Cambridge，Mass.：MIT Press，2012：50［2013－07－14］. http：//lib.myilibrary.com? ID=381443.

［16］ PRAETZELLIS A. Death by theory：a tale of mystery and archaeological theory［M/OL］.Rev.ed［S.1.］：Rowman & Littlefield Publishing Group，Inc.，2011：13［2012－07－26］. http://lib.myilibrary.com/Open.aspx? id=293666.

A.2　论文集、会议集

［1］ 中国职工教育研究会.职工教育研究论文集［G］.北京：人民教育出版社，1985.

［2］ 中国社会科学院台湾史研究中心.台湾光复六十五周年暨抗战史实学术研讨会论文集［C］.北京：九州出版社，2012.

［3］ 雷光春.综合湿地管理：综合湿地管理国际研讨会论文集［C］.北京：海洋出版社，2012.

［4］ 陈志勇.中国财税文化价值研究："中国财税文化国际学术研讨会"论文集［C/OL］.北京：经济科学出版社，2011［2013－10－14］. http：//apabi.lib.pku.edu.cu/usp/pku/pub.mvc? pid=book.detail & metaid=m. 20110628－BPO－889－0135 & cult=CN.

［5］ BABU B V，NAGAR A K，DEEP K，et al. Proceedings of the Second International Conference on Soft Computing for Problem Solving, December 28－30, 2012［C］. New Delhi：Springer，2014.

A.3　报告

［1］ 中华人民共和国国务院新闻办公室.国防白皮书：中国武装力量的多样化运用［R/OL］.（2013－04－16）［2014－06－11］.http：//www.mod.gov.cn/affair/2013－04/16/content_4442839.htm.

［2］ 汤万金，杨跃翔，刘文，等.人体安全重要技术标准研制最终报告：7178999X－2006BAK04A10/10. 2013［R/OL］.（2013－09－30）［2014－06－24］.http://www.nstrs.org.cn/xiangxiBG.aspx? id=41707.

［3］ CALKIN D, AGER A, THOMPSON M. A comparative risk assessment framework for wildland fire management:the 2010 cohesive strategy science report:RMRS - GTR - 262［R］. [S.1.:s.n.］, 2011:8-9.

［4］ U. S. Department of Transportation Federal Highway Administration. Guidelines for handling excavated acid - producing material:PB 91 - 194001［R］. Springfield:U. S. Department of Commerce National Information Service, 1990.

［5］ World Health Organization. Factors regulating the immune response:report of WHO Scientific Group［R］.Geneva:WHO, 1970.

A.4　学位论文

［1］马欢.人类活动影响下海河流域典型区水循环变化分析［D/OL］.北京:清华大学, 2011:27［2013 - 10 - 14］. http://www. cnki. net/kcms/detail. aspx? dbcode = CDFD&QueryID = .0&CurRec = 11&dbname = CDFDLAST2013&filename = 1012035905.nh&uid = WEEvREc - wSlJHSldTTGJhYlJRaEhGUXFQWVB6SGZXeisxdmVhV3ZyZkpoUnozeDElbOpaM0NmMjZiQ3p4TUdmcw = .

［2］吴云芳.面向中文信息处理的现代汉语并列结构研究［D/OL］.北京:北京大学, 2003［2013 - 10 - 14］.http://thesis.lib.pku.edu.cn/dlib/List.asp? lang = gb&type = Reader&DocGroupID = 4&DocID = 6328.

［3］ CALMS R B. Infrared spectroscopic studies on solid oxygen［D］. Berkeley:Univ. of California, 1965.

A.5　专利文献

［1］张凯军.轨道火车及高速轨道火车紧急安全制动辅助装置:201220158825.2［P］. 2012 - 04 - 05.

［2］河北绿洲生态环境科技有限公司.一种荒漠化地区生态植被综合培育种植方法: 01129210. 5［P/OL］. 2001 - 10 - 24［2002 - 05 - 28］.http://211. 152. 9. 47/sipoasp/zljs/hyjs -yx - new.asp? recid = 01129210. 5&leixin = 0.

［3］ KOSEKI A, MOMOSE H, KAWAHITO M, et al. Compiler:US828402［P/OL］.2002 - 05 -25［2002 - 05 - 28］.http://FF&p = 1&u = netahtml/PTO/search - bool.html&r = 5&f = G&l = 50&col = AND&d = PG01&sl = IBM. AS. & OS = AN/IBM/RS = AN/IBM.

A.6　标准文献

［1］全国信息与文献标准化技术委员会.文献著录:第 4 部分 非书资料:GB/T 3792.4—

2009[S].北京:中国标准出版社,2010:3.

[2] 全国广播电视标准化技术委员会.广播电视音像资料编目规范:第2部分 广播资料:GY/T 202.2—2007[S].北京:国家广播电影电视总局广播电视规划院,2007:1.

[3] 国家环境保护局科技标准司.土壤环境质量标准:GB15616—1995[S/OL].北京:中国标准出版社,1996:2-3[2013-10-14].http://wenku.baidu.com/view/b950a34b767f5acfa1c7cd49.html.

[4] Information and documentation – the Dublin core metadata element set:ISO 15836:2009[S/OL].[2013-03-24].http://www.iso.org/iso/home/store/catalogue_tc/catalogue_detail.htm?csnumber=52142.

A.7 专著中析出的文献

[1] 卷39乞致仕第一[M]//苏魏公文集:下册.北京:中华书局,1988:590.

[2] 白书农.植物开花研究[M]//李承森.植物科学进展.北京:高等教育出版社,1998:146-163.

[3] 汪学军.中国农业转基因生物研发进展与安全管理[C]//国家环境保护总局生物安全管理办公室.中国国家生物安全框架实施国际合作项目研讨会论文集.北京:中国环境科学出版社,2002:22-25.

[4] 国家标准局信息分类编码研究所.世界各国和地区名称代码:GB/T 2659—1986[S]//全国文献工作标准化委员会.文献工作国家标准汇编:3.北京:中国标准出版社,1988:59-92.

[5] 宋史卷三:本纪第二[M]//宋史:第1册.北京:中华书局,1977:49.

[6] 楼梦麟,杨燕.汶川地震基岩地震动特征分析[M/OL]//同济大学土木工程防灾国家重点实验室.汶川地震震害研究.上海:同济大学出版社,2011:011-012[2013-05-09].http://apabi.lib.pku.edu.cn/usp/pku/pub.mvc?pid=book.detail&metaid=m.20120406-YPT-889-0010.

[7] BUSECK P R, NORD G L, Jr, VEBLEN D R. Subsolidus phenomena in pyroxenes[M]//Pyroxense.Washington,D.C.:Mineralogical Society of America,c1980:117-211.

[8] FOURNEY M E. Advances in holographic photoelasticity[C]//Symposium on Applications of Holography in Mechanics, August 23-25, 1971, University of Southern California, Los Angeles, California. New York:ASME,c1971:17-38.

A.8 期刊中析出的文献

［1］ 杨洪升.四库馆私家抄校书考略［J］.文献,2013(1):56-75.

［2］ 李炳穆.韩国图书馆法［J］.图书情报工作,2008,52(6):6-21.

［3］ 于潇,刘义,柴跃廷,等.互联网药品可信交易环境中主体资质审核备案模式［J］.清华大学学报(自然科学版),2012,52(11):1518-1523.

［4］ 陈建军.从数字地球到智慧地球［J/OL］.国土资源导刊,2010,7(10):93［2013-03-20］.http://d.g.wanfangdata.com.cn/Periodical_hunandz201010038.aspx.DOI:10.3969/j.issn.1672-5603.2010.10.038.

［5］ DES MARAIS D J,STRAUSS H,SUMMONS R E,et al. Carbon isotope evidence for the stepwise oxidation of the Proterozoic environment［J］.Nature,1992,359:605-609.

［6］ SAITO M, MIYAZAKI K. Jadeite-bearing metagabbro in serpentinite mélange of the "Kurosegawa Belt" in Izumi Town, Yatsushiro City, Kumamoto Prefecture, central Kyushu［J］. Bulletin of the geological survey of Japan,2006,57(5/6):169-176.

［7］ WALLS S C, BARICHIVICH W J, BROWN M E. Drought, deluge and declines: the impact of precipitation extremes on amphibians in a changing climate［J/OL］.Biology,2013,2(1):399-418［2013-11-04］.http://www.mdpi.com/2079-7737/2/1/399.DOI:10.3390/biology2010399.

［8］ FRANZ A K, DANIELEWICZ M A, WONG D M, et al. Phenotypic screening with oleaginous microalgae reveals modulators of lipid productivity［J/OL］.ACS Chemical biology,2013,8:1053-1062［2014-06-26］.http://pubs.acs.org/doi/ipdf/10.1021/cb300573r.

［9］ PARK J R, TOSAKA Y. Metadata quality control in digital repositories and collections: criteria, semantice, and mechanisms［J/OL］. Cataloging & classification quarterly,2010,48(8):696-715［2013-09-05］.http://www.tandfonline.com/doi/pdf/10.1080/01639374.2010.508711.

A.9 报纸中析出的文献

［1］ 丁文详.数字革命与竞争国际化［N］.中国青年报,2000-11-20(15).

［2］ 张田勤.罪犯DNA库与生命伦理学计划［N］.大众科技报,2000-11-12(7).

［3］ 傅刚,赵承,李佳路.大风沙过后的思考［N/OL］.北京青年报,2000-01-12［2005-

09-28].http://www.bjyouth.com.cn/Bqb/20000412/GB/4216%5ED0412B1401.htm.

[4] 刘裕国,杨柳,张洋,等.雾霾来袭,如何突围[N/OL].人民日报,2013-01-12[2013-11-06].http://paper.people.com.cn/rmrb/html/2013-01/12/nw.D110000renmrb_20130112_2-04.htm.

A.10　电子资源(不包括电子专著、电子连续出版物、电子学位论文、电子专利)

[1] 萧钰.出版业信息化迈入快车道[EB/OL].(2001-12-19)[2002-04-15].http://www.creader.com/news/20011219/200112190019.html.

[2] 李强.化解医患矛盾需釜底抽薪[EB/OL].(2012-05-03)[2013-03-25].http://wenku.baidu.com/view/47e4f206b52acfc789ebc92f.html.

[3] Commonwealth Libraries Bureau of Library Development. Pennsylvania Department of Education Office. Pennsylvania library laws[EB/OL].[2013-03-24].http://www.racc.edu/yocum/pdf/PALibrary Laws.pdf.

[4] Dublin core metadata element set:version 1.1[EB/OL].(2012-06-14)[2014-06-11].http://dublincore.org/documents/dces/.

附录 B
（资料性附录）
文献类型和文献载体标识代码

B.1 文献类型和标识代码

表 B.1 文献类型和标识代码

参考文献类型	文献类型标识代码
普通图书	M
会议录	C
汇编	G
报纸	N
期刊	J
学位论文	D
报告	R
标准	S
专利	P
数据库	DB
计算机程序	CP
电子公告	EB
档案	A
舆图	CM
数据集	DS
其他	Z

B.2 电子资源载体和标识代码

表 B.2 电子资源载体和标识代码

电子资源的载体类型	载体类型标识代码
磁带(magnetic tape)	MT
磁盘(disk)	DK
光盘(CD-ROM)	CD
联机网络(online)	OL

关于部分计量单位名称统一用字的通知

(1977年7月20日中国文字改革委员会、国家标准计量局发布)

  1959年,国务院发布关于《统一我国计量制度的命令》,确定以米制(即公制)为基本计量制度,是我国计量制度统一的重大措施。自从命令发布以来,"公分""公厘"等既表示长度概念,又表示重量概念的混乱状况,在语言中澄清了;表示长度的"粨、糎……",重量的"瓱、瓱……",容量的"竓、竰……",这些特造的汉字也淘汰了。在公制中,目前只遗留一个"瓩"字仍在使用。

  现在,我国生产和科研等领域,英制计量制度基本上淘汰了,可是提到外国事物时,英制计量单位名称在语言、文字中还不能不使用。但是,当前按几种命名原则翻译的英制计量单位名称同时并用,言文不一致。例如,在书面上,"盎斯""温司""英两""唡"并用;在语言上,"唡"有 liǎng, yīngliǎng 两种读法。这些混乱状况主要是由特造计量单位名称用字引起的。

  计量单位名称必须个性明确,不得混同。否则名异实同(例如,海里、海浬、浬)或名同实异(例如,说 lī,包含里、哩、浬三义),人们就难以理解,甚至引起误解,造成差错事故。

  一个计量单位名称,人们口头说的都是双音,书面却只印一个字,如果读单音(例如,把表示"英里"的"哩"读作 lī),那就违反言文一致的原则,人为地造成口头语言同书面语言脱节。

  把本来由两个字构成的词,勉强写成一个字,虽然少占一个字篇幅,少写几笔,但特造新字,增加人们记认负担和印刷、打字等大量设备,得不偿失。不考虑精简字数,只求减少笔画,为简化而简化,这样简化汉字的做法并不可取。

  这些不合理的计量单位名称用字,在语言文字中造成的混乱状况,是同我国日益发展的社会主义经济建设和文化建设不相适应的。长时期来,不少单位和个人通过各种形式指出这一问题,希望有关单位加以改革。我们认为,群众的批评是正确的,要求是合理的。为了澄清计量单位用语的混乱现象,清除特造计量单位名称用字的人为障碍,实现计量单位名称统一化,特将部分计量单位用字统一起来(见附表)。从收到本文之日起,所有出版物、打印文件、设计图表、商品包装,以及广播等,均应采用附表选定的译名,淘汰其他旧译名。库存的包装材料,不必更改,用完为止,于重印时改正。对外文件,外销商品已在外国注册的商标,可不更改。

在实施过程中,有什么问题,请及时告诉我们。

请将本"通知"转发各有关单位,并在刊物上登载。

附表

部分计量单位名称统一用字表

类别	外文名称	译名[淘汰的译名]	备注
长度	nautical mile mile fathom foot inch	海里[浬、海浬] 英里[哩] 英寻[呎、浔] 英尺[呎] 英寸[吋]	
面积	acre	英亩[嘅、啪]	
容量	litre bushel gallon	升[公升、竔] 蒲式耳[嘝] 加仑[呏、嚣]	
重量	hundredweight stone ounce grain	英担[啹] 英石[昿] 盎司[啢、英两、温司] 格令[喱、英厘、克冷]	1英担=112磅 1英石=14磅
各科	kilowatt torr phon sone mel denier tex	千瓦[瓩] 托[乇] 方[哻] 宋[昩] 美[嘆] 旦[紞] 特[纴]	功率单位 压力单位 响度级单位 响度单位 音调单位 纤度单位 纤度单位

中文出版物夹用英文的编辑规范

(CY/T 154—2017,中华人民共和国国家新闻出版广电总局 2017 年 4 月 17 日发布,4 月 17 日实施)

1 范围

本标准规定了夹用英文的中文横排右行出版物的主要标点符号的用法、人名翻译缩略处理、字母大小写用法、空格的规则、转行的规则、英文书刊名的标示方法、字体与字号的用法以及数字与量和单位符号的用法等,并对前述各类用法、规则和标示方法举例说明。

本标准适用于夹用英文的中文出版物。

2 规范性引用文件

下列文件对于本文件的应用是必不可少的。凡是注日期的引用文件,仅所注日期的版本适用于本文件。凡是不注日期的引用文件,其最新版本(包括所有的修改单)适用于本文件。

本标准所规范的数字和符号主要指在中文出版物夹用英文的环境下所涉及的阿拉伯数字和常用的西文符号的用法。

GB 3101—93 有关量、单位和符号的一般原则。

3 术语和定义

下列术语和定义适用于本文件。

3.1 文本 text

单句或表达连贯语意的系列语句组合。

3.2 夹用 interpolate

于某一语言的文本中添加或插入其他语言的符号或词语。

3.3 单词 word

能独立运用的英文语言最小单位。

3.4 词组 phrase

由两个或两个以上的汉字或英文单词按一定的语法规则组成的表达一定意义的语言单位。

3.5 分句 clause

构成复句的内有独立语法关系的小句。

注：改写 GB/T 15834—2011,定义 2.4。

3.6 句子 sentence

前后有较大停顿、按语法关系构成并带有一定的语气和语调、表达相对完整意义的语言单位。

注：改写 GB/T 15834—2011,定义 2.2。

3.7 语段 expression

指语言片段,是对各种语言单位不做特别区分时的统称。

注：改写 GB/T 15834—2011,定义 2.5。

3.8 段落 paragraph

由一个或多个句子构成的、以内容为依据的语言单位组合。

4 总则

4.1 夹用英文的中文出版物编辑时,应以中文编辑要件为主,以英文编辑要件为辅。

4.2 夹用英文的中文出版物整体的编辑方式应体现中文的特点,对夹于中文内的英文内容内部,应采用英文的编辑方式。

5 主要标点符号的用法

5.1 句号

5.1.1 形式

中文句号通常为"。",为全角字符;英文句号为".",为半角字符。

5.1.2 基本用法

5.1.2.1 中文陈述句内夹用英文单词或词组,该句子应以中文句号结尾。

示例 1:medium 的复数形式不一定是 media。

示例 2:这一行里的 turned out 和上一行里的 turned out 意思不同。

5.1.2.2 中文陈述句内夹用英文句子,该句子应用中文句号结尾。夹用的英文句子用中文引号标示,英文句子内部用英文标点符号。

示例 1:信中那句"It depends."显得模棱两可。

示例 2:英文演讲的主旨是"Love is beautiful."。

示例 3:她当时的原话是"Are you serious?"。

5.2 问号

5.2.1 形式

中文问号的形式为"?",为全角字符;英文问号的形式为"?",为半角字符。

5.2.2 基本用法

5.2.2.1 中文疑问句中夹用英文单词或词组,句末以中文问号结尾。

示例:due to 和 because 意思一样吗?

5.2.2.2 中文陈述句中夹用英文疑问句,该句应以中文句号结尾。夹用的英文疑问句用中文引号标示,英文疑问句末尾使用英文问号。

示例:"Why shall I follow you?"是他提出的第一个问题。

5.2.2.3 中文疑问句中夹用英文疑问句,该句应以中文问号结尾。夹用的英文疑问句用中文引号标示,英文疑问句末尾使用英文问号。

示例 1:作者为什么突然问"Does money really talk?"?

5.2.2.4 英文标题或英文引文中的问号应保留。

示例1：今天晚报的头条是不是"Pension Stops Growing?"？

示例2：文章最后那句"Do we still have to wait?"颇有力度。

5.3 叹号

5.3.1 形式

中文叹号的形式为"！"，为全角字符；英文叹号的形式为"!"，为半角字符。

5.3.2 基本用法

5.3.2.1 中文感叹句中夹用英文单词或词组，句末以中文叹号结尾。

示例：grateful 这个词用得多好！

5.3.2.2 中文句子中夹用英文感叹句，夹用的英文感叹句用中文引号标示，并保留英文叹号。中文句末以中文标点结尾。

示例1：她说"That's amazing!"不一定表示赞许。

示例2：谈判时最好别说"No way!"！

5.3.2.3 英文标题或英文引文中的叹号应保留。

示例1：那篇短文原名"Vote your own minds!"。

示例2：作者呼吁"Federal investment must be watched!"，却没有就方法或措施提出建议。

5.4 逗号

5.4.1 形式

中文逗号的形式为"，"，为全角字符；英文逗号的形式为","，为半角字符。

5.4.2 基本用法

5.4.2.1 中文句子内夹用英文句子，所夹用的英文句子内部如有逗号，应使用英文逗号。除此以外使用中文逗号。

示例1：当时谁也没注意到协议书中"The debt, if any, is to be written off."所暗藏的玄机。

示例2：从那以后，他再也不说"Very well, sir."了。

5.4.2.2 科学技术名称的英文全称与其缩略形式间，应使用英文逗号。

示例：脱氧核糖核酸(deoxyribonucleic acid, DNA)

5.5 顿号

5.5.1 形式

中文顿号的形式为"、";英文无此标点。

5.5.2 基本用法

中文句子内夹用两个或两个以上关系并列的英文字母、单词或词组时,中间宜使用中文顿号。标有引号的并列成分之间,顿号可以省略。

示例1:指示牌上 e、i 和 u 这三个字母印得模糊不清。

示例2:这种情形下 may、might、can 和 could 都可以使用。

示例3:turn in、turn out、turn down、turn up 等词组是否已构成成语?

示例4:老师把"He went to bed.""He turned in early.""He fell asleep."等句子写在黑板上。

5.6 分号

5.6.1 形式

中文分号的形式为";",为全角字符;英文分号的形式为";",为半角字符。

5.6.2 基本用法

5.6.2.1 中文句子内夹用英文句子或语段,该英文句子或语段内如有分号,应使用英文分号。不在英文句子或语段内部的分号,应使用中文分号。

示例1:同学们劝我一起去选图书,说:"Come with us, and you can choose for yourself; stay home, then you can only accept what is brought to you."。

示例2:天气炎热,她嚷着要 ice cream;天冷了,她要的还是 ice cream。

5.6.2.2 英文原文自带逗号的科技名词,其缩略形式与原词之间应用英文分号标示。

示例:知信行模式(knowledge, attitude, belief, practice model; KABP model)

5.7 冒号

5.7.1 形式

中文冒号的形式为":",为全角字符;英文冒号的形式为":",为半角字符。

5.7.2 基本用法

5.7.2.1 英文部分如果作为其前中文部分的示例或说明,在中文部分的后面使用中文冒号。

示例：我们寻找的问讯处原来就在身后,绿底白字写着:Information。

5.7.2.2　中文句子内的英文词组或句子内部存在英文冒号时,保留该英文冒号;其他情况需用冒号时则使用中文冒号。

示例：这位诗人的简介写得很清楚:"Lind Kruk is a well-published poet: *Songs of the Wind* (1991), *The Candlelight* (1995), *Crying for the Soul* (2011), etc."。

5.8　引号

5.8.1　形式

中文引号的形式为""""（双引号）和"''"（单引号）,前后双引号、单引号皆为全角字符;英文引号的形式为""""（双引号）和"''"（单引号）,前后双引号、单引号皆为半角字符。

5.8.2　基本用法

5.8.2.1　中文句子内夹用英文单词或词组时,夹用的英文单词和词组不用引号标示。

示例1：bus 和 coach 有没有区别?

示例2：我不介意他在签名前使用 ever yours 还是 sincerely yours。

5.8.2.2　中文句子内夹用英文句子时,该英文句子用中文引号标示,全句句末应使用中文标点。

示例1：见面就问"How old are you?"是不恰当的。

示例2：为什么要告诉所有的人"The door is left unlocked."?

5.8.2.3　中文句子内夹用的英文句子内部如需用引号,使用英文单引号。

示例1：报道中是否删去了"The witness said, 'Nobody came to help.'"?

示例2："Did the driver stop his car at the 'No Entry!' sign?"是个多余的问题。

5.8.2.4　中文句子内如使用中文与英文的组合结构,用中文引号标示。

示例："used to +动词原形"一般表示过去常做的事或常见的存在状态。

5.9　圆括号

5.9.1　形式

中文圆括号的形式为"（）",前后括号为全角字符;英文圆括号的形式为"( )",前后括号为半角字符。

5.9.2　基本用法

5.9.2.1　中文句子内夹用了用以注释、补充或说明的英文句子或语段,该英文句子或语段用中文圆括号标示。

示例1:这本小册子是罗杰·威廉斯(Roger Williams,1946—)在2014年编写的。

示例2:DIY(Do It Yourself)教育有助于孩子独立人格的形成。

示例3:这次会议被定性为"高峰论坛"(summit forum)。

5.9.2.2　中文句子内夹用的英文句子或语段内部带有用圆括号标示注释、补充或说明时,应用英文圆括号。

示例:图表的说明是"In September 2015, 14,021 workers(71.9%)received \$826 each."。

5.10　破折号

5.10.1　形式

中文破折号的形式为"——",长度相当于两个汉字的长度;英文破折号的形式为"—",长度相当于英文字母 M。

5.10.2　基本用法

5.10.2.1　夹用英文的中文句子内,中英文之间若因解释、引入、话题转变、声音延长等需要使用破折号时,使用中文破折号。

示例1:就因为提了几个问题,Tom 竟被称作 nuisance——讨厌鬼!

示例2:本想问她有什么建议,一紧张把 suggestion 说成了——question!

5.10.2.2　夹用英文的中文句子内,英文部分内部使用英文破折号。

示例:"This is — ?"老人指着倚门而立的年轻人向护士打听。

5.10.2.3　夹用英文的中文文本内,中文破折号或英文破折号均可用以标示两句或两句以上的对话,但引导会话词句时,两种破折号不可在同一段会话中混用。

示例1:——错过末班车了。Eh—Mary, we missed the last bus again.
　　　　——So what? Hail a cab?

示例2:—Excuse me, where can I find a post office?
　　　　—A post office?就在你身后啊。Eh—I mean—right behind you, sir.

5.11 省略号

5.11.1 形式

中文省略号的形式为"……";英文省略号的形式为"..."。

5.11.2 基本用法

夹用英文的中文句子里,英文内部的省略号使用英文省略号。

示例:"as...as..."结构常用于表示"就如……一样……"。

5.12 连接号

5.12.1 形式

中文连接号常用的有三种形式:一字线连接号"—"、半字线连接号"-"、浪纹式连接号"～";英文连接号即连字符"-",长度为英文字母 M 的 1/3。

5.12.2 基本用法

夹用英文的中文句子中,夹用的英文单词、词组或语段内部需用连接号时,用英文连接号。中英文之间以及无语法关系的英文单位之间需用连接号时,用中文连接号。

示例 1:产品说明书写着"A smoke alarm has been installed in the non-smoker.",但没有说明烟雾报警器的型号是 SA-3 还是 SA-5。

示例 2:Mrs. Smith 的课文教学模式几乎一成不变:word study — text analysis — topic discussion。

6 人名缩略翻译的处理

6.1 形式

中文人名缩略后为中圆点"·";英文人名缩略后为下脚点"."。

6.2 基本用法

人名缩略翻译时,中文部分后应使用中圆点,英文部分后应使用下脚点。

示例 1:安东尼·G.普瑞斯顿

示例 2:安·G.普瑞斯顿

示例 3:A.G.普瑞斯顿

7 字母大小写用法

7.1 中文句子内夹用普通英文单词或词组,无论其位于中文句子的开头、中间还是末尾,首字母一律小写。

示例1:paper 可以构成合成词,如 paperboard(纸板)、notepaper(便笺)等。

示例2:他们为什么把"卫生间"叫作 restroom?

7.2 中文句子内夹用的英文单词或词组属于首字母必须大写的专名,该单词或词组应保留其首字母大写形式。

示例:"长江"过去常译作 the Yangtze River。

7.3 中文句子内夹用完整的英文句子时,无论该英文句子是陈述句、疑问句还是感叹句,无论其位于中文句子中的什么位置,首单词的首字母均应保留其大写形式。

示例1:"Money talks."并非真理。

示例2:他在争辩中最后提的问题是"Does the end justify the means?"。

8 空格的规则

8.1 中文文本中夹用英文词句时,应根据所选用的中英文字体、字符间距以及排版的视觉效果决定英文词句与中文文字之间是否留有空格间距。如留空格,应保证体例的统一。

示例1:用 yes 或 no 回答的问句,可以称为 yes-no 疑问句。

示例2:在此句中,the little girl in white 是名词短语。

8.2 中文文本中夹用英文词句时,如英文部分之前或之后有中文标点符号,则英文部分与中文标点之间不设空格。

示例:介词 at 常与表示较小地点的名词连用,如:at the bus stop、at the railway station。

8.3 中文文本中夹用英文句子或段落时,英文句子或段落内部应按英文排版规则留空。

示例:在例句"It is always the best to be on the safe side."中,it 是形式主语。

9 转行的规则

9.1 中文文本中夹用英文时,如英文在行末,转行时尽量不要将一个单词拆开;如确实需要断词转行,应按照英文断词转行规则处理。

9.2 断词转行时,应按照音节或构词断开单词,并要添加英文连字符,连字符必须跟在断开词的前半部分,处于该行的末尾。

示例:公司总裁杨玉琨博士多次提到了"The company is about to go through another transfor-mation."。(编者按:本条示例中开头的"在本次会谈中,"略去)

9.3 带有连字符的合成词断词时,要在连字符处断开,一般不要再增加新的连字符。

示例:在"He insisted on going to an out-of-the-way place on the coast."这个句子中,显而易见的是 out-of-the-way 被用作形容词。

9.4 断词时,不要把单个字母放在一行的行末或行首。英文中的单音节词、人名、缩写词、阿拉伯数字及其后紧跟的单位符号不能断词。

10 英文书刊名的标示方法

10.1 中文句子内夹有英文书籍名、报刊名时,不应借用中文书名号,应以英文斜体表示。

示例1:《今日晨报》第 4 版转载的那篇有关饮食结构的文章译自周一出版的 *Football Daily*。

示例2:她在《中国出版》《出版发行研究》、*Learned Publishing* 等国内外期刊发表过数篇文章。

10.2 中文句子内夹有英文文章的标题,该标题使用英文正体字,用中文引号标示。

示例:*World of Tomorrow* 是去年的畅销书,其中第七篇文章 "Will Human Be Joyfully Enslaved by Cellphone?" 在读者中成为热门话题。

10.3 中文句子内夹有的英文书名中带有的副书名用冒号标示;夹有英文的文章副标题,用英文破折号标示。

示例1:他昨天网购的那本原版书 *Self Regained: A Journey to Shangri-La*,中文名是不是可

翻译为《凤凰涅槃:香格里拉之行》?

示例 2:她的毕业论文最后定名为"Affecting Factors on Second Language Acquisition — A Survey of Foreign Students Learning Chinese in China"。

11 字体与字号的用法

11.1 字体

11.1.1 中文文本中夹用英文时,常用的基本搭配为:中文宋体类字体+英文衬线类字体(如 Times New Roman、Caslon 字体)。

示例:Times New Roman 是一款非常通用的英文字体。

11.1.2 中文黑体类字体+英文无衬线类字体(如 Helvetica、Arial 字体)。

示例:无衬线字体在西文中被习惯称为 sans-serif。

11.2 字号

11.2.1 中文文本中夹用英文时,英文字号应与中文字号匹配。常用的为:中文"小五号"与英文"9P"相对应,中文"五号"与"10.5P"相对应。

11.2.2 有时根据排版视觉效果的需要,也可对英文字号进行微调,但英文字号应保持整体一致。

12 数字与量和单位符号的用法

12.1 数字

12.1.1 中文文本中夹用英文时,文中如出现阿拉伯数字,其字体应与文中英文词句的字体保持一致。数字应采用半角形式,并且应遵循系统一致的原则。

示例:瑞士著名语言学家弗迪南·德·索绪尔(Ferdinand de Saussure)1857 年出生于日内瓦。

12.1.2 中文文本中夹用英文时,文中如出现四位以上的整数或小数,可以采用"千分空"或"千分撇"的方式分节,并且应遵循一致的原则。

示例 1:马里亚纳海沟(Mariana Trench)是世界最深的海沟,最深处为 11,034 m。

示例 2:珠穆朗玛峰(Mount Qomolangma)海拔高度为 8 844.43 m,是世界第一高峰。

12.2 量和单位符号

12.2.1 在科学技术领域使用有关符号时应按照 GB 3101—93《有关量、单位和符号的一般原则》的有关规范。中文文本中夹用英文时,文中如出现常见的西文符号,其字体一般应与文中英文词句的字体保持一致。

示例: 摄氏温标(Celsius),是一种世界上普遍使用的温标,符号为℃。

12.2.2 中文文本中夹用英文时,当单位符号位于数值之后且需要留有空隙时,应按英文排版规则留空。

示例: 这家公司 2016 年发布的一款电子阅读器 Kindle Oasis,其最薄处仅为 3.4 mm。

校对符号及其用法

(GB/T 14706—93,国家技术监督局 1993 年 11 月 16 日批准,1994 年 7 月 1 日起实施)

1 主题内容与适用范围

本标准规定了校对各种排版校样的专用符号及其用法。
本标准适用于中文(包括少数民族文字)各类校样的校对工作。

2 引用标准

GB 9851 印刷技术术语

3 术语

3.1 校对符号 proofreader's mark

以特定图形为主要特征的、表达校对要求的符号。

4 校对符号及用法示例

编号	符号形态	符号作用	符号在文中和页边用法示例	说明
			一、字符的改动	
1		改正	增高出版物质量。 改革开放	改正的字符较多,圈起来有困难时,可用线在页边画清改正的范围 必须更换的损、坏、污字也用改正符号画出

(续表)

编号	符号形态	符号作用	符号在文中和页边用法示例	说明
2		删除	提高出版物物质质量。	
3		增补	要搞好校工作。 对	增补的字符较多,圈起来有困难时,可用线在页边画清增补的范围
4		改正上下角	$16=4\underline{0}$ ² $H_2SO\underline{4}$ ⁴ 尼古拉费欣 $0.25+0.25=0\underline{\quad}5$ 举例$\underline{\quad}2\times 3=6$ $X\underline{\quad}Y=1:2$	
二、字符方向位置的移动				
5		转正	字符颠倒要转正。	
6		对调	认真经验总结。 认真验结经总。	用于相邻的字词 用于隔开的字词
7		接排	要重视校对工作, 提高出版物质量。	
8		另起段	完成了任务。明年……	

132

(续表)

编号	符号形态	符号作用	符号在文中和页边用法示例	说明
9		转移	校对工作,提高出版物质量要重视。 "。以上引文均见中文新版《列宁全集》。 编者　年　月 …… 各位编委:	用于行间附近的转移 用于相邻行首末衔接字符的推移 用于相邻页首末衔接行段的推移
10	或	上下移	序号|名称|数量 01|显微镜|2	字符上移到缺口左右水平线处 字符下移到箭头所指的短线处
11	或	左右移	要重视校对工作,提高出版物质量。 3 4 5 6 5 欢呼　歌唱	字符左移到箭头所指的短线处 字符左移到缺口上下垂直线处 符号画得太小时,要在页边重标
12		排齐	校对工作非常重要。 必须提高印刷质量,缩短印刷周期。国家标准	

（续表）

编号	符号形态	符号作用	符号在文中和页边用法示例	说明
13	⌐_⌐_	排阶梯形	RH_2	
14	↑	正图		符号横线表示水平位置，竖线表示垂直位置，箭头表示上方
三、字符间空距的改动				
15	∨ ＞	加大空距	├一、校对程序┤ ∨ 校对胶印读物、影印书刊的注意事项： ＞	表示在一定范围内适当加大空距 横式文字画在字头和行头之间
16	∧ ＜	减小空距	二、校对程序 ∧ 校对胶印读物、影印书刊的注意事项： ＜	表示不空或在一定范围内适当减小空距 横式文字画在字头和行头之间
17	♯ ♯ ♯ ♯	空 1 字距 空 1/2 字距 空 1/3 字距 空 1/4 字距	第一章校对职责和方法 1. 责任校对	多个空距相同的，可用引线连出，只标示一个符号

编号	符号形态	符号作用	符号在文中和页边用法示例	说明
18	Y	分开	Good morning!	用于外文
四、其他					
19	△	保留	认真搞好校对工作。	除在原删除的字符下画△外，并在原删除符号上画两竖线
20	○=	代替	○色的程度不同，从淡○色到深○色具有多种层次，如天○色、湖○色、海○色、宝色…… ○=蓝	同页内有两个或多个相同的字符需要改正的，可用符号代替，并在页边注明
21	○○○	说明	第一章 校对的职责 改黑体	说明或指令性文字不要圈起来，在其字下画圈，表示不作为改正的文字。如说明文字较多时，可在首末句各三字下画圈

5 使用要求

5.1 校对校样，必须用色笔（墨水笔、圆珠笔等）书写校对符号和示意改正的字符，但是不能用灰色铅笔书写。

5.2 校样上改正的字符要书写清楚。校改外文，要用印刷体。

5.3 校样中的校对引线要从行间画出。墨色相同的校对引线不可交叉。

下编

图书编校质量差错认定细则

(2005年修订版,中国出版工作者协会校对研究委员会拟制。本次收录,我们将文中涉及的部分语文法规、辞书版本替换为新版本。个别表述径直按照新版本予以修改。)

一、总　则

第一条　为了贯彻实施新闻出版署发布的《图书质量保障体系》和《图书质量管理规定》,做好图书编校质量检查和评比工作,特对图书中常见的文字、词语、语法、标点符号、数字用法、量和单位、版面格式等方面的差错,提出一个便于操作的认定细则,供出版管理部门及各出版社参考。

第二条　版面编排格式的判别,以《图书书名页》(GB/T 12450—2001)、《信息与文献　参考文献著录规则》(GB/T 7714—2015)等国家标准为依据。标点符号正误的判别,以《标点符号用法》(GB/T 15834—2011)为依据。数字用法正误的判别,以《出版物上数字用法》(GB/T 15835—2011)为依据。规范汉字正误的判别,以国家语言文字工作委员会1986年重新发表的《简化字总表》,1955年文化部和中国文字改革委员会联合发布的《第一批异体字整理表》(少数字后来有调整),1988年国家语言文字工作委员会、中华人民共和国新闻出版署联合发布的《现代汉语通用字表》为依据(现以2013年发布的《通用规范汉字表》为准——编者)。异形词正误的判别,以教育部、国家语言文字工作委员会发布的《第一批异形词整理表》为依据(现以2013年发布的《通用规范汉字表》为准——编者)。汉语拼音拼写正误的判别,以《汉语拼音正词法基本规则》(GB/T 16159—2012)、《中文书刊名称汉语拼音拼写法》(GB 3259—1992)、《中国人名汉语拼音字母拼写规则》(GB/T 28039—2011)和《中国地名汉语拼音字母拼写规则(汉语地名部分)》等为依据。自然科学名词正误的判别,以1990年国家科委、中国科学院、国家教委、新闻出版署联合发布的《关于使用全国自然科学名词审定委员会公布的科技名词的通知》为依据。量和单位正误的判别,以 1993 年国家技术监督局公布的国家标准《量和单位》(GB 3100~3102—1993)为依据。语言文字正误的判别,以《现代汉语词典》(第 7 版,2016 年出版)、《新华字典》(第 12 版,2020 年修订本)等常用工具书为参考依据。

第三条 语言文字现象是复杂的,科学知识是无穷的,因此,本细则不可能涵盖各类问题,只列举图书中常见的一些差错,以期举一反三。为便于评比操作,有些不宜计错的情形也一并择要列出。

二、文　字

第四条 文字差错包括错别字、多字、漏字、颠倒字、已明令停止使用的异体字、不符合《现代汉语通用字表》(现以《通用规范汉字表》为准——编者)字形规定的旧字形,以及汉语拼音和外文等方面的差错。

第五条 错别字是错字和别字的合称。错字,指像字但不是字,规范字典里查不出的字;别字,指把甲字写成乙字,规范字典里虽然有,但用在这里不当的字。

第六条 错字虽然与正字形似,但不是字,比较容易判别;而别字则不同,或者形似,或者音同,或者义近,似是而非,判别并不是那么容易的。因此,判别别字,要从字义入手。现将常见的词语中一些较难界定的别字列举如下(括号里的字是错的):

和蔼(霭)　　　　　　　辨(辩)证施治
安(按)装　　　　　　　心胸褊(偏)狭
酒吧(巴)　　　　　　　针砭(贬)时弊
暴(爆)发户　　　　　　治标(表)不治本
炮(爆)羊肉　　　　　　濒(频)临
凋敝(蔽)　　　　　　　赌博(赙)
奴颜婢(卑)膝　　　　　脉搏(博、膊)
金碧(壁)辉煌　　　　　按部(步)就班
明辨(辩)是非　　　　　战略部(布)署
辨(辩)析　　　　　　　兴高采(彩)烈

璀璨(灿)

最高检察(查)院

察(查)言观色

惊诧(咤)

一刹(霎)那

万古长(常)青

不齿(耻)于人类

相形见绌(拙)

川(穿)流不息

串(窜)门

吹毛求疵(刺)

氽(川)丸子

精粹(萃)

催(摧)化剂

戴(带)罪立功

虎视眈眈(耽)

担(耽)心

殚(惮)精竭虑

好搭档(挡)

大排档(挡)

挡(当)车工

变速挡(档)

到(倒)底怎么样

马镫(蹬)

真谛(缔)

玷(沾)污

间谍(牒)

通牒(谍)

大名鼎鼎(顶)

装订(钉)书籍

纱锭(绽)

度(渡)假村

举一反(返)三

成绩斐(蜚)然

凑份(分)子

省份(分)

年份(分)

水分(份)

分(份)量

名分(份)

分(份)内

分(份)外

辈分(份)

竹竿(杆)

麦秆(杆)

金刚(钢)

横膈(隔)膜

沟(勾)通信息

勾(沟)结敌人

变卦(挂)

诡(鬼)计多端

走上正轨(规)

灌(贯)输

坩埚(锅)

震撼(振憾)

浩瀚(翰)

引吭(亢)高歌
随声附和(合)
和(合)盘托出
哄(轰)堂大笑
内讧(哄)
变幻(换)莫测
《黄(皇)帝内经》
皇皇(煌)巨著
彗(慧)星
融会(汇)贯通
诨(浑)号
候(后)补委员
负笈(籍)从师
不假(加)思索
汗流浃(夹)背
戛(嘎)然而止
佼佼(姣)者
挖墙脚(角)
直截(接)了当
电介(解)质[指绝缘体]
电解(介)质[指导电体]
噤(禁)若寒蝉
尽(仅)管
陷阱(井)
不胫(径)而走
腈(晴)纶
赳赳(纠)武夫
抉(决)择

诀(决)别
勘(堪)探
堪(勘)舆
戡(堪)乱
中肯(恳)
抠(扣)字眼
蜡(腊)染
蜡(腊)纸
谰(烂)言
滥(烂)调
同等学力(历)
再接再厉(励)
黄连(莲)素
链(连)霉素
项链(练)
黄粱(梁)美梦
寥寥(廖)无几
鳞(麟)次栉比
棉铃(蛉)虫
蒸馏(溜)水
流(留)芳百世
螺(罗)丝钉
温情脉脉(默)
贸(冒)然
笑眯眯(咪)
甜言蜜(密)语
弥(迷)天大谎
沉湎(缅)酒色

一文不名(明)
没(末)落
墨(默)守成规
拇(姆)指
百衲(纳)本
唯唯诺诺(喏)
呕(沤)心沥血
如法炮(泡)制
赔(陪)礼道歉
抨(评)击
裨(俾)益
偏僻(辟)
癖(僻)好
平(凭)添
风尘仆仆(扑)
大器(气)晚成
青(清)山绿水
山清(青)水秀
屈(曲)指可数
一阕(阙)词
声名鹊(雀)起
发轫(韧)
杂糅(揉)
繁文缛(褥)节
偌(喏)大年纪
砂(沙)轮
霎(刹)时间
少(稍)安毋躁

威慑(摄)
革命圣(胜)地
旅游胜(圣)地
长盛(胜)不衰
各行其是(事)
招工启事(示)
神气十(实)足
首(手)屈一指
金银首(手)饰
抒(舒)情
精神矍铄(烁)
追溯(朔)
唢(哨)呐
鞭挞(鞑)
碳(炭)元素
煤炭(碳)
碳(炭)素钢
一摊(滩)泥
前提(题)
提(题)纲
字帖(贴)
铤(挺)而走险
走投(头)无路
抟(搏)土造人
高品位(味)
任人唯(为)贤
魁梧(武)
好高骛(鹜)远

趋之若鹜(鹜)　　　　　　竭泽而渔(鱼)
文恬武嬉(嘻)　　　　　　鱼(渔)肉百姓
袄(袄、妖)教　　　　　　左右逢源(圆)
安详(祥)　　　　　　　　世外桃源(园)
销(消)声匿迹　　　　　　芸芸(纭)众生
元宵(霄)节　　　　　　　雍容(荣)华贵
通宵(霄)达旦　　　　　　书札(扎)
威胁(协)　　　　　　　　敲诈(榨)勒索
别出心(新)裁　　　　　　明火执仗(杖)
锦绣(秀)河山　　　　　　膨胀(涨)
麦锈(绣)病　　　　　　　缜(慎)密
戊戌(戍)变法　　　　　　旁征(证)博引
栩栩(诩)如生　　　　　　卷帙(秩)浩繁
寒暄(喧)　　　　　　　　仗义执(直)言
宣(渲)泄　　　　　　　　养殖(植)业
主旋(弦)律　　　　　　　学以致(至)用
徇(循)私　　　　　　　　树脂(酯)
赝(膺)品　　　　　　　　硫酸二甲酯(脂)
集腋(掖)成裘　　　　　　摩肩接踵(踪)
谒(竭)见　　　　　　　　文绉绉(诌)
神采奕奕(弈)　　　　　　高瞻远瞩(嘱)
弈(奕)棋　　　　　　　　一炷(柱)香
肄(肆)业　　　　　　　　编纂(篡)
圯(圮)上老人　　　　　　康庄(壮)大道
优(忧)柔寡断　　　　　　急躁(燥)
给予(于)　　　　　　　　恣(姿)意妄为
予(于)以表扬　　　　　　诅(咀)咒
滥竽(芋)充数

第七条 图书中应当使用《简化字总表》规定的简化字,不得使用已经废止的《第二次汉字简化方案(草案)》(1977年)中的简化字。(现以《通用规范汉字表》为准——编者)横线左侧的字不能作为横线右侧的字的简化字:代—戴,付—副,干—赣,笈—籍,丁—街,兰—蓝、篮、令—龄,另—零,欠—歉,蒜—算,叮—停,太—泰,午—舞,圹—塘,予—预,迂—遇,园—圆,正—整,咀—嘴,等等。"桔"(音jié)不是"橘"的简化字,只用于"桔梗""桔槔",不能代替"橘"字。

第八条 1986年重新发表的《简化字总表》对几个字作了调整(现以《通用规范汉字表》为准——编者)。该表的说明中指出:"原《简化字总表》中的个别字,作了调整。'叠''覆''像''囉'不再作'迭''复''象''罗'的繁体字处理。……'囉'依简化偏旁'罗'类推简化为'啰'。'瞭'字读'liǎo'(了解)时,仍简作'了',读'liào'(瞭望)时作'瞭',不简作'了'。"据此,"叠"字的"重叠"(一层加一层)义,例如"叠石为山""层见叠出""折叠""叠床架屋""叠翠""叠罗汉""叠印""叠韵""叠嶂""叠彩山"等词语,不得使用"迭"字。"覆"字的翻倒义,如"覆巢""覆灭""覆亡""覆辙""覆被"等词语,不得使用"复"字。"像"字用于人物图像、好像、相似等义,例如"肖像""录像""相像""好像""像话""像样"等词语,不得使用"象"字。"啰嗦"的"啰"和作为助词的"啰",不可使用"罗"字。此外,"藉"简化为"借",如"藉口""凭藉"应作"借口""凭借";但"慰藉""狼藉"的"藉"仍用"藉"。"萧条""萧索"的"萧"没有简化为"肖";用于姓氏,随原稿,不计错。

第九条 凡用繁体字排版的图书,在用简化字本翻排繁体字本时,必须对应准确。特别是那些古代就有、现在作为简化字的传承字,在翻排繁体字本时不得误用,如:"党项"的"党"不得用"黨","长征"的"征"不得用"徵",洞山良价(人名,佛教曹洞宗的创始人之一,"价",音jiè)的"价"不得用"價","南宫适"(人名)的"适"(音kuò)不得用"逋","万俟"(姓氏,音Mòqí)的"万"不得用"萬","体夫"(抬棺材的人)的"体"(音bèn)不得用"體","人云亦云"的"云"不得用"雲",姓种的"种"(音Chóng)不得用"種",作为乐器的"筑"不得用"築",允准的"准"不得用"準","窗明几净"的"几"不得用"幾","白术"的"术"(音zhú)不得用"術",等等。误用的繁体字应视为错字。

第十条 文化部和文字改革委员会于 1955 年 12 月发布的《第一批异体字整理表》,要求从 1956 年 2 月 1 日起在全国实施,规定:"从实施之日起,全国出版的报纸、杂志、图书一律停止使用表中括弧内的异体字。但翻印古书须用原文原字的,可作例外。""停止使用的异体字中,有用作姓氏的,在报刊图书中可以保留……"随后,国家语委根据实施过程中各方面的反映,1956 年 3 月恢复"阪、挫"2 字。1986 年 10 月恢复"诉、讌、晔、奋、诃、鳝、纳、划、鲙、诓、雠"11 字。1988 年 3 月恢复"蒴、邱、於、澹、骼、彷、菰、涮、徽、薰、黏、桉、愣、晖、凋"15 字。3 次共恢复 28 字,这些字不作为异体字对待。(现以 2013 年发布的《通用规范汉字表》为准——编者)此外,根据实际情况,本细则再放宽两点:一是引用古籍的文字,尽可能使用通用字,但个别容易引起歧义的可使用异体字;二是该《整理表》中原只限于姓氏使用异体字,用在名字中也不计错。如"镕、淼、榘、邨、珮"等。

第十一条 根据《汉语拼音正词法基本规则》(GB/T 16159—2012)的要求,汉语拼音的拼写以词为单位连写,如:"中国社会科学院"应拼写为"Zhōngguó Shèhuì Kēxuéyuàn",不可拼写为"ZhōngguóShèhuìKēxuéyuàn",也不可拼写为"Zhōng Guó Shè Huì Kē Xué Yuàn"。转行规则参照英文,必须在一个完整的音节处转行,并加转行线"-"(占一个汉字的 1/3)。

三、词　语

第十二条 词语误用的根本原因是误解词义。如:"截至 1997 年 12 月底"的"截至"不能使用"截止","报名日期 1 月 30 日截止"的"截止"不能使用"截至";"公民的权利与义务"的"权利"不能使用"权力","最高国家权力机关是全国人民代表大会"的"权力"不能使用"权利";"招工启事"的"启事"不能使用"启示","战争启示录"的"启示"不能使用"启事";"老师爱护学生"的"爱护"不能使用"爱戴";"随声附和"的"附和"不能使用"符合";等等。因为"截至"与"截止"、"权利"与"权力"、"启事"与"启示"、"爱护"与"爱戴"、"附和"与"符合"的含义是不同的,误用了就不能正确地表情达意。类似的误用词语还有:有利—有力,以至—以致,合龙—合拢,化装—化妆,经纪—经济,学历—学力,反应—反映,检察—检查,查看—察看,服法—伏法,处置—处治,品味—品位,等等。

第十三条 异形词是现代汉语书面语中并存并用的同音(声、韵、调完全相同)、同义(理性意义、色彩意义和语法意义完全相同)而书写形式不同的词语。图书编校时遇到异形词应使用《第一批异形词整理表》里的推荐形式(现以《通用规范汉字表》为准——编者)。例如(括号内是淘汰的形式):按语(案语)、百废俱兴(百废具兴)、本分(本份)、笔画(笔划)、参与(参预)、成分(成份)、赐予(赐与)、戴孝(带孝)、淡泊(澹泊)、订单(定单)、订户(定户)、订婚(定婚)、订阅(定阅)、分量(份量)、丰富多彩(丰富多采)、复信(覆信)、告诫(告戒)、过分(过份)、轰动(哄动)、角色(脚色)。《第一批异形词整理表》未收的异形词可以采用《现代汉语词典》的推荐形式。如果没有采用《现代汉语词典》的推荐形式,也不扣分。

第十四条 误用成语的实质是破坏了成语结构的定型性和意义的完整性。结构的定型性,是说成语的构成成分和构成方式比较固定,使用时不能随意改动。如:"有的放矢"不能说成"有的放箭","万紫千红"不能说成"千紫万红","源远流长"不能改为"渊远流长","意气风发"不能改为"意气奋发","明日黄花"不能改为"昨日黄花",等等。意义的完整性,是说成语的意义不是它的构成成分的简单相加,而是由构成成分的意义经过概括而形成的、带有比喻和形容的性质。下面几种情形应按误用词语处理,每处计1个差错。

(一) 意义理解错误。例如:

1. 不少前往泉州旅游、观光的海外游客乘车行驶在无树的公路上,任凭风尘、烈日的侵袭,纷纷摇头叹息,叹为观止。("叹为观止"是用来赞美看到的事物好到了极点的。)

2. 在成都地区的考古发掘中,至今还没有发现第二座惠陵古冢,应该说,刘备墓在成都已无可厚非了。("无可厚非"意思是没有可以过分责难的,应改为"毫无疑义"。)

3. 这一次扑灭森林大火,解放军又一次首当其冲。("首当其冲"意思是处于冲要位置首先被冲击,与"冲锋在前"的含义完全不同。)

(二) 把成语拆开使用而导致不当。例如：

1. 大凡热心荐贤的人，也总是十分爱贤。不因求全而责备，不因小过而废之。（"求全责备"不能拆开。）

2. 他的作品，既不矫揉，也不造作。（"矫揉造作"形容过分做作、极不自然，不能拆开。）

第十五条 使用缩略语要防止造成误解。每篇文章首见时最好使用全称，以后可使用缩略语。但应注意有些词是不能省略的，如"省人大常委会主任"，不能缩略为"省人大主任"，因为作为省级最高权力机关的人大会议，只有执行主席，它的常委会才有主任的职务。使用缩略语不恰当一般不计错，但省略掉必要成分，已经构成知识性差错，就要计错了。

第十六条 人名、地名、单位名称要正确。外国人名（知名度高的）的译名采用通用的译法或者通行的写法。知名度不高的一般可参照新华社译名手册译出。国内外地名的写法以中国地图出版社出版的最新地图和地名录为准。小的地名应冠以省、市、地区名称，小单位应冠以大的地域和上一级领导单位名称。译名不合常规和无法判断地域的地名和单位名，应当计错。

四、语　法

第十七条 图书中常见的语法差错，大致可以分为：词性误用，数量表达混乱，指代不明，虚词使用不当，搭配不当，成分残缺，等等。

第十八条 词性误用。例如：

1. 画家田雨霖义务为学生讲座。（"讲座"是名词，应改为动词"讲课"。）

2. 运输企业的代表向乘客坦诚了春运的苦衷。（"坦诚"是形容词，应改为动词"说出"。）

3. 他由于顶不住压迫而丧失了原则。（"压迫"是动词，应改为名词"压力"。）

第十九条 数量表达混乱。例如：

1. 三名重伤的战士们在接受手术。（"战士"前面有了数量词"三名"，后面就不能有"们"。）

2. 去年,有13个海岛人均收入超过千元以上。("超过"后面应该是确定的数,而"千元以上"是不确定的。)

3. 由于化疗药物反应,朱鹏的白血球指数比正常值少三倍。(表示数量的减少,不能用倍数,只能用分数。本句可以改为"只是正常值的1/3"。)

第二十条　指代不明。例如:

1. 张总经理和李总工程师正在讨论一个技术改造项目,他同意他的看法。(两个"他",不知道哪个是指张总经理,哪个是指李总工程师。)

2. 外电报道:深圳一动物园有人向游客出售活鸡,让他们抛给老虎和狮子活活吃掉。他们呼吁"制止这种残忍的活动"。(两个"他们"指代不同。应把第2个"他们"改为"有关人士"一类的词语。)

3. 对于学习较差的学生决不能采用体罚或变相体罚的办法。这对于调动学生的学习积极性是不利的。("这"指代的是前面的句子,结果句子的意思和作者要表达的正好相反。可以把"这"改为"体罚或变相体罚"。)

第二十一条　虚词使用不当。例如:

1. 每隔一段时间,他们就组织人员昼夜观察,对大熊猫发出的每一个声音都记录下来。("对"要改为"把"。)

2. 法制报要向读者宣传国家的法规法纪,首先报纸自己要遵纪守法,这样,报纸才有感召力。否则报纸让别人学法守法,而办报却违法犯法,就是失职。("否则"的意思是"如果不这样,那么就……"。要把"否则"改为"如果"。或改为"否则就是失职"。

3. 现场嘉宾和观众对他的机智和幽默报以了会心的掌声。("以"是介词,后面不能有助词"了"。)

第二十二条　搭配不当。例如:

1. 目前我国城市分布很不均匀,东部沿海一带有城市275座,而西部地区城市数量较少,这不利于减少东西部差距。("减少"和"差距"不搭配。可以把"减少"改为"缩小"。)

2. 在香山老人的传说里,曹雪芹的足迹走遍了香山。("足迹"和"走遍"不搭配。可以把"走遍"改为"遍布"。)

3. 他们说服了老师的劝阻。("说服"和"劝阻"不搭配。可以改为"说服了进行劝阻的老师"。)

第二十三条 成分残缺。例如：

1. 我国入世在即,入世后必将为我国国民经济提供更大的发展空间。(缺主语。去掉"后",让"入世"作主语。)

2. 盗版盗印是近些年图书库存积压不断攀升的重要原因之一。(缺动词。在"近些年"后面加上"造成"。)

五、标点符号

第二十四条 2012年6月1日开始实施的新版国家标准《标点符号用法》,是判别标点符号正误的依据。

第二十五条 句号(。)表示陈述句末尾的停顿,是句末点号,只能用在句子的末尾,而不能用在句子的里面。句号的误用主要有两种情形。

(一) 是句子而不用句号断句。常见一段文字一逗到底。例如：

已经25岁了,我终于成为专业合唱队的演员,遗憾的是没唱几年歌,领导却让我改唱评戏,由于唱法路子不对而毁了嗓子,我被迫含着眼泪离开了舞台。(这一段文字有三个句子,"演员"和"评戏"后的逗号应改为句号。)

(二) 不是句子而用了句号。把一个句子拆成几个句子。例如：

1. 电视短剧《荷花》通过一个卖扇子的小女孩同小偷勇敢斗争的故事。表现了小女孩的纯洁、善良、勇敢的性格。反映了小女孩高尚的情操和美好的心灵。(这是一个复句,前两个句号应改为逗号。)

2. 产生经费紧张的原因,一个是实在缺得多。另一个是在经费使用效率上也存在一些问题。(这是一个复句,第一个句号应改为逗号。)

第二十六条 逗号(,)表示句子内部的一般性停顿。逗号的误用有5种情形。

(一) 不该停顿的地方用了逗号。例如：

总之,这部文集,触及了当代一系列重大的学术问题,相信有心的读者,会从中得到深刻的启示。("文集"和"读者"后面的逗号应删。)

（二）该停顿的地方没用逗号。例如：

我在武汉听了毛委员演说三个月之后又在郑州听到谭延闿对湖南农民运动的恶毒攻击……（"演说"的后面应该加逗号。）

第二十七条 分号（；）表示复句内部并列分句之间的停顿。判别分号用法正误，要掌握3条原则：(1)从停顿的长短看，句号＞分号＞逗号＞顿号；(2)分号不用在普通单句中；(3)分号一般用在并列复句里，被分号隔开的各分句中，至少有一组内部有逗号。分号的误用主要有4种情形。

（一）并列词语间误用分号。并列词语间的停顿要用顿号或逗号，不能用分号。例如：

《湖畔》中人物的对话；《鲜花开放的地方》中环境的点染；《大钱饺子》里的铺叙议论，都十分富有特色。（并列短语作主语，短语内的两个分号都应改为逗号。）

（二）非并列关系的单重复句内分句间误用分号。非并列关系的多重复句的第一层可以使用分号，为的是分清分句间的结构关系。单重复句不存在这个问题，所以不能使用分号。例如：

去年12月13日，在河北省香河县公安局的配合下，通州区公安局破获了盗窃高压输电线路铁塔塔材的案件；抓获犯罪分子二十余人。（分号应改为逗号。）

（三）不在第一层的并列分句间误用了分号。分句间用不用分号，要看并列分句是不是在第一层上，不在第一层上就不能用分号。例如：

对于一切犯错误的同志，要历史地全面地评价他们的功过是非，不要一犯错误就全盘否定；也不要纠缠历史上发生过而已经查清的问题。（第一层分界在"功过是非"的后面。"不要……"与"也不要……"之间不能用分号。分号应改为逗号。）

（四）两个句子间误用分号。例如：

这样的豪言壮语，究竟出自谁人之口呢？不是别人，正是林彪；它是否合乎马克思主义呢？它是赤裸裸的反马克思主义的谬论。（"林彪"后面的分号应改为句号。）

第二十八条 顿号(、)表示句子内部并列词语之间的停顿。用顿号隔开的并列词语可以充当各种句法成分。并列词语间的停顿,也可以用逗号。停顿较长时用逗号,停顿较短时用顿号,难以分清长短时,一般用顿号。顿号的误用主要有5种情形。

(一) 非并列词语间误用顿号。例如:

这几年,报刊上报道的因主持正义、被顶头上司打击报复的人,也不是个别的。("因主持正义"与"被顶头上司打击报复"不是并列关系,而是因果关系,中间不应该用顿号。可以改为"因主持正义而被顶头上司打击报复"。)

(二) 没有停顿的并列词语间误用顿号。例如:

他们过着牛、马不如的生活。("牛马"中间没有停顿,不应该用顿号。)

(三) 不同层次的停顿都使用顿号,混淆了结构层次。例如:

中央顾问委员会秘书长、国家体委顾问荣高棠、国家体委主任李梦华和中华全国体育总会主席钟师统等应邀参加"十佳运动员"评选揭晓和发奖大会。(3位领导人的名字构成第一层的并列关系,荣高棠的两个职衔构成第二层的关系。第一层用逗号,第二层用顿号,不能都用顿号。)

(四) 相邻数字连用表示概数时,不能用顿号隔开。例如:

我们曾经去过六、七个这样的购物中心,看到二、三十位老人……(两个顿号都应该去掉。)

(五) 在一些序次语的后面误用了顿号。例如:

第一、第二、首先、其次、(顿号应改为逗号。)

(一)、(二)、(三)、(1)、(2)、(3)、①、②、③、(序次语既然用了括号,或者本身就是圈码,后边就不必再加顿号。)

1、2、3、A、B、C、(顿号应改为下脚圆点。)

第二十九条 问号(?)主要用来表示疑问句末尾的停顿。问号还用来表示设问句、反问句末尾的停顿。问号的误用主要是把非疑问句误作疑问句。这种情况多发生在有"谁""哪""什么""怎么""怎样"等疑问词和带有"是……还是"疑问结构的句子里。例如:

1. 他不得不认真思考企业的生产为什么会滑坡?怎样才能扩大产品的销

路?(第1个问号应改为逗号,句末的问号应改为句号。)

2. 关于什么是智力?国内外争论多年也没有定论。(前面的问号应改为逗号。)

3. 他独自走着,低着头,分不清天上下的是雨,是雪,还是雪珠儿?(句末的问号应改为句号。)

第三十条 叹号(!)主要用来表示感叹句末尾的停顿。例如:"为祖国的繁荣昌盛而奋斗!"语气强烈的祈使句、陈述句和反问句末尾的停顿也应该使用叹号。叹号的误用多发生在语气舒缓的祈使句、陈述句和反问句中。例如:

1. 小李,你还是多休息几天再上班吧!(这是一个语气舒缓的祈使句,句末叹号应改为句号。)

2. 实践告诉我们:只有开拓技术市场,实行技术商品化,才能使科学技术迅速转化为生产力!(这是一个语气舒缓的陈述句,句末叹号应改为句号。)

第三十一条 冒号(:)表示提示性话语之后的停顿,用来提起下文。冒号的误用表现为5种情形。

(一)"某某说"插在引文的中间,"说"字后面用了冒号。例如:

"唔。"老张一面听,一面应,一面伸手过来说:"你给我吧。"("说"字后面的冒号应改为逗号。)

(二)在没有停顿的地方用了冒号。例如:

我跳下车来,说了声:"忠爷爷再见!"就往家里走去。("说了声"后面的冒号应删去。)

(三)在一个句子里出现了两重冒号。例如:

也还有另一种观点:当作品涉及某些阴暗现象的时候,有的同志会说:"你写的现象虽然是真实的,但要考虑文艺的党性原则。"(第一个冒号应改为句号。)

(四)该用冒号的地方没用冒号。例如:

企业长期亏损,出路只有一条,改革。(提示性话语"出路只有一条"后面的逗号应改为冒号。)

（五）冒号(：)误为比号(∶)。

第三十二条 引号(横行为""'',竖行为『』「」)的作用有三个：一是把引文和本文区别开来；二是标明具有特殊含义的词语；三是标明需要着重论述的对象。为了分清引文的层次，横行引文规定第一层引文用双引号，引文中的引文用单引号；竖行引文规定第一层引文用双引号(或单引号)，引文中的引文用单引号(或双引号)。引号的误用有5种情形。

（一）上下引号不配套，即：有上引无下引或有下引无上引，单双引混用，上下引一顺，等等。

（二）竖行引文引号单双引号次序混乱(即一会儿先双后单，一会儿又先单后双)，都属于差错。

（三）引文末尾标点位置混乱。例如：

1. 古人云："多行不义必自毙"。(引文完整而独立，末尾的句号应放在引号里面。)

2. 大革命虽然失败了，但火种犹存。共产党人"从地下爬起来，揩干净身上的血迹，掩埋好同伴的尸首，他们又继续战斗了。"(引文不独立，末尾的句号应放在引号外面。)

（四）转述的文字加了引号。例如：

老太太说，"她儿子是个工人，出来好几年了，她是第一次来抚顺。"(删去引号，或将引号内第三人称的"她"改为第一人称的"我"。)

（五）带有特殊含义(比喻义或贬义)的词语未加引号。例如：

自私，不听从合理的指导，没有自尊心，都是性格上很大的弱点。这些弱点都是老牌的慈母送给她们孩子的恩物。("慈母"和"恩物"都带有贬义，应当加引号。)

第三十三条 书名号(《》〈〉)是表示文化精神产品的专名号。书名号的误用主要是使用范围扩大化。

（一）书名(包括篇名)、报纸名(包括板块、栏目名)、期刊名(包括栏目名)，以及其他文化精神产品(电影、戏剧、乐曲、舞蹈、摄影、绘画、雕塑、工艺品、邮票、相声、小品等)的题目可用书名号，非文化精神产品不能使用书名号。例如:物质产品名、商品名、商标名、课程名、证件名、单位名、组织名、奖项名、活动名、展览名、集会名、称号名等,均不能使用书名号,用了要计错。

(二)丛书名要使用引号,如"五角丛书""当代农村百事通丛书"。

(三)书名号里面的名称要与实际名称相符。如《人民邮电》报,《求是》杂志。

第三十四条 括号([ ]( ))的功能是对正文的补充和注释。括号的误用,除了不配套外就是位置不适当。

(一)句内括号放在了句外。例如:

唯心论历来反映剥削阶级的利益,代表剥削阶级的意识形态,是"反动派的武器,反动派的宣传工具"。(列宁:《我们的取消派》)(括号应当放在句号前面。)

(二)括号离开了被注释的文字。例如:

不久,国民议会迁到法皇的内宫凡尔赛去(在巴黎城西南18公里)。(括号应放在"去"字前面。)

第三十五条 省略号(……)标明行文中省略了的文字。省略号的误用,除了形状不合规定(不是6个连点)外,还有两种情形。

(一)省略号前后保留了不应该使用的顿号、逗号、分号。例如:

写到这里,赵朴老的神采又活现在我的眼前,与他相关的好几件事又从记忆中浮出……。(省略号后的句号应删去。)

(二)省略号与"等""等等"并用。例如:

在另一领域中,人却超越了自然的力,如飞机、火箭、电视、计算机……等等。("等等"和句号,应当删去。)

第三十六条 连接号的形式为一字线"—"(占一个字的位置)。连接号还有另外2种形式,即半字线"-"(占半个字的位置)和浪纹"~"(占一个字的位置)。要注意区分它们的使用场合,相同场合前后不一致的计错。

(一)连接两个相关的名词构成一个意义单位,用半字线。如:原子-分子论,中国-芬兰协会。

(二)连接相关的地点、时间表示走向或起止,用一字线。如:北京—上海

特快列车,鲁迅(1881—1936)。(后者也可以用浪纹,但不要用半字线)

(三) 连接相关的汉字或外文和阿拉伯数字表示产品型号,用半字线。如:TPC－3 海底光缆,东方红-75 型拖拉机。

(四) 标准代号用一字线。如《标点符号用法》GB/T 15834—2011,国内统一刊号 CN 11—1102/I。(用了半字线也不算错,但不要用长横)

(五) 连接相关的阿拉伯数字表示范围,用浪纹。如:2 500 万元～3 000 万元,-36℃～-8℃。(也可以用一字线,但不要用半字线或长横。)

第三十七条 间隔号(·)用在被隔开的词语中间。间隔号的误用有两种情形。

(一) 间隔号误为顿号。例如:

大卫、李嘉图(误用了顿号,就成为两个人了。)

(二) 间隔号误为下脚圆点。例如:

"3.15"消费者日(误用了下脚圆点,就成了小数点。)

第三十八条 破折号(——)标明行文中解释说明的语句。破折号的误用有 4 种情形。

(一) 破折号的前后两部分所指不相同。例如:

他久久地凝视着庭园中央——这张 X 光片子的主人。("庭园中央"与"这张 X 光片子的主人"所指的概念不相当。)

(二) 补充说明前未用破折号。例如:

二氧化碳和水在合成车间,叶绿体里发生奇妙的变化。("合成车间"就是"叶绿体",且语义的重点在后者,所以,"合成车间"后面的逗号应改为破折号。)

(三) 破折号误为两个一字线(——)、四个半字线(----)或一个化学单键号(—)。

(四) 破折号不能误作一字线或半字线。

第三十九条 省年号(')使用高撇号,用于省年形式,如 1998 年写作"'98"。这是近年来从国外引进的一种符号,中文常用于"标题式"的名称中。例如"'98 春节联欢晚会"。省年号的误用有两种情形。

(一) 省年号(')误置于年份后面。例如:

98'春节联欢晚会

（二）省年号后面误加了"年"字。例如：

'98年春节联欢晚会

六、数　字

第四十条　2011年11月1日开始实施的新版《出版物上数字用法》指出，阿拉伯数字笔画简单，结构科学，形象清晰，组数简短，应当广泛应用。实施过程中碰到一些问题，归纳起来就是，什么情况下应当用阿拉伯数字，什么情况下不能用阿拉伯数字。

（一）应当使用阿拉伯数字的：

1. 物理量量值中的数字，如1 m(1米)、3 kg(3千克)、5d(5天)、20℃(20摄氏度)、0.5 A(0.5安)、25 mol(25摩)。

2. 非物理量量词(计数单位)前的数字，如3人、50元、100根。

3. 计数的数值，如正负整数(3，-6)、小数(0.28)、分数(1/3)、百分数(96.25%)、比例(3∶7)及一部分概数(10多、500余、3000左右)。

4. 公历世纪、年代、年、月、日、时刻。

5. 代号、代码和序号中的数字，如GB 3100—93、国办发〔1998〕3号文件、ISBN7—303—04761—X、HP—3000型电子计算机、第1卷、第18届年会。

（二）必须使用汉字数字的：

1. 定型的词、词组、成语、惯用语、缩略语或具有修辞色彩的词语中作为语素的数字。

2. 相邻数字连用表示的概数和带"几"字的概数。如七八个人、五十四五岁、十几、三千几百。

3. 非公历纪年一律用汉字数字，但应采用阿拉伯数字括注公历。

4. 含有月日简称表示事件、节日和其他意义的词组中的数字，应使用汉字数字。当涉及1月、11月、12月时，应用间隔号"·"将表示月和日的数字隔开，并外加引号；涉及其他月份时，不用间隔号。

5. 古籍中的数字。

6. 文学著作一般使用汉字数字,但也可以适当使用阿拉伯数字。如公历世纪、年代、年、月、日、时刻,计量或计数单位前的数字,纯数字等。

7. 竖排文字中的数字,除与字母连用可顺时针转 90°排外,一律改用汉字数字。

(三) 阿拉伯数字的书写规则:

1. 为使多位数字便于阅读,可将数字分成组,从小数点起,向左或向右每 3 位分成 1 组,组间留一空隙(约为 1 个汉字的 1/4),但不得用逗号、圆点或其他方式。非科技出版物也可不分节。

2. 纯小数必须写出小数点前用以定位的"0"。

3. 阿拉伯数字不得与除万、亿及法定计量单位词头外的汉字数字连用。如 453 000 000 可写成 45 300 万或 4.53 亿或 4 亿 5300 万,但不能写作 4 亿 5 千 3 百万;三千元可写成 3 000 元或 0.3 万元,但不能写成 3 千元;三千米可写成 3 千米,这里的"千"是词头。

4. 一个用阿拉伯数字书写的数值(包括小数和百分数)不能拆开转行。

5. 表示用阿拉伯数字书写的数值范围,使用浪纹线"～"或一字线"—"。如:10%～20%,(2～6)×10^3 或 2×10^3～6×10^3,30～40 km(也可写成 30 km～40 km)。

七、量和单位

第四十一条 除古籍和文学书籍外,所有出版物特别是教科书和科技书刊,在使用量和单位的名称、符号、书写规则时,都应符合 1993 年国家技术监督局发布的国家标准《量和单位》(GB 3100～3102—93)的规定。

第四十二条 使用不规范的量名称,主要表现在:使用已废弃的旧名称,同一个名称出现多种写法,使用自造的名称,等等。

(一) 使用已废弃的旧名称。例如(括号里是废弃的):质量(重量,但人民生活和贸易中质量仍可按习惯称为重量);体积质量,密度或相对体积质量,相对密度(比重);质量热容,比热容(比热);质量定压热容,比定压热容(定压比热容,恒压热容);电流(电流强度);物质的量(摩尔数,克原子数,克分子数,克离子数,克当量);B的质量分数(重量百分数,质量百分比浓度);B的体积分数(体积百分比浓度,体积百分含量);B的浓度,B的物质的量浓度(摩尔浓度,体积克分子浓度,当量浓度);粒子注量(粒子剂量);[放射性]活度(放射性强度,放射性)。

(二)同一名称出现多种书写法,这是不能允许的。例如:吉布斯自由能(吉卜斯自由能),阿伏加德罗常数(阿伏伽德罗常数,阿佛加德罗常数)。

(三)使用以"单位+数"构成的名称。例如:长度叫"米数",时间叫"秒数",装载质量叫"吨数",功率叫"瓦数",物质的量叫"摩尔数",等等。

第四十三条 量符号的使用不规范,表现为6种情形:

(一)量符号错用了正体字母。国标规定:量符号必须使用斜体,对于矢量和张量,还应使用黑斜体;只有pH是例外。实际上,有的全部使用正体,有的时而正体、时而斜体,这都是不能允许的。

(二)没有使用国标规定的符号。例如:质量的规范符号是 m,但常见用 W, P, Q, μ 等表示;阿伏加德罗常数的符号为 N_A,而一些课本中用 N 或 N_0。

(三)用多个字母构成一个量符号。例如:用 IAT 作为内部空气温度的量符号,用 CHT 作为临界高温的量符号,实际上二者都是3个单词的缩写。有些书刊把输入功率表示成 Pi,输出功率表示成 Po,也是不对的,规范的表示应分别为 P_i 和 P_o。

(四)把化学元素符号作量符号使用。例如:"$H_2：O_2=2：1$",这是不规范的表示方式,正确的表示方式为:指质量比,应为 $m(H_2)：m(O_2)=2：1$;指体积比,应为 $V(H_2)：V(O_2)=2：1$。

(五)把量符号当作纯数使用。如"物质的量为 n mol",正确的表示为:"物质的量为 n,单位用 mol"。

(六)量符号的下标不规范。主要表现为没有优先采用国标规定的下标,正斜体混乱,大小写混乱。

1. 没有采用国标已规定的下标,有的用量名称的汉语拼音缩写作下标,有的甚至用汉字作下标。如:辐射能,国标规定的符号为 E_R,但有的书刊用 E_F,有的干脆用 $E_辐$,这些都是不规范的。

2. 正斜体混乱。凡量符号和代表变动性数字,坐标轴名称及几何图形中表示点线面体的字母作下标,采用斜体;其他情况为正体。例如:体胀系数 α_V(V 为体积量符号);电能 W_i($i=1,2,3\cdots$)(i 代表变动性数字);力的 y 分量 F_y(y 为坐标轴符号);$\triangle ABC$ 的面积 $S_{\triangle ABC}$。

3. 大小写混乱。区别大小写的规则为:量符号作下标,其字母大小写同原符号;来源于人名的缩写作下标用大写正体;不是来源于人名的缩写作下标,一般都用小写正体。

第四十四条 单位名称书写错误。主要表现在对相除组合单位和乘方形式的单位名称书写错误。

(一)相除组合单位名称与其符号的顺序不一致,名称中的"每"字多于1个。例如:速度单位 m/s 的名称是"米每秒",而不是"秒米""米秒""每秒米""秒分之米";质量热容单位 J/(kg·k) 的名称是"焦耳每千克开尔文"或"焦每千克开",而不是"焦耳每千克每开尔文"或"焦每千克每开"。

(二)乘方形式的单位名称错误。例如:截面系数单位 m^3 的名称是"三次方米",而不是"米三次方""米立方""立方米";面积单位 m^2 的名称是"平方米",而不是"二次方米""米平方""米二次方""平方"。

(三)在组合单位名称中加了符号。例如:摩尔体积单位 m^3/mol 的名称是"立方米每摩尔"或"立方米每摩",而不是"立方米/摩尔""立方米/每摩尔""米^3/每摩""米^{3}摩$^{-1}$"等。

第四十五条 单位中文符号的书写和使用不准确。主要表现在:把名称或不是中文符号的"符号"当中文符号使用,组合单位中既有国际符号又有中文符号,非普及性书刊中使用了中文符号,等等。

(一)把单位的名称作为中文符号使用。例如:单位 N·m 的中文符号是"牛·米",而不是"牛米"或"牛顿米"。

(二)使用既不是单位名称也不是中文符号的"符号"。如:"牛顿/平方米"的写法是错误的。如果是压强单位的名称,则应为"牛顿每平方米"或"牛每平方米";如果是压强单位的中文符号,则应为"牛/米^2"或"牛·米$^{-2}$"。类似的错误用法还有:"千克/摩尔"应为"千克/摩","焦耳/开尔文"应为"焦/开","立方米/秒"应为"米³/秒","安培每米²"应为"安/米²","韦伯·米⁻¹"应为"韦·米⁻¹","瓦开⁻¹"应为"瓦·开⁻¹"。

（三）组合单位中两种符号并用。例如：速度单位不应写作"km/时"，而应写作"km/h"或"千米/时"，流量单位不应写作"m³/分"，而应写作"m³/min"或"米³/分"；用药量单位不应写作"mg/(kg·天)"，而应写作"mg/(kg·d)"或"毫克/(千克·天)"。

（四）非普及性书刊和高中以上教科书使用单位的中文符号或名称。按国标要求，非普及性书刊和高中以上教科书在表达量值时都应使用单位的国际符号，如把 m、K、min、Hz、Ω、m/s² 分别写作米、开、分、赫、欧、米/秒² 是违反国标规定的，中文符号只在小学、初中教科书和普通书刊中在有必要时使用。

第四十六条　单位国际符号书写和使用错误。主要表现为如下七个方面：

（一）单位符号错用了斜体字母。

（二）单位符号的大小写错误。国标规定，一般单位符号为小写体（只有升的符号例外，可用大写体 L），来源于人名的单位符号其首字母大写。常见错误如：把 m(米)、s(秒)、t(吨)、lx(勒)分别写成 M、S、T、Lx；把 Pa(帕)、W(瓦)、Hz(赫)分别写成 pa、w、HZ 或 H$_z$。

（三）把单位英文名称的非标准缩写或全称作为单位符号使用。如把 min(分)、s(秒)、d(天)、h(小时)、a(年)、lx(勒)、r/min(转每分)分别写成 m、sec、day、hr、y 或 yr、lux、rpm。

（四）把 ppm、pphm、ppb、ppt 等表示数量份额的缩写字作为单位符号使用。应改用它们分别代表的数值 10^{-6}、10^{-8}、10^{-9}（美、法等国）或 10^{-12}（英、德等国）、10^{-12}（美、法等国）或 10^{-18}（英、德等国）。

（五）相除组合单位中的斜线"/"多于 1 条。例如：把服药量的单位 mg/(kg·d)和血管阻力单位 kPa·s/L 错误地表示为 mg/kg/d 和 kPa/L/s。

（六）对单位符号进行修饰。主要表现是：加下标，在组合单位中插入说明性字符，修饰单位等。例如：

1. 把最小电流表示为 $I=3A_{min}$，正确表示应为 $I_{min}=3$ A。

2. 把 Pb 的质量浓度为 0.1 mg/L 表示为 0.1 mg(Pb)/L 或 0.1 mg 铅/L，规范

表示应为 $\rho(Pb) = 0.1$ mg/L。

3. 把 Ca 的质量分数表示为 Ca 为 25%（m/m）或 Ca 为 25%（w/w），规范表示应为 $\omega(Ca) = 25\%$。

4. 使用习惯上常用的经过修饰的单位符号。如标准立方米 Nm^3、m_n^3，标准升 NL、L_n，正确的符号应为立方米 m^3，升 L 或 l。

（七）书写量值时，数值与单位符号间未留适当空隙，或把单位插在数值中间，如：15mol 应为 15 mol，1m75 应为 1.75 m 或 175 cm。

第四十七条 SI 词头符号的书写和使用不正确。主要表现为：词头大小写混淆，独立使用，重叠使用，对不许采用词头的单位加了词头，对乘方形式的单位加错了词头等。

（一）混淆大小写。20 个 SI 词头中，代表的因数 $\geq 10^6$ 的 7 个词头：M（兆）、G（吉）、T（太）、P（拍）、E（艾）、Z（泽）、Y（尧）要采用大写正体，代表的因数 $\leq 10^3$ 的 13 个词头 k（千）、h（百）、da（十）、d（分）、c（厘）、m（毫）、μ（微）、n（纳）、p（皮）、f（飞）、a（阿）、z（仄）、y（幺）要采用小写正体。

（二）独立使用。词头只有跟单位结合才有意义，如 10 μm 不得写作 10 μ，5MΩ 不得写作 5 M。

（三）重叠使用。例如：mμm、mμs、μμF、μkg、kMW 应分别改为 nm、ns、pF、mg、GW。

（四）对不许加词头的单位°（度）、′（[角]分）、″（[角]秒）、d（天）、h（时）、min（分）、r/min（转每分）、n mile（海里）、kn（节）等加了词头。

（五）对乘方形式的单位加错了词头。例如：把 7 200m^3/d 错写成 7.2 km^3/d，把 10 000 000 m^{-2} 错写成 10Mm^{-2}，正确的表示应分别为 7.2 dam^3/d 和 10 mm^{-2}。

第四十八条 使用非法定单位或已废弃的单位名称。主要表现为以下 4 种情形：

（一）使用市制单位，如尺、寸、担、斤、两、钱、亩等。在普通书刊特别是以农民为读者对象的书刊中，在表达小面积时还可以使用"亩"，但要括注法定计量单位"公顷"。

（二）使用早已停用的"公字号"单位。除公斤、公里、公顷以外的所有"公字号"单位都应停止使用,如公尺(米、m),公分(厘米、cm),公亩(百平方米、100 m²),公升(升、L),公方(立方米、m³),公吨(吨、t)等(括号中为法定名称及符号)。公斤、公里也不要用于教科书中,而应分别改用"千克"(kg)、"千米"(km)。

(三)使用英制单位。英制单位是必须废弃的,当确有必要出现英制单位时,一般采用括注的形式,如51 cm(20英寸)。

(四)使用CGS制中有专门名称的导出单位及其他杂类单位。这些常见废弃单位及其换算因数如下表所示:

单位名称	符号	换算因式
微(米)	μ	1 μ = 1 μm
费密	Fermi	1 Fermi = 10^{-15} m = 1 fm
达因	dyn	1 dyn = 10^{-5} N
千克力	kgf	1 kgf = 9.806 65 N
吨力	tf	1 tf = 9.806 65 kN
标准大气压	atm	1 atm = 101.325 kPa
工程大气压	at	1 at = 9.806 65×10^4 Pa
托	Torr	1 Torr – 133.322 Pa
毫米汞柱	mmHg	1 mmHg = 133.322 Pa
毫米水柱	mmH$_2$O	1 mmH$_2$O = 9.806 65 Pa
泊	P	1 P = 0.1 Pa·s
斯[托克斯]	St	1 St = 1 cm²/s
西西	cc	1 cc = 1 mL
丹尼尔	den	1 den = (1/9) tex
兰氏度	°R	1 °R = (5/9) K
华氏度	°F	$t_F = 32 + \left(\dfrac{9}{5}\right) t_c$
道尔顿	D,Da	1 D = 1 μ
[米制]克拉	carat	1 carat = 200 mg
尔格	erg	1 erg = 10^{-7} J

(续表)

单位名称	符号	换算因式
卡	cal	1 cal = 4.186 8 J
大卡、千卡	kcal	1 kcal = 4.186 8 kJ
度(电能)		1 度 = 1 kW·h
[米制]马力		1 马力 = 735.499 W
辐透	ph	1 ph = 10^4 lx
熙提	sb	1 sb = 10^4 cd/m^2
尼特	nt	1 nt = 1 cd/m^2
屈光度	D	1 D = 1 m^{-1}
奥斯特	Oe	1 Oe ≙ 79.578 A/m
高斯	Gs	1 Gs ≙ 10^{-4} T
麦克斯韦	Mx	1 Mx ≙ 10^{-8} Wb
体积克分子浓度	*M*	1 M = 1 mol/L
当量浓度	*N*	

第四十九条 在图、表等中,在用特定单位表示量的数值时未采用标准化表示方式。国标规定了两种方式:a.用量和单位的比值,b.把量的符号加上小括号,并用单位的符号作为下标,并建议采用第 1 种方式。例如:$v/(\mathrm{m \cdot s^{-1}})$ 或 $v/(\mathrm{m/s})$,而不表示成 "$v(\mathrm{m/s})$" 或 "$v,\mathrm{m/s}$" 的形式。如有需要也可以表示成 $\dfrac{v}{\mathrm{m \cdot s^{-1}}}$ 或 $\dfrac{v}{\mathrm{m/s}}$ 的形式,但水平分式线不能省略。

第五十条 数理公式和数学符号的书写或使用不正确。主要表现在字母、符号的正、斜体混淆,数理公式的转行不符合规定等。

(一) 该用正体的字母用了斜体。例如:对其值不变的数学常数 e (= 2.718 281 8…)、π(= 3.141 592 6…)、i(= $\sqrt{-1}$,电工学中常用 j),已定义的算子符号 div(散度)、d(微分号)、Δ(有限增量符号)、δ(变分号)等,有特殊含义的缩写字 max(绝大值)、Re(实部)、T(转置)、Rt(直角)、ASA(角边角)等,使用了斜体字母。

（二）该用斜体的字母用了正体。例如：对变数 x、y，函数 f，$\varphi(t)$，Ψ_i 中变动的附标 i，几何图形中表示点线面体的字母（像点 P、线段 CD、平面 Σ、$\triangle ABC$、三棱锥 $P\text{-}ABC$）等，使用了正体字母。

（三）数理公式转行不符合规定。新标准规定："当一个表示式或方程式需断开、用 2 行或多行来表示时，最好在紧靠其中记号 =，+，-，±，÷，×，·或/后断开，而在下一行开头不应重复这一记号。"例如：

$$ax+by-cz=$$
$$m-n+p.$$

（四）其他常见错误，如下表所示：

名称、含义	正确标号	错误标号
比例号	：	∶
数值范围	～、—	-、——
约等于	≈	≃、≒、∽
渐近等于	≃	～、≌
角括号	〈 〉	< >
远小于	≪	《
远大于	≫	》
余切	$\cot \alpha$	$\operatorname{ctg} \alpha$
x 的反余切	$\operatorname{arccot} x$	$\operatorname{arcctg} x$
x 的反正弦	$\arcsin x$	$\sin^{-1} x$
x 的常用对数	$\lg x$	$\log x$
$m \times n$ 型矩阵	$A=\begin{pmatrix} A_{11} & \cdots & A_{1n} \\ & \vdots & \\ A_{m1} & \cdots & A_{mn} \end{pmatrix}$	$A=\begin{pmatrix} A_{11} & \cdots & A_{1n} \\ A_{m1} & \cdots & A_{mn} \end{pmatrix}$，$A=\begin{pmatrix} A_{11} & \cdots & A_{1n} \\ & \cdots\cdots & \\ A_{m1} & \cdots & A_{mn} \end{pmatrix}$

八、版面格式

第五十一条 版面格式是图书的包装形式，但它又不是单纯的形式。图书的版面格式应当体现美观、实用、准确三个原则。不同的版面有着不同的格式，从封面、书名页、目录、书眉、标题、注释、插图、表格、索引,一直到正文,都有着不同的格式,审校版面格式与正文内容具有同等重要的意义。

第五十二条 封面(包括包封),是图书的外包装,除应体现美观、实用、准确三个原则外,还应按照常规和法定要求,在固定的位置刊登书名、著译者名、出版者名、条码、定价、国际标准书号等项内容。编校者除保证各种版面格式和内容准确外,还应使其相关项目保持一致。

第五十三条 根据国家标准《图书书名页》(GB/T 12450—2001)的规定,图书正文之前必须设置载有书名信息的书名页。书名页包括主书名页和附书名页。主书名页正面必须提供书名、著作责任者、出版者等信息,位于单数页码面。主书名页背面必须提供图书的版权说明、在版编目数据和版本记录等信息,位于双数页码面。凡不严格执行本标准的图书应当计错。

第五十四条 目录,是图书内容体系的缩影,除要求标题、作者名、附缀页码必须与正文一致外,本身还须眉目清楚,即从字体、字号和版面格式三个方面体现标题体系。例如:同一级题字体字号要一致,无题序的题目转行要缩进一字排,副标题也要缩进一字排,等等。

第五十五条 书眉,是正文章节变化的反映,除必须与正文章节标题文字保持一致外,还有其固定的版面格式,即双数页码排第一级题,单数页码排第二级题(如无第二级题,单双页码均可排第一级题);同一面上有两个第二级题时,应排后出现的;眉题一般排在外版口一侧或居中排。

第五十六条 标题,是反映图书内容的纲,而且是成体系的。标题的格式应以不同的字体、字号、占行、位置等来体现其隶属关系。较长标题转行时不应割裂词汇,更不应因转行而产生歧义或相反义。此外,还应避免出现"背题",即题目下无正文的现象。

第五十七条 注释,是对正文的解释和交代。版面格式有夹注、脚注、篇末或书末注三种。脚注格式最复杂,编校者必须根据正文版面的实际变化,调整脚注的顺次和版面格式,使之与正文注码对口。篇末注中的"见本书页码"要特别注意核对准确。书末注中附缀的正文页码,也要核对准确。

第五十八条 插图,是图书的重要内容,分为随文插图和单页插图两种。随文插图的位置要根据设计标注核对准确。要特别注意插图与正文内容的衔接问题,图的位置一般不要超前,可以略微拖后,但不能超越本节范围。有说明文字的,一般排在图下或图的侧面,要特别注意核对图与文是否配套,防止张冠李戴,图中人物的左右应依读者立场来分。跨页图必须双码跨单码。横置图一律朝向左侧,即反时针转 90°。图的顺序号应按章编排。此外,还要防止图的倒置和反片。

第五十九条 表格,是图书内容的一种重要表现形式。表格的格式一般是先排表序、表题,然后排表头、横竖表线、数字、注释、资料来源等。表序一般以章节顺序和表格顺序组成;表头有横竖两种,必要时可以互换;项目中的隶属关系要清晰,小项目要缩格排;续表必须加排表头;跨页表必须双页跨单页;表中数字一般以末位数对齐,注意不要错格。

第六十条 索引,一般分为人名、地名、文献、主题或名目四种。索引的编排一般按笔画或拼音顺序,也有用四角号码的。无论哪一种编排方法,都应注意笔画、拼音和号码的准确无误。特别要核对准确条目的附缀正文页码;正文页码有变动,要相应改正索引的随缀页码。

第六十一条 学术性专著文后参考文献,必须根据国家标准《信息与文献 参考文献著录规则》(GB/T 7714—2015)进行编排,不合要求的可以适当计错。文献如为专著,其著录项目的格式为:主要责任者,题名,其他责任者(供选择),版本,出版地,出版者,出版年,页码。文献如为期刊中析出的文章,其著录项目和格式为:主要责任者,题名,期刊名,出版年,卷号(期号),页码。例如:

刘少奇.论共产党员的修养:修订 2 版[M].北京:人民出版社,1962:76.

华罗庚,王元.论一致分布与近似分析:数论方法(1)[J].中国科学,1973(4):339~357.

第六十二条 清样页码(包括边码),要着重(或反复)清点,有暗码的要在清样上标明"暗××页"。

第六十三条 正文版面格式应注意:另面、另页、暗码的编排、段落的另起和接排,引文的缩格或变换字体要前后一致,内文中的空行、空字,等等,都要校对准确。

九、附　则

第六十四条　图书编校质量差错计算方法按照 2004 年 12 月 24 日新闻出版总署发布的《图书质量管理规定》附件《图书编校质量差错率计算方法》执行。

第六十五条　本细则力求照顾到各个学科，但是，所列举的问题远不可能涵盖所有内容，比如，自然科学名词、学科符号，外文、译名差错的判别依据，事实性、知识性、一般政治性差错的判别依据等，由于资料的不足和技术上的困难而暂缺。各地区、各出版社可根据实际情况，制定自己的差错认定细则。

第六十六条　本细则由中国出版工作者协会校对研究委员会拟制，并邀请国家语言文字工作委员会、北京大学、北京师范大学的若干专家参与审定。

常见别字二百辨

（括号中是正确的字）

1. 哀(唉)声叹气

人在苦闷、忧伤时往往会发出一声声的叹息。"唉"，叹气时发出的声音。"唉声叹气"不可写作"哀声叹气"。

2. 和霭(蔼)

"蔼"本谓树木繁茂的样子，引申指人的态度和气、温和，如"蔼如"。"和蔼"常错成"和霭"。

"霭"则是一种自然现象，也读ǎi，本义是云气，故从"雨"。

3. 甘败(拜)下风

相传古时候黄帝向一位叫广成子的人问道，广成子南首而卧，黄帝顺下风膝行而进，再拜稽首。后来用"甘拜下风"表示诚心佩服，自认不如。"甘拜下风"即甘拜于下风。"下风"是风向的下方。"甘"是甘心。"拜"是表示恭敬的一种礼节，行礼时下跪，低头与腰平，两手至地，与失败的"败"毫无关联。

4. 拌(绊)脚石

"绊"，左半边是"丝(纟)"，字义与绳索有关，即用绳索使对方行走不便或跌倒，如"磕磕绊绊""绊倒"；引申为束缚或牵制，如"羁绊"。

"拌"，左边是一个"手(扌)"，本义是搅拌、搅和，引申指争吵、口角，如"小葱拌豆腐""拌嘴"。汉语中没有"拌脚石"这一说。

5. 英磅(镑)

"磅"与"镑"都读 bàng,是一对同音外来词——它们都是英文单词"pound"的音译。由于汉字的表意属性,人们在借用汉字对译外来词的时候,习惯于通过汉字的形符来暗示该词的意义类属和指称范围:"磅",形符为"石",表示重量单位;"镑",形符为"金(钅)",表示货币单位。二者意义的不同通过汉字形符得以体现。了解了这一点,使用这两个字时就不会混淆了。

6. 彼彼(比比)皆是

"比比皆是"指到处都是。"比"由两个"匕"构成,描摹的是两个人步调一致,并肩而行。段玉裁说"比"字的本义是"相亲密也"。引申出密集的意思,如"鳞次栉比",指的是像鱼鳞和梳子齿那样密密地依次排列。"比比"叠用,语义加重。"彼"跟"此"相对,指"那"。"彼彼皆是"说不通。

7. 针贬(砭)

"砭"既是名词,指石针;也是动词,指用石针刺破皮肉或刺中穴位。《说文·石部》:"砭,以石刺病也。"今天人们已经不用石针治病,"针砭"只有比喻义:发现问题,指出错误,以求改正。

"砭"读 biān,"贬"读 biǎn。"贬"的意思与"贝"相关,本指减少,引申为贬值、贬低。

8. 心胸偏(褊)狭

"褊"读 biǎn,从"衣(衤)",本义为衣服窄小,后泛指事物狭小,如《诗经·葛屦》中有"维是褊心,是以为刺","褊心"即小心眼。"狭"的本义是宽度、广度小。"褊"与"狭"组合成词,属于古汉语中常见的同义复用现象,也符合现代汉语双音词产生的一般规律。"褊狭"通常用来形容土地狭小或人的心胸、气量、见识等狭隘,如《史记·礼书》:"化隆者闳博,治浅者褊狭,可不勉与!"

"偏"读 piān,意思是不正、倾斜。"心胸偏狭"当为"心胸褊狭"。

9. 有口难辨(辩)

"辩",形声字,义符是"言(讠)",指用言辞分析、争辩。

"辨",也是形声字,义符是"刀(刂)",刀的功能是切分物体,使分开、分离,所以"辨"重在剖析、区分,即抓住事物的特点加以区别,如"明辨是非"。

10. 毫(亳)州

"亳州"误作"毫州",可以说是一个"经典"错误了。亳(音 bó)州位于安徽省西北部,是一座拥有三千多年历史的文化古城,曾涌现出曹操、曹植、李绅等诸多名人;而以"毫州"命名的中国城市则闻所未闻。

"亳"是个冷僻字,除了用作地名,派不上其他用场;与之形似的"毫"则比较常见,如"毫米""丝毫""毫不犹豫"等。大概这就是致误的原因吧。

11. 泊(舶)来品

"舶来"指外洋船舶载货前来。唐朝元稹《送岭南崔侍御》诗:"蛟老变为妖妇女,舶来多卖假珠玑。"旧时外国商品主要由水路用船舶载运而来,所以叫作"舶来品"。

"泊"的意思是停留。停留而来的商品是不存在的。

12. 脉博(搏)

"搏"从"手(扌)",指拍、击。"脉搏"指动脉的搏动。心脏收缩时,压出的血液冲击动脉而引起动脉跳动,医生可据此诊断疾病。

"博"从"十",指大、广。《汉书·叙传下》:"恢我疆宇,外博四荒。"颜师古注:"博,大也。""脉搏"有快慢之分,没有大小之别,不能写作"脉博"。

13. 战略布(部)署

很多人将"战略部署"写作"战略布署",这是因为"部"与"布"不仅读音相同,而且都有布置、安排的意思。不过,"部"曾是古代军事编制单位,与"署"组合成词后,有"分部而署置"的意思;"部署"在文献中出现较早,而且多为军事用语,如《史记·淮阴侯列传》:"遂听信计,部署诸将所击。"从词语的使用范围来看,"部署"与"战略"无疑是相互匹配的,二者组合成短语,表示关于战争全局方面的对武装力量的配置。

再来看"布"。"布"本义为麻布,后引申出铺开、散开、陈设、布置之义,使用范围较广,如"布局""布景"等。《辞海》(第六版)和《现代汉语词典》(第7版)都没有收录"布署"这一词条,而将"部署"作为规范写法。

14. 璀灿(璨)

"璀"和"璨"都是形容珠玉的光泽的,故从"玉"。"璀璨"是联绵词,形容光彩四射,炫人眼目。写作"璀璨",有构词理据。

"灿"字是火字旁,常见的词是"灿烂"。

15. 馋(谗)言

"馋",左边是一个"食(饣)",指看到好吃的东西想吃,或指专爱吃好的。

"谗",左边是"言(讠)",字义为说别人的坏话,如"谗害"。可见,一个和吃喝有关,而另一个与言语有关。

16. 貂婵(蝉)

貂蝉是古典小说《三国演义》中的人物,也是中国民间传说中的古代四大美女之一。由于"婵"的字义为女子姿态美好,很多人便想当然地将这位美女的名字写作"貂婵",实际上应作"貂蝉"。小说中貂蝉生活在汉代,时人认为蝉"居高饮洁",貂则"内劲捍而外温润",均为美好之物,因此在王公显宦的礼冠之上饰以貂尾和蝉纹作为一种等级徽识,称为"貂蝉冠"。《三国演义》中貂蝉为司徒王允家的歌伎,给她取"貂蝉"这样一个名字或许就是为了彰显其主人的高贵身份。

17. 清沏(澈)

"澈"是形容词性语素,义为水清,如"明澈""澄澈"。"沏",读音为qī,义为用开水冲泡,如"沏一壶茶"。"清沏的眼神"说不通。

18. 寥若辰(晨)星

"晨星",早晨的星星。在早晨,当阳光越来越明亮时,能看到的星星会越来越少。"寥若晨星"指稀少得像早晨的星星,极言数量之少。

"辰",原是特指二十八宿(xiù)之一的心宿,后来泛指众星;"星辰"就是星的通称。可见,"寥若辰星"不合事理。

19. 相辅相承(成)

"相辅相成"指的是两种事物之间具有同一性,相互补充、相互促成。其中的"辅"指"辅助","成"指"促成"。而"相承"有前后相接的意思,没有"相互促成"的意思。

20. 松驰(弛)

"弛"从"弓",本指放松弓弦。《说文·弓部》:"弛,弓解也。""弓解"就是将弓弦放松。引申指放松、懈怠,如"一张一弛"。

"驰"从"马",本指车马疾行。《说文·马部》:"驰,大驱也。""大驱",让马儿快跑。引申指疾行、快速传播等。

"弛"的同义词是"松",反义词是"张"。"松弛"不能写作"松驰"。

21. 为民众所不耻(齿)

牙齿是说话的器官之一,"不齿"就是不愿齿及,不想谈论,意谓不屑一顾。牙齿的一个特点是排列整齐,"不齿"于是又可表示不愿与之为伍。凡是不文明的行为,只会为人所"不齿"。

"不耻"则是不以为耻的意思,如"不耻下问"。

22. 一愁(筹)莫展

"筹"是古代投壶所用的矢(计数的工具),引申为算计、筹划、计策、办法。

"一筹莫展"指一点计策也施展不出,一点办法也想不出来。"一筹"与"莫展"是主谓关系,如果将其中的"筹"换成"忧愁"的"愁",会让人不知所云。

23. 相形见绌(绌)

"绌"与"拙"都是形声字,声符相同(均为"出"),形符各异。"绌"音 chù,形符为"丝(纟)",表示与织物有关,本义为深红色。古代常以服饰颜色来"分尊卑,别贵贱"。按《说文解字注》的说法,深红逊于朱红,古代举行祭祀仪式时天子着朱红色礼服,诸侯则穿深红色礼服。由此"绌"便有了"逊色"之义。

"拙"音 zhuō,形符为"手(扌)",表示与手部动作有关,本义为手不灵巧,与"笨"义近,与"巧"相反,如"笨口拙舌""大巧若拙"。成语"相形见绌"的意思是跟另一人或事物比较起来显得远远不如。显然,此处应该用"绌",用"拙"难达其意。

24. 穿(川)流不息

"川"象河道之形,"子在川上曰:'逝者如斯夫'"中的"川"就是指河流、水道。"川流"指河水流动。"川流不息"指河水流动不停,也形容事物像水流一样连续不断。

"穿"的本义是"牙在穴中",使破成孔洞,也就是穿透、贯穿的意思。《字汇·穴部》:"穿,贯也。""水流贯穿"不成话。

25. 笔耕不缀(辍)

"辍",读 chuò,指中止、停止,表示动作、行为的中断,如"辍笔""辍学"等。

"缀",读 zhuì,指用针线等使连起来,引申指组合字句篇章、装饰等。"笔耕不缀"让人不知所云。

26. 吹毛求刺(疵)

"疵"读 cī,本义指小毛病,引申为过失、缺点。"吹毛求疵"指吹开皮上的毛,寻找里面的小毛病,比喻刻意挑剔过失或缺点。"疵"隐藏在毛中,刻意去

"吹"才能寻找到。

"刺",指尖锐的像针的东西,如"芒刺""鱼刺",一般是明显的,容易被发现。"吹毛求刺"说不通。

27. 烟囟(囱)

"烟囱"的"囱"字里面是"夕"。本指天窗,转指烟囱。

"囟"读 xìn,象形字,里面部分是"乂"。本义是囟门,在头顶部前方正中的位置,婴儿头顶骨未合缝的地方。

28. 精萃(粹)

"粹",从"米",本指纯净无杂质的米,引申为精华,如"国粹"。

"萃"从"草(艹)",本指草丛生的样子,引申为聚集,如"荟萃"。又引申为群、类,如成语"出类拔萃"。

29. 责无旁代(贷)

"贷"有两个义项:一是指推卸(责任),如"责无旁贷";二是指宽恕,如"严惩不贷"。这两个"贷"都容易写错。

30. 穿靴带(戴)帽

"戴"本义是把东西加在头上或用头顶着,引申指把东西放在面、颈、胸、臂等身体部位;"带"指随身拿着、携带。动词"戴"和"带"的区别有两点:一、"戴"的东西一定能放在身上,而"带"的东西多数放不上身,如行李、包裹等。二、"戴"东西的目的就是使用,一"戴"好就进入使用状态;而"带"东西却未必是要使用,也许是要把它们送到别处去。因此,"戴帽"是把帽子放到头上,或遮阳或挡风或打扮自己;而"带帽"则是随身携带帽子,可能拿在手里,也可能放在包里,可能会用到,也可能不用。

31. 变速档(挡)/大排档(档)

"变速挡(dǎng)"的"挡"要用"提手旁"的"挡",因为它是"排挡(dǎng)"的简称。所谓"排挡(dǎng)",是指汽车、拖拉机等用来改变牵引力的装置,用于改变行车速度或倒车。

"大排档"是指设在路边或广场上的成列的售货摊点(多为餐饮摊点)。原称"大牌档",因摊点须将有关部门发放的大号牌照裱装悬挂而得名;由于"排"与"牌"同音,不少人将"大牌档"误解作"一大排人吃饭",遂写作"大排档",此后以讹传讹,竟成标准写法。此种经营方式始于香港地区,在粤语中"档"有"店"和"摊"的意思;而"挡"的意思是"阻拦、遮蔽"。显然,"大排档"不能写成"大排挡"。

32. 红的(得)发紫

"的""得"都可以作结构助词。"的"连接的是修饰语和中心语,"得"连接的是中心语和补语,如"他读得入神了""高兴得手舞足蹈"。"红得发紫"中的"红"是中心语,"发紫"是补充说明其程度的,两者之间应该用"得"。

33. 真缔(谛)

"谛"和"缔"都读dì。"谛",形符为"言(讠)",本义为细察、详审,如"谛听""谛思";后借指佛教中所说的"真实无谬的道理"。"真谛"即真理。

"缔",形符为"丝(纟)",本义为结在一起,是一个动词,如"缔约""缔盟""缔结"等,它与"道理、真理"毫无关系。"谛"和"缔"音同形似,但字义大相径庭。

34. 提心掉(吊)胆

心"提"着,胆"吊"着,都是悬在半空中,夸张地描绘出一个人害怕的程度。"掉"是坠落的意思;"心"提上去,"胆"掉下来,让人费解。

35. 迭(跌)宕曲折

"跌",往下坠落;"宕",左右摇摆。"跌宕",表示大范围的起伏变化,常用来形容故事情节的曲折有致或音乐曲调的抑扬顿挫。"迭"是轮流或者屡次的意思,汉语中没有"迭宕"一说。

36. 最后通碟(牒)

"牒",左边是"片",字义为古代写字用的小而薄的木片,引申指信件。"通牒",指一个国家通知另一个国家并要求对方答复的文书。

"碟",即碟子,一种盛菜或调味品的器皿,与文书、信件无关。

37. 重迭(叠)

"叠"与"重"是同义词。《一切经音义》卷九引《仓颉篇》:"叠,重也。""叠"本指物体叠放,引申指累积,如"叠床架屋"。

"迭"的基本义是轮流、交替,如"更迭",引申为屡次、连续,如"高潮迭起"。总之,"叠"指空间上的上下关系,"迭"指时间上的前后更续。

38. 大名顶顶(鼎鼎)

"鼎"是古代烹煮用的食器,一般三足两耳,如"鼎食"(列鼎而食,指豪侈生活)。商周时期多用为宗庙的礼器。相传夏禹铸九鼎,为传国重器,"鼎"于是成为政权的象征,如"问鼎""定鼎",并引申出"显赫""盛大"的意思。"大名鼎鼎"指的是声名显赫,不写作"大名顶顶"。另外,鼎一般比较沉重,由此引申出巨大的力量之义,如"鼎力相助";因为常见的鼎都是三只足,因此又形成"鼎立"一语,形容三方相持的状态,如"三国鼎立"。

39. 渡(度)假村

《说文》:"度,法制也。从又,庶省声。"这里的"又"指手。"度"本指测量长短的标准。古代尺、寸最初是用手丈量的。引申为法度、常规、限度之类的意思。"度"的常用义"过"也与本义有关。丈量时需要"由此及彼",因而引申出越过空间的意思,如"关山度若飞""不教胡马度阴山"。后又引申出越过时间的意思,如"度日如年""光阴虚度"。

"渡"是"度"的分化字,在现代汉语中分担了"度"的越过空间这一义项。江河属于空间,一律用"渡";假期属于时间,一律用"度"。"难关"的比喻义由表示空间的"关"引申而来,所以应写成"渡过难关"。

40. 闻名遐尔(迩)

"遐",指距离远;"迩",指距离近。"闻名遐迩",意思是名气很大,远近的人都知道。"闻名遐尔"不可解。

41. 防犯(范)/防(妨)碍

"防"的本义是堤坝,由其挡水功能引申出防守、戒备的意思。"范(範)"本义是模子,即一种使材料成为一定形状的工具;由模子引申出法规的意思,又由法规引申出约束、限制的意思。故"防范"一词可以表示提前防备、有意戒备。汉语中没有"防犯"一词。

"妨碍"中的"妨"与"碍"同义,不写成"防"。"妨"是阻碍他人,"防"是提防他人。

42. 成绩蜚(斐)然

"斐"读 fěi,从"文",表示与文饰、彩饰有关。"斐然"有两个常用义项:①有文采的样子,如"斐然成章";②鲜明的样子,如"斐然可观"。"成绩斐然"即成绩显著、突出。

"蜚"从"虫",本义是一种小飞虫,读 fēi。与"飞"通假时,读 fēi,如"蜚声""蜚短流长"等。"斐然"是形容词,其中的"斐"不能误写成"蜚"。

43. 幅(辐)射

"幅"本指布帛的宽度,古代一幅为二尺二寸,后泛指宽度,如"幅度"。"幅员辽阔"中的"幅"指宽度,"员"指周围。

"辐"本指车辐,车轮中凑集于毂(gǔ)上的直木,呈放射状,所以"辐射"的"辐"要写成"车"字旁。

44. 破斧(釜)沉舟

"釜"就是锅。"破釜沉舟",是一种下定决心、不顾一切干到底的壮举。语本《史记·项羽本纪》:"项羽乃悉引兵渡河,皆沉船,破釜甑,烧庐舍,持三日粮,以示士卒必死,无一还心。"大意是说,项羽与秦兵打仗,过河后就让部队砸破饭锅,凿沉船只,以示决一死战。"斧",斧头。"破斧沉舟"说不通。

45. 一幅(副)对联

"副"本指"判也",即用刀从中破开,一分为二。在用作量词时,计量成套成对的东西,如"一副手套""全副武装"。对联都有上联和下联,是成对出现的,所以用"副"。

"幅"作量词用,计量具有平面特点的、有一定幅度的物品,如"一幅画""一幅风景"。"副"与"幅",不仅字义不同,字音也不同。"副"读 fù,"幅"读 fú。

46. 天翻地复(覆)

"复"是"複"的简化字。"複"指有里子的衣服,也就是夹衣,所以"复"有"重复""复杂"的意思。"复"也是"復"的简化字,"復"的义符为"彳(chì)",指回来、返回,所以"复"还有"回复""反复""恢复"的意思。

"覆"的基本义是倾覆或盖住。《说文》:"覆,覂也。一曰盖也。""覂"读 fěng,通常指翻转,底朝上翻过来。段玉裁注:"反覆者,倒易其上下。""天翻地覆"字面上就是天地倒置的意思,形容变化极大或闹得极凶,因而用"覆",不用"复"。

47. 言简意骇(赅)

"骇"读 hài,本指马受惊,后泛指惊动,震动。

"赅"读 gāi,本义是财物丰赡。《广韵》:"赅,赡也。"引申为完备,概括

"言简意赅"是言语简明而意思完备,与"骇"无关。

48. 气慨(概)

"概"读 gài,从"木",本指古代量谷物时刮平斗斛(hú)的木板,引申为量、限量,如皇甫湜《题浯溪石》诗:"李杜才海翻,高下非可概。"后借用来指气度、节操,如"气概"。

"慨"读 kǎi,从"忄(心)",是"壮士不得志"而显露出来的激昂、愤慨的样子,是精神状态。

49. 竹杆(竿)

"杆",木字旁,泛指物体上细长的棍状部分,如"枪杆""秤杆"。

"秆",禾字旁,高粱、玉米等植物的茎,如"芦苇秆""小麦秆"。

"竿",竹字头,是竹子的专门用字,"竹竿"自然不能写成"竹杆"。"鱼竿""滑竿",原来都是竹子做的,也应用"竿"。

50. 鬼斧神功(工)

"鬼斧神工"是形容大自然的神奇的。"工"最初的字形表示建筑工具,"斧"也是建筑工具,故"鬼斧"和"神工"可以对应合称。

51. 卑恭(躬)屈膝

"躬",身体;"卑躬",弯曲身体;"屈膝",弯曲膝盖。"卑躬屈膝"是一种献媚取宠、毫无骨气的样子。"卑躬"和"屈膝"是对称的。"卑躬屈膝"不宜写作"卑恭屈膝"。

52. 悬梁刺骨(股)

"悬梁""刺股"是两个苦学的典型例子。"悬梁"的是孙敬。"刺股"的是苏秦。《战国策》写苏秦"读书欲睡,引锥自刺其股,血流至足",后成为著名的纵横家。《汉书》写孙敬"好学,晨夕不休。及至眠睡疲寝,以绳系头,悬屋梁。后为当世大儒"。"股"指的是大腿,不是骨头。

53. 一股(鼓)作气

"一鼓作气",出自《左传》:"夫战,勇气也。一鼓作气,再而衰,三而竭。"是说打仗靠的是勇气,擂一通鼓,勇气就振作起来了;擂两通鼓,勇气就衰退了;擂三通鼓,勇气就没有了。后来就用"一鼓作气"表示抓住士气高昂的时机,乘势出击。"一鼓作气"写作"一股作气",就失去了语词的理据。

54. 粗旷(犷)

"犷"读 guǎng,本指犬类凶猛不驯,不可亲附,引申为野蛮、强悍,"犷狠"即凶狠,"犷悍"即凶悍。后来形容文学艺术作品风格豪放,不同流俗。

"旷"读 kuàng,本来指明亮;引申为心境开阔,如"心旷神怡";还引申为长久、遥远,如"旷日持久"。"旷"与"粗"不是指同一范畴的事物,不能组合使用。

55. 食不裹(果)腹

"果"本指树木所结的果实,果实一般饱满而圆胀,故引申指隆起或吃得饱的样子。《庄子·逍遥游》:"三餐而反,腹犹果然。"成玄英疏:"果然,饱貌也。""果腹"就是指吃饱肚子。"食不果腹"是说吃不饱肚子,常用来形容生活贫苦。

"裹"的基本义是从外部包扎、缠绕,如"裹足"。"食不果腹"的"果"不能写成"包裹"的"裹"。

56. 震憾(撼)

"撼"从"手(扌)",指用手摇动,如韩愈《调张籍》诗:"蚍蜉撼大树,可笑不自量。""震撼"指震动、摇动。

"憾"从"忄(心)",基本义是"恨"——若有所失、不满意、遗憾。总之,"撼"指摇动外物,"憾"指内心怅恨。

57. 浩翰(瀚)

"翰",右下角是一个羽,本指红色羽毛的山鸡,即锦鸡;引申指鸟羽。古代常用羽毛为笔,故以"翰"代称笔,比如"翰墨"就是笔墨,进而借指诗文书画之类物件。

"瀚",左边是水,表示字义和水有关,即水浩大的样子。"浩瀚"义为广大、广博。汉语中没有"浩翰"这种说法。

58. 浩(皓)月当空

"皓"与"浩"都是形声字,二者声符相同(均为"告"),但形符有别。"皓"的形符为"白","白"在甲骨文中是一个象形字,为日光上射之形,因此以"白"为形符的字多与光亮有关。"皓"的意思是明亮、洁白,"皓月"即明亮的月亮。

"浩"的形符为"氵",即"水"的变体,以"氵"为形符的字往往与水有关。"浩"的本义为水势大,如"浩瀚""浩荡";后引申为"大、多",如"浩繁""浩博"。"浩月当空"当为"皓月当空"。

59. 凑和(合)

"凑"指水流汇聚,"合"指器盖相合。"凑合"本指聚合、聚集,引申指拼凑,再引申指将就。"和"的基本义是声音相应,跟着唱或伴奏,引申为协调、和谐,而和谐的关系是"凑"不来的。

60. 皇天厚(后)土

"皇天后土"是一个成语,出自《尚书》《左传》等古代典籍。《说文》:"皇,大也。"在古人的观念中,人世间最大的莫过于君王,所以"皇"引申为君王、帝王。"皇天"即上天、天帝。"后"在甲骨文中是一个会意字,由一人一口组成,义为发号施令者,其本义也是君王;夏朝的最高统治者便称为"后"。"后土"即大地、土神。

"皇天后土"反映了先民对天地的膜拜,至今民间仍以"皇天在上,后土在下"的说法来盟誓。将"皇天后土"错写成"皇天厚土",大概是由于对"后"的本义不了解,又受到另一个成语"天高地厚"的影响而造成的。

61. 侯(候)车室

"侯"是名词,除了在福建地名"闽侯"中读 hòu,一般都读 hóu,如"侯爵""侯门"等。

"候"是动词,读 hòu。《说文》:"候,伺望也。"伺望即守望、放哨。比如,"候星"指观望星象,"候风"指观察风向,"候骑"指侦察敌情的骑兵。因为伺望需要一定的时间,所以"候"引申出等候、等待之类的意思,如"候补""候诊""候审"等。候车室是等候乘车的地方,所以用"候",不用"侯"。

62. 面黄饥(肌)瘦

脸色发黄,身体瘦削,这叫"面黄肌瘦",往往是病态的表现。"肌"是一种肉。"面"与"肌"都属人体部位,并列合理;"饥"是一种生理状态,与"面"并列是不恰当的。

63. 稽(嵇)康

嵇康是魏晋时期"竹林七贤"之一,但他的大名却常常被人误写作"稽康"。"稽"与"嵇"都是中华姓氏。据《通志》记载,夏王少康封其子于会稽(今浙江境内,因浙江省绍兴市东南会稽山得名。相传禹帝东巡,于此会诸侯计功,乃名会稽),遂为稽氏。汉初,稽氏的一支迁到嵇山(今安徽境内)一带定居,并以居住地为氏,即嵇氏。

64. 楫(缉)拿归案

"缉",左边是"丝(纟)",本义是把麻分解成缕,再连接起来;引申指搜捕。
"楫"读音为 jí,左边是一个"木",义为划船用的桨。

65. 迫不急(及)待

"迫不及待"指紧迫得来不及等待了。其中"及"是个会意字,从"人"从

"又",本指抓住前面的人或赶上前面的人,后引申为时间上来得及。"不及"就是来不及。如果把这个成语中的"及"写成"着急"的"急",就会让人不知所云。

66. 不记(计)其数

"计",计算、算账。"不计其数",无法计算其数目,形容数量大。

"记",左边是"言(讠)",本义是形成语言记住,引申指记录、记载。"不记其数"是没有记录那个数字的意思,至于那个数字是大是小,数量是多是少,都没有说明。

67. 一年之季(计)在于春

"一年之计在于春"是一句谚语,意思是一年的计划要在春季考虑妥当。意谓凡事要抓紧,早作打算。"计划"的"计"不能改作"季节"的"季"。

68. 汗流夹(浃)背

"浃"是"透、遍及"的意思。"汗流浃背"形容满身大汗,湿透脊背。

"夹",意思是从两个相对的方面加压力,使物体固定不动。汗水不可能"夹背"。

69. 嘎(戛)然而止

"戛",读 jiá,形容声音突然中止。"戛然而止"可略作"戛然"。

"嘎",读 gā,是象声词,没有表示停止的用法。

70. 坚(艰)难困苦

"坚"下半部分是"土",本义是土质坚硬,后泛指坚硬、结实。"艰"的本义是土难治理,引申指一般的困难。"艰难"指艰辛困难。没有"坚难"的说法。

71. 草管(菅)人命

"菅"读 jiān,名词,多年生草本植物,叶子细长而尖,花绿色,茎叶之细者可以覆盖屋顶。"草菅人命"的意思是将人命当成野草,任意践踏。

"管",从"竹",指竹管、竹制品或管状物,不可以像草一样被任意践踏。

72. 娇(矫)揉造作

"矫"读 jiǎo,与"揉"是一对反义词。"矫",把弯的变成直的;"揉",把直的变成弯的。这二者都是不自然的做法。"矫揉"本指矫正、整饬,引申指故意做作。

"娇"读 jiāo,从"女",指妩媚,与"揉"没法组合。

73. 挖墙角(脚)

"墙脚"是墙的根基。"挖墙脚"比喻从根本上损害别人。"角"指角落,无法表达这样的意思。

74. 迫在眉捷(睫)

"睫",指眼睑边缘的细毛,如"睫毛""目不交睫"。"迫在眉睫",形容事情已到眼前,情势十分紧迫。"睫"不能写作"快捷"的"捷"。

75. 应界(届)毕业生

"应届毕业生"指当前一期的毕业生。这里的"届"是量词,和时间有关,略同于"期""次"。

"界"表示界限、范围等,和空间有关,如"界标""教育界"等。"应界毕业生"说不通。

76. 藉(借)此机会

"藉",形符为"草(艹)",本义为放置祭品或礼品的草垫,犹今之杯托、碗垫等物。"藉"是用来衬垫物品的,由此引申出依托、凭借之义,如"藉此""藉口";有所依托便会感到心安,所以后来"藉"又有了安慰、抚慰等含义,如"慰藉"。

"借"的本义是暂时使用别人的财物或暂时把财物给别人使用,即借入或借出。由于"藉"笔画繁多,为了书写便捷,《简化字总表》将表示依托、凭借义的"藉"用同音字"借"来代替,《通用规范汉字表》一仍旧贯。也就是说,在此意义上,"藉"是"借"的繁体字。"藉此""藉口"中的"藉"是凭借的意思,应当写作"借此""借口"。

"藉"的部分意义被转移到"借",但表示其他意义如衬垫、安慰等时不简化,如"狼藉(jí)""枕藉(jiè)""慰藉(jiè)"等。

77. 一诺千斤(金)

"一诺千金"是说一句诺言比千金还贵重,形容说话极有信用。语本《史记·季布栾布列传》:"得黄金百,不如得季布一诺。""千金"是把"黄金百"换一种说法,极言"一诺"的价值,而不是强调"一诺"的重量,故不能用"斤"。

78. 禁(噤)若寒蝉

蝉在夏季长鸣不已,至深秋则逐渐死去。古人以为蝉到寒天便不能发声,因此用"寒蝉"来嘲讽那些不敢说话的人,相关成语有"噤若寒蝉""寒蝉僵鸟""寒蝉仗马"等等。"噤"读 jìn,是一个形声字,从口禁声,义为闭口不说话。"噤若寒蝉"形容人因为害怕而不敢作声,含有贬损的意味。

"禁"是一个多音字:①读 jìn,表示禁忌、禁止等;②读 jīn,义为承受、忍受。"禁若寒蝉"无疑是讲不通的。

79. 杀一敬(儆)百

"杀一儆百"也作"杀一警百",指杀一个人来警戒许多人。"儆"和"警"都读 jǐng,都指"警告"。"敬"读 jìng,有"尊敬""恭敬"的意思,但与"警戒"毫无关系。

80. 不径(胫)而走

"不胫而走"是说没有腿却能跑,形容传播迅速。"胫"是小腿,代表"走"的行为主体,路径的"径"不能充当这个主体。

81. 迥(迴)然不同

"迥",本义是远,引申指相差很远。"迴"是"来回"的"回"的繁体字。

82. 关关雎(睢)鸠

"关关雎鸠"是《诗经》首篇《关雎》的第一句。"雎鸠"是一种水鸟。"雎"读jū,是一个形声字,"隹"(音 zhuī,象形字,本义为短尾鸟)为形符,"且"(一音jū)为声符。

"雎"很容易误写成目字旁的"睢"。"睢"有两个读音:huī 和 suī。它也是一个形声字,但"隹"为声符,"目"为形符,其本义是张目仰视的样子,与水鸟毫无关系。

83. 巨(剧)烈震荡

"剧"的繁体作"劇",本是"勮"字的误写。"勮"的左边写作"豦",上面是老虎,下面是野猪——老虎和野猪都是凶猛的野兽,厮杀起来必定猛烈。"剧"强调的是强度;而"巨"强调的是规模,汉语中没有"巨烈"的说法。

84. 决(诀)窍

诀,也说作"口诀",指用事物的主要内容编成的顺口的便于记忆的词句;引申指高明的方法、关键性的方法,如"秘诀""诀窍"。"决"字在古籍中多作"决",从水,本义是河海、湖泊等决口、溃堤。汉语里没有"决窍"这一说法。

85. 峻(竣)工

"竣"指事毕。《玉篇·立部》:"竣,止也。"《正字通·立部》:"竣,事毕也。""竣工"指工程完工,动宾结构。

"峻"指山势陡峭,形容词,不能与"工"构成动宾关系。

86. 不落巢(窠)臼

"窠"读 kē,指鸟类穴居之处。《说文》:"窠,空也。穴中曰窠,树上曰巢。"

引申为洞穴、坑。"窠臼"即门臼,旧式门上承受转轴的臼形小坑,比喻旧格式、老套子。"不落窠臼"比喻文章或艺术品风格独创,不落俗套。

"巢"读 cháo,专指动物在树上所做的窝,没有"不落巢臼"的说法。

87. 引亢(吭)高歌

"吭"是一个多音字:读 kēng 时作动词用,意思是出声,如"一声不吭";读 háng 时作名词用,泛指喉咙、咽喉。"引吭"是一个动宾短语,意思是拉开嗓子;"引吭高歌"即放声歌唱。

"亢"读 kàng,在现代汉语中的常用义项有三个:①高,如"高亢";②高傲,如"不卑不亢";③极度、过度,如"亢奋"。可见,"引亢高歌"是说不通的。

88. 烩(脍)炙人口

"脍"读 kuài,形声字,从月(肉),指细切的鱼肉。"炙",会意字,指把肉拿到火上烤,也指烤好的肉。"脍炙人口"本指美味人人爱吃,后比喻美好的诗文或事物人人称赞。

"烩"读 huì,是一种烹调方法。没有"烩炙人口"的说法。

89. 不亏(愧)为人民公仆

"愧",惭愧;"不愧为"就是当之无愧,称得起。

"亏",亏损、缺少;"不亏"与心理情绪无关。

90. 打腊(蜡)

"蜡"从虫,本指动植物或矿物所产生的油质,常用来做蜡烛或防水剂。"打蜡"就是使"蜡"附着在物体表层,起到光滑、防水的作用。不能写作"腊肉"的"腊"。

注意,"蜡梅""腊梅"两种写法都有,而前者是《现代汉语词典》的推荐词形。"蜡梅"指梅花的颜色与蜡一样,呈淡黄色。李时珍《本草纲目·木三·蜡梅》:"此物本非梅类,因其与梅同时,香又相近,色似蜜蜡,故得此名。"

91. 腊(蜡)黄

"蜡黄",是说一个人的脸色黄得像蜡。先民最早发现并使用的蜡是虫类所产的蜡,故"蜡"从虫。

古代在农历十二月合祭众神,叫做"腊",因此农历十二月叫"腊月"。祭祖时要用肉,故"腊"从月(肉)。"腊黄"讲不通。

92. 死皮癞(赖)脸

"死皮赖脸"形容不顾羞耻,一味纠缠。其中,"赖"指耍赖,不讲道理。"赖脸"犹赖皮或耍赖皮,用来形容刁钻撒泼、蛮横无耻。

"癞"指恶疮、顽癣。"癞皮"指身患顽癣,毛秃皮厚,如"癞皮狗"。

总之,"赖"指品行不好,"癞"指皮肤病变。

93. 发楞(愣)

"愣"是竖心旁,指一种精神状态——失神、发呆,或者鲁莽、冒失,如"愣神儿""愣怔""二愣子""愣头愣脑"。

"楞"是木字旁,指物体的棱角或突起的部分,如"瓦楞""木楞"。"发愣"是一种精神状态,故用"愣"。

94. 鼎立(力)相助

"鼎"是古代一种器皿,是炊器、盛器,也是宗庙的礼器和墓葬的明器。相传夏禹铸九鼎,历商至周,为传国重器。后指代国家政权和帝位。"鼎力"指非常重要的力量、大力,是对人有所请托时表示感谢的敬词。"鼎力相助"就是请对方大力相助。其中"鼎力"不能写成"鼎立"。

"鼎立"是指三方并立,因为鼎一般是两耳三足,所以有"鼎足三分"的说法。

95. 变本加利(厉)

"变本加厉"的意思是,情况变得比原先严重(含贬义)。这里的"厉",指的是程度加深。另外,要注意"厉害"与"利害"的区别。"利害",指有利的一面和有害的一面;而"厉害"义为猛烈、剧烈,如"物价涨得厉害";或者指非常严厉、难于对付,如"这个教练太厉害,学员们都不喜欢她"。

96. 再接再励(厉)

"接",交战。"厉",通"砺",磨快。成语原来的词形是"再接再砺",典出韩愈《斗鸡联句》引孟郊诗:"一喷一醒然,再接再砺乃。"意为公鸡相斗,每次交战前都要把嘴磨利,后用来比喻继续努力,坚持不懈。"励"指劝勉、鼓励,不宜写作"再接再励"。《第一批异形词整理表》把"再接再厉"作为推荐词形。

97. 黄梁(粱)美梦

"黄粱美梦"是唐朝沈既济《枕中记》中记述的一个故事。有个卢生,在邯郸旅店中遇见一个道士吕翁,卢生自叹穷困。道士借给他一个枕头,要他枕着睡觉。这时店家正煮小米饭。卢生在梦中享尽了一生荣华富贵,一觉醒来,小米饭还没有熟。介绍南宋都城临安(今浙江杭州)城市风貌的著作《梦粱录》,书名就出自这个典故。后用"黄粱美梦"比喻美好的愿望没有实现,完全落空。其中,"粱"从"米",即粟,通称"谷子",去壳后叫"小米"。

"梁"从"水(氵)",从"木",指水上木,也就是桥。"粱"与"梁"不是一回事。

98. 老俩(两)口

"俩"在"伎俩"中读 liǎng。作数量词读 liǎ("两个"的合音),意思是两个,如"哥俩";也指为数不多的几个,如"就那俩钱"。

"两"是一个数词,后面可以有量词,如"两扇门";而"俩"的后面则不用量词,"老俩口"语义重复。

99. 缭(潦)草

"潦"的左边是"水(氵)",本义是雨大造成积水。积水泛滥时不择地而流,故后借用来指称字迹不工整。"潦草"容易错成"缭草"。

"缭"的左边是一个"丝(纟)",本义指丝缠绕在一起,词语有"缭乱""缭绕"等。汉语中没有"缭草"的说法。

100. 了(瞭)望

"瞭"有两个读音。读 liǎo 时,本指眼珠明亮,引申为清楚、明白,如"瞭如指掌""瞭然于胸""瞭解",现简化成"了"。读 liào 时,指远望,如"瞭哨""瞭望台",不简化。

101. 大桥合拢(龙)

"合龙"是全国科学技术名词审定委员会审定的规范术语,仅用于桥梁、堤坝等工程。修筑桥梁、堤坝或围堰时,都从两端开始施工,最后在中间对接。在中国古代传说中,龙掌水,可镇水患,因此桥梁等建筑中间的对接口被形象地称为"龙口"或"龙门",在龙口对接叫作"合龙"或"合龙门"。

"合拢"则是一个普通词语,不是建筑学上的一个科学术语,使用范围较广,泛指各种事物合到一起,如"双眼合拢""队伍合拢到一起"等等。

102. 杀戮(戳)

"戮"读 lù,从"戈",意思是杀。"杀戮"是同义复词,意思即屠杀、杀害。

"戳"读 chuō,也从"戈",意思是用物体尖端触刺,引申为指责,如"戳脊梁骨";作名词用,指图章、印记,如"签字盖戳"。"杀戳"不成话。

103. 痉挛(孪)

"挛"指手脚蜷曲不能伸展。"痉挛"是一种病症:肌肉紧张,不由自主地收缩,多由中枢神经系统受刺激引起。

"孪"从子,指一胎双生。汉语中没有"痉孪"的说法。

104. 美仑(轮)美奂

"美轮美奂"形容屋宇高大众多。语出《礼记·檀弓下》。晋国献文子盖了一所房子,晋国大夫张老观看后不由地赞叹:"美哉轮焉!美哉奂焉!"其中的"轮"言其高大;"奂",通"焕",华美的意思。而"仑"指伦次、条理,没有"高大"之类的意思。

105. 罗(啰)唆

"啰"读 luō,本义指小儿语。小儿多无意识,说话重复交叉,故"啰"有喋喋不休的意思。"啰唆"通常指言语琐碎,也指事情麻烦。

"罗"读 luó,指捕鸟的网;引申为张网捕鸟,如"门可罗雀";又引申为陈列,如"罗列""星罗棋布"。"罗"没有喋喋不休之类的意思。

106. 频律(率)

"率"(lǜ)是一个数值,是比例,如"税率""出勤率"等。"频率",原指物体每秒钟振动的次数,后指单位时间内某种事情发生的次数。

"律"是一种法则、规律,如"历史周期律"。因此,"频率"不能写成"频律"。

107. 蛛丝蚂(马)迹

"蛛丝马迹"指蜘蛛的细丝、马蹄的痕迹。比喻隐约可寻的线索和依稀可辨的痕迹。马四肢强健,蹄下往往有印迹。如果写成蚂蚁的"蚂",则叫人难以理解。何况,"蚂蚁"单称不是"蚂",而是"蚁"。

108. 名列前矛(茅)

古代的军队在行军的时候,会派前哨侦察敌情,如果发现敌情,就以茅草为旗,高举示警,让后边的大部队知道。因此,先头部队称为"前茅"。"名列前茅"即排名在前面。

"矛"指古代的一种兵器,无关前后排序。

109. 笑咪咪(眯眯)

"眯"从"目",意思是眼皮微合,如"眯眼"。"笑眯眯"一词用来形容人微笑时上下眼皮稍稍合拢的样子。"咪"从"口",用来模拟猫叫声或唤猫声,通常叠用,如"小猫咪咪叫"。从字义来看,"笑眯眯"的写法无疑更为合理。

110. 风靡(糜)一时/萎靡(糜)不振

"靡"(mǐ)字的下面是"非","非"的六个小横,在古文字中的写法是向下垂着的,指草木倒伏下垂。"靡"的本义就是草木分散下垂、倒下的样子。"风靡"指风吹倒草木,引申指流行;"披靡"指草木顺风倒下,引申指打仗溃败。"萎靡不振"意思是衰颓而不振作,形容意志消沉。其中,"萎"指枯萎,"靡"指倒下、下垂。

"糜"(mí)字下面是"米",本指煮得稀烂的米粥,引申出糜烂的意思。"糜"不用来指下垂,也不指人的精神状态。

111. 汨(汩)罗江

汨罗江,水名,相传屈原自沉于此。"汨"读 mì。《说文》解释说此字"从水,冥省声",就是说,它形符为"水(氵)",声符为"冥"的减省,即"冥"字的中间部分。"冥"的本义是光线昏暗,故而从日。由此可以判断,"汨"的右边为"日(rì)",而不是"曰(yuē)"。如果写作"曰",那就变成了另外一个字——"汩"。

"汩"有两个读音:一音 yù,义为疾行的样子;又音 gǔ,常叠用为"汩汩",形容水流动的样子或声音。

112. 夏丏(丐)尊

"丏"和"丐"形似,但读音、字义完全不同。"丏"音 miǎn,义为遮蔽;"丐"读 gài,义为乞求或乞讨者。夏丏尊,现代著名文学家、教育家。原名铸,字勉旃(音 zhān)。1912 年,社会上盛传要进行普选,夏先生不愿当选,便改名"丏尊",以代替读音相近的"勉旃",有意让选举人将"丏"误写为"丐"而致选票作废。后来虽然并未真的实行普选,但他的名字却就此改了过来。

"丏"使用频率极低,又与"丐"形似,书写或编校时必须慎之又慎。

113. 沉缅(湎)

"湎"从"水(氵)",本指沉迷于酒。《书·酒诰》:"罔敢湎于酒。"意思是不敢沉迷于酒。"沉湎"相当于沉溺,多指嗜酒。《书·泰誓上》:"沉湎冒色,敢行暴虐。"孔颖达疏:"人被酒困,若沉于水,酒变其色,湎然齐同,故沉湎为嗜酒之状。"后来范围有所扩大,相当于沉浸。

"缅"从"丝(纟)",本指细丝。《说文·糸部》:"缅,微丝也。"由细微的丝引申为遥远、久远。"沉缅"不成话。

114. 名(明)信片

"明信片"是不需要信封的写信用的硬纸片。"明"是公开、不隐蔽的意思,与"暗"相对。写成"名信片",则无从索解。

115. 体育名(明)星

英语中称有名的演员、艺术家等为 star(星星)。如此称呼,是因为他们就像天上明亮的星星,受人瞩目。"明星"不能写成"名星"。

116. 默(墨)守成规

"墨"指战国时思想家墨翟。墨翟善于守城,世人谓之"墨守"。后用"墨守成规"来比喻因循守旧,不思改进。墨子的"墨"不能写成"默写"的"默",现成的"成"一般也不写成"陈旧"的"陈"。

117. 大姆(拇)指

"拇"从"扌(手)",指手的第一个指头,也指脚的第一个指头。"姆"从"女",指古代以妇道教女子的女教师。《礼记·士昏礼》郑玄注:"妇人五十无子,出而不复嫁,能以妇道教人者,若今时乳母矣。"今天的保姆主要从事家务劳动,与古代姆师的职能不尽相同。

118. 无可耐(奈)何

"奈何",如何、怎么办;"无可奈何"指没有办法,只有这样了。项羽曾在垓下悲歌:"力拔山兮气盖世,时不利兮骓不逝。骓不逝兮可奈何,虞兮虞兮奈若何!"其中"奈若何"就是"拿你怎么办"。

"耐"指忍受、忍耐,又引申指经得起等。在现代汉语中,"无可奈何"不能写成"无可耐何"。

119. 沤(呕)心沥血

"呕"读 ǒu,从"口","吐"的意思。"呕心沥血"意思是差点吐出心,滴出血,多形容在文艺创作方面费尽心思。李商隐《李贺小传》:"(李贺)背一破锦囊,遇有所得,即书投囊中。及暮归,太夫人使婢受囊出之,见所书多,辄曰:'是儿要当呕出心始已耳。'"

"沤"从"氵",通常读 òu,义为"久渍也",即长时间浸泡,如"沤麻""沤粪""沤肥"等。

还要注意"怄气""讴歌"的正确写法。"怄"从"心(忄)",指一种心理活动;"讴"从"言(讠)",指用歌唱、言辞赞美颂扬。

120. 涅磐(槃)

"磐"与"槃"都读 pán。"磐"从"石",本义为迂回层叠的山石、巨石,如成语"安如磐石"。"槃"从"木",原本是"盘"的异体字,本义为承盘、承水盘。在汉字简化的过程中,"盘"取代"盤"成为标准字形,"盤"遭淘汰;而"槃"也成为冷僻字,通常被用作梵语音译词"涅槃"之"槃"的书写符号。

121. 陪(赔)礼道歉

"赔",指补偿损失。既可以是补偿物质损失,如"赔偿""赔款""赔了夫人又折兵";也可以是补偿精神损失,如"赔笑""赔罪""赔不是"。"赔礼"指向人施礼认错,是一种精神补偿。

"陪"指伴随,如"陪伴""陪客人"等。汉语中没有"陪礼"的说法。

122. 批(披)露

"披",分开、裂开,引申指公布、表露,如"披露军情"。"批",用手掌打,又有刮的意思,常用词如"批评"等。

123. 浮想联篇(翩)

"翩"右半边是"羽",本义是疾飞的样子;"联翩",鸟飞翔时的一种姿态,比喻连续而迅疾。"浮想联翩",就是指头脑里许许多多的想象不断涌现出来。

"篇",指诗歌等文字作品。"浮想联翩"不能写成"浮想联篇"。

124. 凭(平)添

"平"是平白无故、凭空的意思。"平添"有两个意思:一是自然而然地增添,二是无缘无故地增添。"凭"没有这类意思,所以不能将"平添"写成"凭添"。

注意:"平心而论""平白无故"的"平",也不能写成"凭"。

125. 扑(铺)天盖地

"铺"指摊在下,"盖"指遮在上。"铺天盖地"是夸张的说法,指上下都有,到处都是,形容来势猛烈。

"扑"指用手击打,引申出大力前冲,如"扑救"。写作"扑天盖地",则匪夷所思。注意:"前仆后继"的"仆",本义是倒下,引申为牺牲,也不能写作"扑"。

126. 出奇(其)不意

"出其不意"源自《孙子·计篇》:"攻其无备,出其不意。"本来是说出兵攻击对方不防备的地方,后泛指行动出乎人的意料。"其"是代词,代对方,不是指"奇兵"或"奇策"。

127. 莫名奇(其)妙

"莫名其妙"现在也写成"莫明其妙",形容事情的稀奇古怪,让人难以理解。"其妙"指其中的奥妙。

128. 神祇(祗)

"祇、祗"二字仅"一点"之差,但读音与字义相去甚远。"祗"读 zhī,义为恭敬,如"祗仰""祗候"。

"祇"读 qí,也读 zhǐ;读 qí 时义为地神。中国古代将神鬼分为天神、地祇和人鬼三个系统。所谓"神祇"是天神与地祇的合称,有时也泛指各种神灵。"祇"和"祗"字形相似,二字经常混用。

129. 水蒸汽(气)

水蒸气是蒸气中的一种。"汽"从水,特指水蒸气。词语"水蒸气"中点明了"水",那就不该再用"汽"字了。

130. 修茸(葺)

"葺"读 qì,意思是用茅草覆盖房屋。《左传·襄公三十一年》:"缮完葺墙,以待宾客。"孔颖达疏:"葺墙,谓草覆墙也。""修""葺"都是动词,同义并列。

"茸"读 róng,指草刚刚长出时纤细柔软的样子,如"茸毛""毛茸茸"。"鹿茸"指雄鹿的嫩角,还没有长成硬骨,带茸毛,含血液,是一种贵重的中药。

131. 箍(钳)制

"钳"读 qián,本义为古代束颈的刑具,后引申出"限制、约束"等含义;"钳制"指用强力限制,使不能自由行动,如"钳制思想""钳制敌人兵力"等等。

"箍"读 gū,本义为用竹篾、金属条等将器物束紧,后泛指围束、缠绕,如"箍桶""箍圈"。汉语中没有"箍制"一词。将"钳制"误写作"箍制",可能是由于"箍"与"钳"的异体"拑"字形相似。

132. 欠(歉)收

"歉",指庄稼收成不好,和丰收相对。有"以丰补歉"的说法。"欠"指借别人的财物没有还,或应当给人的事物还没有给,如"拖欠"。

133. 亲(青)睐

"睐"是向旁边看,也指向远处看。"青"在古代表示黑色,《书·禹贡》:"厥土青黎。"孔颖达疏引王肃曰:"青,黑色。"李白《梦游天姥吟留别》诗:"云青青兮欲雨。"下雨之前的云是乌云,也就是黑云。"青睐"与"白眼"相对,指用黑眼珠看人,比喻喜爱或重视。"竹林七贤"之一阮籍对不喜欢的人翻白眼,对喜欢的人则以青眼待之。后世遂以"青白眼"来表示爱憎。"青睐"不是"亲自"或"亲切"的意思,不用"亲"。

134. 倾(顷)刻

"顷"即"少顷","刻"即"片刻";"顷刻"表示极短的时间,相当于"一会儿"。"倾"是歪、斜的意思,"倾刻"说不通。

135. 罄(磬)竹难书

"罄"从"缶(瓦罐)",指器中空,引申为竭、尽。古人曾用竹片作书写材料。"罄竹难书"指犯罪事实极多,即使把竹片写完也难以写尽。

"磬"从"石",是古代打击乐器,状如曲尺,用玉、石或金属制成,悬挂于架上,击之则鸣。《说文》释之为"乐石"。

136. 手(首)屈一指

"首屈一指"表示弯下手指头计数时,首先弯下大拇指,表示第一的意思。"首"突出的是首先,写成"手"就错了。"首""手"同音,一些含有这两个字的成语常容易写错。要注意"额手相庆""痛心疾首"的正确写法。

137. 入场卷(券)

"券"读 quàn,意思是契据,古代用竹木等刻成,分为两半,契约双方各执其一,合以征信,后世多以纸为之。《战国策·齐策四》写冯谖为孟尝君收买人心,他来到薛地,召集起那些欠孟尝君债的人,将债券全部焚毁。"驱而之薛,使吏召诸民当偿者,悉来合券。"鲍彪注:"凡券,取者、与者各收一。"后来的"券"只是一种凭证,取者、与者未必各执其一。"入场券"指进入某些活动场所的凭证,也比喻参加某项赛事或活动的资格。

"卷"读 juǎn 或 juàn,指把物弯转成圆筒形,或指可以卷成圆筒状的物品,如"卷轴""卷帙"。

138. 上、下阕(阙)

"阙"和"阕"都读 què,但形、义不同。"阙",从门厥声,《说文》的解释是"门观",即古代宫殿、祠庙或陵墓前的建筑物,通常左右各一,中间有道路,台上起楼观。"阙"与"词曲"风马牛不相及。

"阕",从门癸声,按《说文》的注解是"事已,闭门也",即祭事结束而闭门。后由此引申出"终了、止息"之义。这样,"阕"和词曲便发生了关联,指曲终。一首词叫"一阕",前一段称"上阕",后一段叫"下阕"。

139. 声名雀(鹊)起

喜鹊的翅膀有力,一飞冲天,故有"声名鹊起"的说法。类似的还有:喜鹊善于做窝——"鹊巢鸠占";麻雀翅膀短小,飞得不高,常在场前屋后跳跃觅食——"门可罗雀";麻雀叽叽喳喳,喧闹不止,一旦静下来——"鸦雀无声"。

140. 水乳交溶(融)

"水乳交融"的"融",不是分解,而是融合。"融"除了用于消融、金融外,还有一个意思,就是几种不同的东西合为一体。比如"水乳交融",是说像水和乳的混合一样融洽无间,以此表达关系非常协调。"水"和"乳"都是液体,无所谓"溶"的问题。

141. 杂揉(糅)

"糅"读 róu,从"米",本义为杂饭,后引申出混杂、混合之义;"杂"也有混合、掺杂的意思。因此"杂糅"是两个同义语素构成的并列式合成词,表示不同的事物混杂在一起,如"古今杂糅""句式杂糅"等。

"揉"也读 róu,从"扌(手)",本义为使木条弯曲,后引申为用手来回擦、搓,也指用手反复推压搓弄东西,使之变软或成球形,如"揉眼睛""揉面""把泥揉成小球"。"揉"和"糅"都是动词,但前者表示具体的手部动作,后者强调"混杂"。

142. 喏(偌)大年纪

"偌"读 ruò,指示代词,相当于"如此、这么",多见于早期白话;"偌大年纪"即这么大年纪。

"喏"有两个读音:一音 ruò,叹词,表示让人注意自己所指示的事物,如"喏,就是这本书";又音 rě,指古人作揖致敬时口中发出的声音,如"唱喏"。"喏"与"偌"这两个字貌合神离,使用时要格外注意。

143. 垂头伤(丧)气

"丧"有失去的意思,如"丧家之犬""丧权辱国"。"垂头",耷拉着脑袋;"丧气",失去了平时的气势。"垂头丧气"是对情绪低落的一种描绘。

144. 搔(瘙)痒病

"瘙"读 sào,古代指疥疮。瘙痒病是一种皮肤病,仅有瘙痒感觉而无原发性病变,有全身性和局部性两种。其特点为不同程度的阵发性瘙痒,严重时往往影响睡眠。若能坚持避免搔抓,用肥皂洗,并且忌酒,忌辛辣食物,病可自愈。

"搔"读 sāo,动词,用指甲等轻挠。搔痒者不一定患"瘙痒病"。

145. 稍(少)安毋躁

"少安毋躁"("少"读 shǎo),最早见于唐朝韩愈《答吕翳山人书》:"方将坐足下三浴而三熏之,听仆之所为,少安无("无"通"毋")躁。""少安"一词则出现更早,如《左传·襄公七年》:"吾子其少安。"这里的"少"是一个副词,表示时间短,可译作"一会儿""暂且","少安"即"等待一会儿"或"暂且忍耐一下"。又如姜夔的《扬州慢·淮左名都》中有一句"解鞍少驻初程","少驻"即停留一会儿,这个"少"也是时间短的意思。

再来看"稍"。"稍"本义为禾苗末梢,后引申出"小""渐渐""略微"之义。在现代汉语中,副词"稍"的词义有所扩大,除了表示"程度轻"之外,有时也可以表示"时间短",如"稍息""稍候""稍等"。不过,为了让成语这一"语言的活化石"更好地保存下来,《辞海》《现代汉语词典》等工具书仍然沿用了"少安毋躁"的写法。写成"稍安毋躁"是不规范的。

146. 威摄(慑)

"慑"与"摄"都读 shè,但意义完全不同。"慑"从"忄(心)",与心理活动有关,义为恐惧、害怕,如"慑服""慑惮"。"威慑"即用武力或声势使对方感到恐惧;"慑"可理解为"使……害怕",这是文言文中常见的动词的使动用法。

"摄"从"手(扌)",与手部动作有关,有牵曳、执持、抓捕、吸取等诸多义项,如"摄取""摄食""摄像"等。在现代汉语中,"威慑"不写作"威摄"。

147. 谈笑风声(生)

"谈笑风生"形容说话时有说有笑,兴致勃勃而有风趣。"谈笑"是因,"风生"是果。其中,"风生"是主谓关系,"风"比喻兴致、趣味。将"风生"写成"风声",整个成语令人费解。

148. 深刻地反醒(省)

"省"有检查的意思,词语如"反省"(检查自己)、"省察"、"三省吾身"。"省"还表示知觉、觉悟的意思,如"省悟""发人深省"。"省"强调的是自身的觉悟。"反省",就是省察自己过去言行的是非好坏。没有"反醒"的说法。

注意:"省悟"强调省察思考的过程;"醒悟"强调清醒的结果,且有如梦初醒的形象色彩。

149. 寻人启示(事)

"启事"义为公开声明某事的文字,多刊登出来。启事属于一种实用文体,比如"招聘启事""征文启事""寻物启事"。

"启示"义为启发指示,使人有所领悟。其中的"启"为启发,"示"为提示。

150. 人情事(世)故

"人情世故"指为人处世的道理。"人情"指人的感情,还指人与人之间交际往来、相互应酬的习俗。"世故",指世事变乱、世俗人情、处世圆滑而富有经验等。《红楼梦》第五回《游幻境指迷十二钗　饮仙醪曲演红楼梦》:"世事洞明皆学问,人情练达即文章。"这说明,懂得人情世故极为重要。

"事故"指意外的灾祸或损失,与"人情"无法并举。

151. 试(拭)目以待

"拭",本义就是擦,如"拂拭"。"拭目以待"是擦亮眼睛等待,形容对事情的发展密切关注。"拭"不能写作"考试"的"试"。

152. 额首(手)称庆

"额"指额头,眉毛以上头发以下的部分。以手加额,是人们在表示庆幸时的一种常见动作。

153. 黄叶唰唰(喇喇)地响

"唰"从口,刷声。"唰唰"是象声词,形容迅速擦过去的声音,如:"唰唰地下起雨来了。"

"涮"读 shuàn,用水摇动或放在水里甩动使干净,比如"涮水壶"。后来,把生的肉片放在开水里略烫一下就取出来蘸作料吃,也叫"涮",如"涮羊肉""涮锅子"。

154. 雾淞(凇)

冬季,我国北方寒冷地区有时会出现"寒江雪柳,玉树琼花"的雾凇奇观。雾凇是寒冷季节雾气冻结在树枝上或电线上而形成的白色松散冰晶。需要注意的是,雾凇的"凇"左边是两点水,即"冫"。"冫"在小篆中写作"仌",是"冰"的古字,《说文》的注解是:"仌,冻也。象水凝之形。"凡部首为"冫"的字,字义大多与寒冷、冰雪有关,如"淞""凉""凝""凛""冽"等。

"淞"与"淞"这两个字特别容易混淆。"淞"的左边是三点水,即"氵",本义为水名,即吴淞江,发源于江苏,东流至上海,入黄浦江。"雾凇"被错写成"雾淞",可谓一点之差,谬以千里。

155. 沧海一栗(粟)

"粟",指谷子,一年生草本植物,子实为圆形或椭圆小粒。北方通称"谷子",去皮后称"小米"。"沧海一粟",意为大海里的一颗谷粒,比喻极其渺小。"粟"不能写作"板栗"的"栗"。

156. 追朔(溯)

"溯"读 sù,指逆水而上。"追溯"本义是逆流而上,走向江河源头。比喻向前推算,探索事物的由来,如"追本溯源"。

"朔"读 shuò,名词,指月相。农历每月初一,月色"始苏",由暗转明,因称初一为朔日。"追朔"不成词。

157. 鬼鬼崇崇(祟祟)

"祟"读 suì,从"出"从"示"。"示"与鬼神有关,"祟"指鬼神出来祸害人。"鬼鬼祟祟"形容行为诡秘,不光明正大。

"崇"读 chóng,从"山","宗"声,指山高。"鬼鬼崇崇"让人不知所云。

158. 破啼(涕)为笑

"破",破裂,引申指停止、止住。先秦时期,"涕"指眼泪,如"长太息以掩涕兮,哀民生之多艰";后来出现了"泪",两字就同义并用了。"破涕为笑",止住流泪,不再哭泣,脸上露出笑容,形容转悲为喜。"涕"与"啼哭"的"啼"不是一回事。

159. 搏(抟)土造人

某篇文章在描述女娲造人的传说时,将"抟土造人"误写作"搏土造人"。"抟"读 tuán,意思是把东西捏聚成球形。在神话传说中,女娲将黄土揉成团,按自己的模样捏塑成形,遂有了人类。"抟"的繁体为"摶",与"搏"十分形似,因此很容易混淆。

"搏"读 bó,义为搏斗、对打。"搏土造人"于理无据,也难解其意。

160. 婉(惋)惜

"惋"和"惜"左半边都是竖心旁,都有"哀伤痛惜"的意思。"惋惜",同情、可惜。

"婉"左半边是"女",本指"柔顺";后引申指"曲折",如"婉言相劝"等。"惋惜"不写作"婉惜"。

161. 流连往(忘)返

"流连"是联绵词,指迷于游乐而忘记归去。"往返",来回、反复。"流连往返"不合情理。

162. 趋之若鹜(骛)

"鹜"从"鸟",原先指家鸭。晋以后也指野鸭。《禽经》:"水鹜泽则群,扰则逐。"张华注:"鹜,野鸭也。"野鸭喜欢成群结队、互相追逐。"趋之若鹜"指像鸭子一样成群地跑过去,比喻许多人争相追逐,含有贬义。

"骛"从"马",动词,指马疾速行进,引申为追求。"趋之若骛"说不通。

163. 迁徙(徒)

"徙"读 xǐ,迁移、移居,与"迁"是同义词。

"徒"读 tú,本指步行:舍车而徒。引申为空的:徒手。"徒"还指徒弟、学生、同一类人等,都不能与"迁"组合成词。

164. 洁白无暇（瑕）

"瑕"从"玉"，指玉上的斑点或裂痕。《史记·廉颇蔺相如列传》："璧有瑕，请指示王。""瑕不掩瑜"比喻缺点掩盖不了优点。"洁白无瑕"比喻非常完美，没有任何瑕疵。

"暇"从"日"，指空闲、闲暇。"洁白无暇"不成话。

165. 安祥（详）

"详"，本义是审议、审理，引申指"周详""详细""安详"等意思。"安详"不可写作"安祥"。

166. 九宵（霄）

"霄"从雨，本义是霰，引申指云气、高空。"九霄"指天之极高处。道家认为九霄是仙人居住之处，李白《明堂赋》："比乎崑山之天柱，蠹九霄而垂云。"王琦注："按道书，九霄之名，谓赤霄、碧霄、青霄、绛霄、黅（jīn，黄色）霄、紫霄、练霄、玄霄、缙霄也。一说以神霄、青霄、碧霄、丹霄、景霄、玉霄、琅霄、紫霄、火霄为九霄。"

"宵"，《说文》："夜也，从宀，宀下冥也，肖声。""宵"指室内光线变得昏暗，引申指夜，如"元宵""春宵""通宵""宵衣旰食"等。

167. 如影随行（形）

将"如影随形"写作"如影随行"，主要是因为对这一成语的含义不了解而造成的。"如影随形"的意思是，像影子总是跟着身体一样，比喻两个人或两种事物关系密切。"形"指形体、身体；"影"指影子、影像。这是一对意义相关的语素，由它们构成的成语除了"如影随形"之外，还有"形影不离""形影相吊""形单影只""形销影灭"等。"如影随行"是一个生造词。

168. 提高休(修)养

"修养",指一个人思想、学识或技能方面的水平,或者待人处世的态度和境界;"休养",指休息调养。

169. 必须(需)品

"必须"是副词,强调在某一方面非做不可;"必需"是动词,强调"一定得有",即某些东西少了不行。"必需品"是生活上必不可少的物品。"必须品"在语法上说不通。

170. 渲(宣)泄

"宣"读 xuān,有疏通、疏导的意思。"宣泄"有排水的意思,还指疏散积郁,情绪从内向外发泄。"渲"读 xuàn,指渲染,是国画技法的一种。

171. 寒喧(暄)

"暄"从"日",意思是温暖,"寒"的反义词。"寒暄"指问寒问暖,见面时谈天气冷暖的应酬话。

"喧"从"口",意思是嘈杂吵闹,如"大声喧哗"。"寒喧"不成词。

172. 报仇血(雪)恨

雪是洁白的。一个人蒙受耻辱就好像被玷污了一样,除去这些污点,恢复像以前一样的洁白,这就是"雪恨""雪耻""雪冤"。

173. 沿(延)伸

"延"和"沿"读音相同,但词义有别。"延"是引长、伸展的意思,"延年益寿"是时间上的伸展,"绵延万里"是空间上的伸展,"延"就是"伸","伸"就是"延","延伸"是两个同义语素构成的词。

"沿"是三点水旁,本义是顺着水流方向而行,后来也不限于水,沿着山脚、沿着小路都行,而且词义虚化,有了因袭和依照的意思。但"延伸"只能写作"延伸",不能写作"沿伸"。

174. 膺(赝)品

"赝品"指伪造的文物或艺术品。"赝"读 yàn,意思是伪造的、假的。"膺"读 yīng,作名词时指胸,如"义愤填膺";作动词时指承受、承当,如"荣膺勋章"。

175. 暴露无疑(遗)

"遗",遗漏、遗忘。"暴露无遗",完全显露出来,没有一点遗漏。"无遗"不是"无疑"。

176. 不能自己(已)

"已"读 yǐ,动词,意思是止。"自已"即自止,抑制或约束自己。
"己"读 jǐ,"自己"是代词,"不能自己"不成话。

177. 亦(抑)或

"抑"是一个表示选择关系的文言连词,如《论语·学而》:"求之与,抑与之与?"意思是"是他自己求得的呢,还是人家主动给他的呢?""或"也可以表示选择,如《红楼梦》第四回:"每日或饭后,或晚间,薛姨妈便过来,或与贾母闲谈,或与王夫人相聚。"起初,"抑"与"或"表示选择关系是分别单独使用的,因二者义近,所以逐渐凝结成一个同义复词"抑或",相当于"或者是""还是",如刘鹗《〈老残游记续集〉自序》:"人生果如梦乎?抑或蒙叟之寓言乎?吾不能知。"如今"抑或"已被收入权威工具书,成为一个具有书面语色彩的选择连词。汉语中没有"亦或"的说法。

178. 心心相映(印)

"心心相印"是一句佛家语。在佛教典籍中有一句:"心心相印,印印相契。"心和心印在一起,没有一点差异,说明双方的思想和情感完全一致。"心心相印"说的不是两颗心互相辉映,因此不应用"映"字。

另外,"印证"也不能写成"映证"。

179. 滥芋(竽)充数

"滥",失实。"竽",一种簧管乐器,读 yú。《韩非子·内储说上》:"齐宣王使人吹竽,必三百人。南郭处士请为王吹竽,宣王说之,廪食以数百人。宣王死,湣王立,好一一听之,处士逃。"因而以"滥竽充数"比喻没有真才实学的人混在行家里面充数,或比喻以次充好,有时也作自谦之辞。"芋",指山芋、芋头,读 yù。

180. 竭泽而鱼(渔)

"竭泽而渔",也作"涸泽而渔",意思是排尽池水捉鱼,比喻只图眼前利益,不作长远打算。"渔"是动词,"鱼"是名词,不可互换。

181. 源(原)动力

"原"是"源"的古字,金文字形象泉水从山崖间涌出来,本义为水源、源泉;后来这一意义被新造字"源"所代替。这一对古今字的分工在于:"原"是一个形容词性语素,表示"最初的、本来的、未加工的"等含义,如"原稿""原理""原始""原生态"等;"源"则是一个名词性语素,义为来源,如"货源""财源""震源""传染源"等。了解了"原"与"源"的区别后,我们就可以判定"原动力"这一写法是正确的,因为它是指产生动力的力即起始力,也可以表示引发事件的根本原因或初始原因,所以不能写作"源动力"。

182. 脏(赃)款

"赃款",指通过贪污、受贿或抢劫、偷窃等非法手段得来的钱。"赃"从"贝",指"非理所得"的财物。

"脏"从"月(肉)",作名词时读 zàng,如"心脏""肾脏";作形容词时读 zāng,如"脏话""脏字"。

183. 醮(蘸)水笔

"蘸"读 zhàn，指在液体、粉末或糊状的东西里沾一下就拿出来，如"蘸水钢笔""大葱蘸酱"。

"醮"读 jiào，古代结婚时用酒祭神的礼。旧时称寡妇再嫁叫"再醮"，意思是再一次行醮礼。

184. 万古常(长)青

将成语"万古长青"写成"万古常青"，大概是受"四季常青"这个词的影响。

"长"在甲骨文中为人披长发之形，以具体表抽象，义为距离大、时间久。《说文》："长，久远也。"像词语"地久天长""长年累月""长命百岁""溘然长逝"等，其中的"长"都是长久、永久的意思。

而"常"在古汉语中与"经"和"恒"义近，表示"经久不变的、恒定不变的"等含义，如"伦常"指封建社会宣扬的所谓恒久不变的人与人之间的关系准则，"常数"指固定不变的数值，"人生无常"则是感慨人生充满了变化。

由此可见，"长青"和"常青"的意义是不同的。"万古"极言时间之久远，与"长青"搭配才合适；"万古长青"比喻崇高的精神或深厚的友谊永远像春天的草木一样欣欣向荣。"四季"尽管也指时间，但跨度不大，而且含有季节交替变化之意，与恒常不变之"常"在语义上刚好形成关联；"四季常青"的意思是，无论季节如何流转变化，松柏等树木始终是郁郁苍苍的，不枯黄，不凋零。

185. 白内瘴(障)

白内障是一种多发于老年人的眼部疾病。"内障"为中医学名词，见于《太平圣惠方》《证治准绳》等古代医学典籍，是瞳孔以内眼病的总称。《证治准绳》指出，该病的症状是"有翳在黑睛内遮瞳子"。"翳"读 yì，指遮盖物；由于这种遮盖物通常是一层白色薄膜，所以后人将此病称作"白内障"。可见，白内障的"障"是遮障、遮盖之义，不能写作"瘴"。

"瘴"指瘴气，即热带或亚热带山林中的湿热空气，过去认为这种空气会引发恶性疟疾等多种疾病，因此该字以"疒(病)"为形符。

186. 蜇(蛰)伏

《说文·虫部》："蛰,藏也。"《尔雅·释诂一》："蛰,静也。"由此看来,"蛰"就是潜藏、安静一类的意思。"蛰伏"指动物冬眠,潜伏起来不食不动。

"蛰"读 zhé。"蜇"有两读:读 zhē,指黄蜂、蝎子等用毒刺叮刺;读 zhé,指海蜇。

187. 装帧(帧)

"帧"从"巾",本指画幅。汤显祖《牡丹亭·玩真》："细观他帧首之上,小字数行。"现多作量词,用于字画、照片、视频等。《正字通·巾部》："今人以一幅为一帧。"装帧指书画、书刊的装潢设计。

"祯"从"示",吉祥之兆,不是装潢的对象。

188. 饮鸩(鸠)止渴

"鸩"读 zhèn,本指一种有毒的鸟。《说文》："鸩,毒鸟。"因为用这种鸟的羽毛泡的酒能毒死人,所以鸩的引申义是毒酒。"饮鸩止渴"即喝毒酒解渴,比喻只图解决眼前困难而不顾后患。

"鸠"读 jiū,指外形像鸽子的一类鸟,如"鸠占鹊巢"。

189. 震(振)聋发聩

"振"是有规律的,其结果是积极的,如"振翅高飞""振笔疾书""振奋人心"等。"聩",天生耳聋,引申为不明事理;"振聋发聩",声音很大,使耳聋的人也听得见,比喻用语言文字唤醒糊涂麻木的人,使他们清醒过来。

"震"往往是突如其来的、没有规律的,会给人带来压力甚至灾难,如"地震""震惊""震慑""震耳欲聋"等。

190. 坐阵(镇)

"镇"有压、重压、镇压的意思;"坐镇"本谓官长亲自到某个地方镇守,引申指亲临督促工作。这个"镇"是不能写作"阵地"的"阵"的。

191. 仗义直(执)言

"仗义执言"是一个成语,意思是主持正义,说公道话。它与"直言不讳"意义相近,因此不少人误将其写作"仗义直言"。"执言"与"直言"的区别是:前者指坚持说公道话,不改口;而后者指说话坦诚、直率,不拐弯抹角。从词义来看,"执言"与"仗义"搭配更合适。再从结构来看,成语讲究对称美,并列结构的成语往往有行文对举、同义互见的特点。"仗义执言"是一个"(动+宾)+(动+宾)"式的并列短语,其中的两个动词——"仗"和"执",本义均为拿、握(如"仗剑""执笔"),后引申出秉持、坚持的意思(如"仗节死义""执迷不悟")。可见,它们是一对近义词。

192. 截止(至)6月30日

"至",到;"截至"是统计到某个时候,是中点,整个事情还没结束。"截至"后面直接跟表示时间点的词语。

"止",结束;"截止"是到某个时候停止,是终点。表示时间点的词语放在"截止"的前头。也可以用"截止到",本处错例可说成"截止到6月30日"。

193. 致(制)胜法宝

"制"即控制、制服;《辞海》对"制胜"的注解是"谓以谋略制敌而取得胜利"。"致"有达到、求得之义,如"格物致知""发家致富"等,"致胜"可理解为获得胜利。从词义区别来看,"制胜"更强调取得胜利的主客观因素,特别是人的主观能动性,如战略战术、方针政策等;而"致胜"主要表示结果。显然,用"制胜"来修饰"法宝",比"致胜"更合适一些。

"制胜"比"致胜"出现时间早、使用频率高。"致"在现代汉语中的常用义为"导致(某种不良后果)"。在表示"取胜"这一意义时,宜使用"制胜"这一写法。在《现代汉语词典》和《辞海》等权威工具书中,都只收录了"制胜"。

194. 灸(炙)手可热

"灸"读 jiǔ,从火,久声。《说文》:"灸,灼也。"指用艾绒制的艾炷熏灼人体穴位表面。针灸是一种中医疗法。

"炙"读 zhì,从月(肉),从火。意思是用火烤肉。《玉篇·炙部》:"炙,热也。""炙手可热"指手一挨近就感觉到热,比喻气焰、权势逼人。

195. 德高望众(重)

"德高望重"就是道德高,声望重,形容人在社会上的影响,在别人心目中的地位。"众"是多的意思,"望众"说不通。

196. 九洲(州)

从甲骨文、金文看,"州"象河川中的沙洲。《说文》:"州,水中可居曰州。周绕其旁,从重川。昔尧遭洪水,民居水中高土,或曰九州。"相传大禹治水后,分其领域为九州,于是"州"又用来指行政区划。作为行政区划名,"州"一律不带三点水,如"扬州""德州"。

后起的"洲",取代了"州"最初的意思——水中由沙石、泥土淤积而成的陆地、岛屿,如"三角洲""洲际导弹"。

注意"株洲、满洲、满洲里"等地名的正确写法。

197. 一柱(炷)香

"柱"从木,本义为屋柱,后泛指一般的柱状物,如"琴柱""水柱"等。

"炷"的本字是"主",《说文解字注》:"主,灯中火主也……主、炷亦古今字。""灯中火主"即灯芯,这是"炷"的本义;由此引申为灯烛及可燃的柱状物;后又用作量词,用于计量点着的香。陆游《夜香》诗云:"清夜一炷香,实与天心通。"民间至今还有"人为一口气,佛为一炷香"的俗语。在古代"一炷香"还被用作计时单位,所谓"一炷香工夫"就是一支香(或一束香)燃尽所用的时间。

198. 床第(笫)之私

"笫"读 zǐ,竹篾编织的床垫,也指床。"床笫"指床铺。多用来指闺房之内或夫妇之间。《左传·襄公二十七年》:"床笫之言不踰阈(yù,门槛),况在野乎?

非使人所得闻也。"

"第"读 dì,指次第、等第、府第。汉语中没有"床第"一词。

199. 姿(恣)意妄为

"恣"从"心",指放纵、放肆、不加约束。"恣心""恣性""恣情""恣欲"中的"恣",无一不是这个意思。"恣意妄为"指任意胡作非为。

"姿"从"女",是姿容、妩媚之类意思。"恣""姿"在现代汉语中有明确的分工。

200. 编纂(篡)

"纂"读 zuǎn,本指赤色丝带。《说文》:"纂,似组而赤。从糸,算声。"后引申为编辑、汇集、编撰。

"篡"读 cuàn,是劫夺、巧取、篡位之类的意思。《说文》:"夺取曰篡。从厶,算声。""厶"即今天的"私",出于私心而谋取是"篡"的基本意思。

简繁体转换中的易错字

在书法创作、古籍整理、文物修缮以及与我国港澳台地区、海外的文化交流中,常常要使用繁体字。简体字同繁体字的对应关系比较复杂,有时是一对多,转换时容易弄混。譬如,把"秀才"写成"秀纔","理发"写成"理發","皇后"写成"皇後",都不正确。为了减少差错,现将一些简繁体转换中极易出错的字编制成表,给不熟悉简繁对应规律的文字工作者提个醒。

简体字	繁体字	主要意义	用例(繁体语境)
才	才	名词性语素,才能	才幹、才藝、天才、庸才、德才兼備
	纔	副词,时间晚、数量少	纔明白、纔有幾戶人家、只有……纔……
丑	丑	名词性语素,地支的第二位	丑時、丑年、丑角、小丑
	醜	形容词,丑陋	醜聞、醜八怪、醜態、出醜、獻醜、家醜
出	出	动词,与"进入"相对	出國、出席、出軌、出錢、出版、跑出大門
	齣	量词,戏曲、传奇中的一个段落	一齣戲
淀	淀	浅的湖泊	海淀區、白洋淀
	澱	沉淀	沉澱、澱粉
斗	斗(dǒu)	名词,量器、北斗星	車載斗量、才高八斗、斗轉星移
	鬥(dòu)	动词,对打	鬥爭、鬥法、鬥雞、鬥智、鬥嘴、鬥心眼兒

(续表)

简体字	繁体字	主要意义	用例(繁体语境)
发	發(fā)	动词,送出、发射、扩大	發貨、百發百中、發展
	髮(fà)	名词,头发	長髮、短髮、美髮、令人髮指、髮妻
范	范	姓	范進、范成大
	範	模子、模范、范围、限制	錢範、典範、範疇、防範
复	復	返回、回答	反復、復辟、批復、回復
	複	重复、繁复	複寫、複製、複合、複數、複眼、複葉
干	干(gān)	盾牌、冒犯、天干、姓	干戈、干犯、干支、干寶
	乾(gān)	形容词性语素,水分少、空虚、只具形式的	乾燥、乾糧、外強中乾、乾笑
	幹(gàn)	主体、做、能干	樹幹、主幹、幹部、幹將、幹練
谷	谷	山间深凹之地、姓	深谷、低谷、谷地、谷應泰
	穀	粮食作物	五穀、稻穀、穀雨
后	后	君主、君主妻	后羿、皇后、王后
	後	与"先""前"相对	後面、後手、後院、後輩
胡	胡	北方和西方的民族、乱来、姓	胡地、胡琴、胡亂、胡鬧、胡適
	鬍	胡子	鬍鬚、山羊鬍
伙	伙	伙食	伙房、伙夫、包伙
	夥	联合、同伴	夥同、合夥、夥伴、同夥
获	穫	收割	收穫、十月穫稻
	獲	猎得、得到、能够	捕獲、擒獲、獲得、獲利、不獲前來
几	几(jī)	小桌子	几案、茶几、窗明几净
	幾(jī,jǐ)	将近、多少	幾乎、庶幾、幾何、幾時
借	借	临时使用别人的钱物	借貸、借書、借刀殺人
	藉(jiè)	假托、利用	藉口、藉故、憑藉

（续表）

简体字	繁体字	主要意义	用例（繁体语境）
卷	卷(juàn)	名词，书本	卷帙、試卷、開卷有益、手不釋卷
	捲(juǎn)	把东西卷成圆筒形	捲煙、捲鋪蓋、膠捲、雞蛋捲
里	里	邻里、市里	里弄、鄉里、公里、里程碑
	裏	方位词，里面、内部	内裏、裏面、裏屋、裏通外國、這裏、那裏
了	了	完毕、完全	了斷、了結、一了百了、了無進展
	瞭(liǎo)	明白	瞭解、明瞭、瞭若指掌、一目瞭然
蒙	蒙(mēng, méng)	昏迷、遮盖、受	頭發蒙、被打蒙、蒙上眼睛、蒙頭蓋臉、蒙冤、蒙難
	矇(mēng)	欺骗、乱猜	欺上矇下，別瞎矇
	濛(méng)	雨点细小	細雨其濛
面	面	脸、向着、表面	面部、面試、面向未來、地面
	麵	小麦等磨成的粉	麵粉、麵條、麵包
纤	縴(qiàn)	拉船的绳子	縴繩、拉縴、縴夫
	纖(xiān)	细纹的绸帛、细小	纖維、纖柔、纖巧、纖塵
曲	曲(qū, qǔ)	弯、姓、歌	彎曲、曲意逢迎、曲雲霞、歌曲、樂曲
	麯(qū)	名词，曲霉	酒麯、麯酒、大麯、頭麯
舍	舍(shè)	房屋、圈、三十里	宿舍、寒舍、豬舍、退避三舍
	捨(shě)	舍弃、施舍	捨得、捨生取義、捨粥、捨藥
松	松	松树	馬尾松、油松、武松
	鬆	松散、放开	鬆散、鬆綁

(续表)

简体字	繁体字	主要意义	用例(繁体语境)
台	台	敬辞,旧时用于称呼对方	兄台、台甫、台啓、台鑒
	臺	平而高的建筑物、像台的东西、台湾	塔臺、天文臺、舞臺、月臺、主席臺、臺胞
	檯	桌子	圓檯、寫字檯、梳妝檯、球檯
	颱	热带气旋	颱风
坛	壇	土筑的高台,可用于祭祀;讲学或发表言论的场所;某些职业、专业活动领域	天壇、地壇、祭壇、講壇、論壇、文壇
	罈	坛子	酒罈、醋罈、罈罈罐罐
团	團	圆、围、聚集、一种集体	團扇、團住、團聚、組團、兵團
	糰	米、粉等制成的球形食品	糰子、麻糰、湯糰
系	系(xì)	系统、学系	系統、系列、水系、語系、化學系
	係(xì)	是	委係、實係、確係如此
	繫(jì,xì)	打结、拴缚、牵挂、拘禁	繫鞋帶、繫舟、繫念
	繫或係	联结、联系(多用于抽象事物)	維繫、名譽所繫、成敗繫於此舉
叶	叶(xié)	和洽	叶韻
	葉(yè)	叶子、如叶之物、时期、姓	樹葉、肺葉、十九世紀中葉、葉公好龍
余	余	我、姓	余將老、余秋里
	餘	剩下	餘額、餘糧、餘音繞梁
吁	吁(xū)	叹气、形容出气的声音	長吁短歎、氣喘吁吁
	籲(yù)	呼喊	呼籲、籲請
云	云	说	人云亦云
	雲	云雾、云南	雲海、雲貴高原

(续表)

简体字	繁体字	主要意义	用例(繁体语境)
脏	髒(zāng)	不干净	骯髒、髒衣服
	臟(zàng)	内脏	心臟、肝臟、臟器
征	征	走远路、行军打仗	征途、征討、南征北戰
	徵	征收、证明、迹象	徵兵、徵稅,信而有徵,象徵、特徵
只	隻(zhī)	一个、单独的	兩隻手、隻身、形單影隻
	祇(zhǐ)	副词,仅	祇有、祇要、祇是
制	制	拟订、规定、强制、制度	制定、制空權、制止、制度
	製	制造	製衣、製版、粗製濫造
钟	鍾	(情感等)专注、集中;姓氏	鍾情、鍾靈毓秀、鍾山、鍾子期
	鐘	响器;钟表、钟点	鐘聲、暮鼓晨鐘、掛鐘、座鐘、時鐘、六點鐘
锺	鍾	姓氏、人名	錢鍾書
准	准	准许	批准、准予、准入、核准
	準	标准、依据、准确、一定	基準、準此辦理、瞄準、準能完成
御	御	驾驭车马,管理、支配,与皇帝有关的	御者、御人之术、御用
	禦	抵挡	抵禦、防禦

朗读者最容易读错的字

在近年来的调查中,我们发现,一些朗读者时常会读错字,比如把"号(háo)叫"误读成"hào 叫",把"卡(qiǎ)脖子"误读成"kǎ 脖子",把"正当(dàng)理由"误读成"正 dāng 理由"。经过调查发现,这些差错都有一定规律可循,看似数量不小,但差错类型有限,有些差错会反复出现。了解了这些最容易读错的字词,在避免误读方面可以事半功倍。在调查的基础上,我们整理了朗读者最容易读错的 115 个双音节词,与大家分享。

谙(ān)熟
蓓(bèi)蕾
迸(bèng)溅
荸(bí)荠
复辟(bì)
针砭(biān)
濒(bīn)临
殡(bìn)葬
巨擘(bò)
哺(bǔ)乳
刹(chà)那
谄(chǎn)媚
霓裳(cháng)
掣(chè)肘
嗔(chēn)怒
惩(chéng)罚

鞭笞(chī)
豆豉(chǐ)
炽(chì)热
刍(chú)议
重创(chuāng)
怆(chuàng)然
逮(dài)捕
提(dī)防
胴(dòng)体
句读(dòu)
拾掇(duo)
猜度(duó)
坊(fāng)间
绯(fēi)闻
氛(fēn)围
果脯(fǔ)

蛤(gé)蜊

女红(gōng)

佝(gōu)偻

商贾(gǔ)

桎梏(gù)

粗犷(guǎng)

皈(guī)依

聒(guō)噪

巷(hàng)道

干涸(hé)

负荷(hè)

道行(héng,口语中也读轻声)

横(hèng)祸

脚踝(huái)

跻(jī)身

里脊(ji)

成绩(jì)

间(jiàn)隙

发酵(jiào)

攻讦(jié)

慰藉(jiè)

押解(jiè)

粳(jīng)米

菁(jīng)华

强劲(jìng)

针灸(jiǔ)

狙(jū)击

隽(juàn)永

发生口角(jué)

攫(jué)取

龟(jūn)裂

市侩(kuài)

唠(láo)叨

羸(léi)弱

芭蕾(lěi)

莅(lì)临

镂(lòu)空

联袂(mèi)

分泌(mì)

酩酊(mǐngdǐng)

抹(mò)墙

木讷(nè)

执拗(niù)

体胖(pán)

砖坯(pī)

毗(pí)连

剽(piāo)窃

骠(piào)勇

颀(qí)长

绮(qǐ)丽

强(qiǎng)迫

龋(qǔ)齿

逡(qūn)巡

熟稔(rěn)

妊娠(shēn)

哂(shěn)笑

拓(tà)本
绦(tāo)虫
恸(tòng)哭
骰(tóu)子
藤蔓(wàn)
狡黠(xiá)
纤(xiān)维
星宿(xiù)
戏谑(xuè)
徇(xùn)私
倾轧(yà)
殷(yān)红
筵(yán)席
哽咽(yè)

笑靥(yè)
造诣(yì)
肄(yì)业
应(yīng)届
举隅(yú)
与(yù)会
桑梓(zǐ)
箴(zhēn)言
压轴(zhòu)
笨拙(zhuō)
着(zhuó)落
下载(zài)
床笫(zǐ)

容易读错的成语

爱憎(zēng)分明
安步当(dàng)车
安土重(zhòng)迁
按图索骥(jì)
按捺(nà)不住
嗷嗷待哺(bǔ)
傲然屹(yì)立
跋(bá)山涉水
百折不挠(náo)
稗(bài)官野史
半身不遂(suí)
暴虎冯(píng)河
暴殄(tiǎn)天物
闭目塞(sè)听
髀(bì)肉复生
鞭辟(pì)入里
便(biàn)宜行事
别出机杼(zhù)
别无长(cháng)物
病入膏肓(huāng)
擘(bò)肌分理
捕(bǔ)风捉影
不分畛(zhěn)域

不稼不穑(sè)
不稂(láng)不莠(yǒu)
不落窠(kē)臼
不忍卒(zú)读
不肖(xiào)子孙
不屑(xiè)一顾
不省(xǐng)人事
不亦乐(lè)乎
沧海一粟(sù)
车载(zài)斗量
叱咤(zhà)风云
窗明几(jī)净
吹毛求疵(cī)
垂涎(xián)欲滴
大放厥(jué)词
大腹便便(piánpián)
大谬(miù)不然
大张挞(tà)伐
大义凛(lǐn)然
殚(dān)精竭虑
当头棒喝(hè)
断井颓垣(yuán)
咄咄(duōduō)逼人

阿(ē)谀奉承
耳鬓(bìn)厮磨
繁文缛(rù)节
反躬自省(xǐng)
放浪形骸(hái)
风尘仆仆(púpú)
封妻荫(yìn)子
敷衍塞(sè)责
负隅(yú)顽抗
改弦(xián)更张
刚愎(bì)自用
刚直不阿(ē)
高屋建瓴(líng)
亘(gèn)古未有
功亏一篑(kuì)
呱呱(gūgū)坠地
管中窥(kuī)豹
光风霁(jì)月
海市蜃(shèn)楼
含英咀(jǔ)华
汗流浃(jiā)背
沆(hàng)瀣(xiè)一气
好逸恶(wù)劳
涸(hé)辙之鲋
鸿鹄(hú)之志
济济(jǐ)一堂
戛(jiá)然而止
矫(jiǎo)揉造作

矫(jiǎo)枉过正
嗟(jiē)来之食
泾(jīng)渭分明
踽踽(jǔjǔ)独行
开门揖(yī)盗
溘(kè)然长逝
苦心孤诣(yì)
岿(kuī)然不动
老妪(yù)能解
力能扛(gāng)鼎
鳞次栉(zhì)比
绿(lù)林好汉
麻痹(bì)大意
茅塞(sè)顿开
靡靡(mǐmǐ)之音
面有愠(yùn)色
灭此朝(zhāo)食
命途多舛(chuǎn)
模棱(léng)两可
磨杵(chǔ)成针
弄巧成拙(zhuō)
呕(ǒu)心沥血
否(pǐ)极泰来
千载(zǎi)难逢
前倨(jù)后恭
锲(qiè)而不舍
倾箱倒箧(qiè)
曲高和(hè)寡

人头攒(cuán)动
忍俊不禁(jīn)
如法炮(páo)制
乳臭(xiù)未干
弱不禁(jīn)风
塞(sài)翁失马
三缄(jiān)其口
歃(shà)血为盟
少(shào)不更事
拾(shè)级而上
莘莘(shēnshēn)学子
审时度(duó)势
矢(shǐ)口否认
始作俑(yǒng)者
舐(shì)犊情深
嗜痂成癖(pǐ)
退避三舍(shè)
纨绔(kù)子弟
万马齐喑(yīn)
稳操胜券(quàn)
无的放矢(shǐ)
毋(wú)庸置疑
相形见绌(chù)

休戚(qī)相关
虚与委(wēi)蛇(yí)
栩栩(xǔxǔ)如生
揠(yà)苗助长
言简意赅(gāi)
言之凿凿(záozáo)
奄奄(yǎnyǎn)一息
咬文嚼(jiáo)字
要(yào)言不烦
一唱一和(hè)
一模(mú)一样
一曝(pù)十寒
一气呵(hē)成
一丘之貉(hé)
一叶扁(piān)舟
一应(yīng)俱全
一语破的(dì)
引吭(háng)高歌
蝇(yíng)营狗苟
载(zài)歌载(zài)舞
振聋发聩(kuì)
惴惴(zhuìzhuì)不安
自怨自艾(yì)

容易读错的姓名

一、单姓

纪　应读 Jǐ。例如,纪晓岚(清代人)。

祭　应读 Zhài。例如,祭仲(春秋时政治家)。

朴　应读 Piáo。例如,朴槿惠(韩国前总统)。

任　应读 Rén。例如,任弼时、任正非。

蔚　应读 Yù。例如,蔚兴(宋朝名将)。

於　应读 Yū。例如,於竹屋(明代画家)。

佘　应读 Shé。例如,佘诗曼(中国香港演员)。

过　应读 Guō。例如,过伯龄(明末清初著名围棋手)。

阚　应读 Kàn。例如,阚泽(三国时期吴国学者)。

冼　应读 Xiǎn。例如,冼星海。

燕　应读 Yān。例如,燕仓(西汉时人)。

卞　应读 Biàn。例如,卞之琳。

单　应读 Shàn。例如,单田芳、单雄信。

华　应读 Huà。例如,华佗、华罗庚。

佟　应读 Tóng。例如,佟麟阁。

那　应读 Nā。例如,那英。

曲　应读 Qū。例如,曲波(《林海雪原》作者)、曲婉婷(歌手)。

区　应读 Ōu。例如,区楚良。

解　应读 Xiè。例如,解晓东(歌手)、解缙(明代大臣)。

臧　应读 Zāng。例如,臧克家。

种　应读 Chóng。例如,种师道(北宋名将)。

繁　应读 Pó。例如,繁钦(汉末文学家)。

郝　应读 Hǎo。例如,郝蕾(演员)、郝海东(足球运动员)。

仇　应读 Qiú。例如,仇英(明代画家)。

褚　应读 Chǔ。例如,褚遂良(唐代书法家)。

撒　应读 Sǎ。例如,撒贝宁(电视节目主持人)。

宁　应读 Nìng(现在也有人读 Níng)。例如,宁浩(导演)。

哈　应读 Hǎ。例如,哈文(央视前导演)。

缪　应读 Miào。例如,缪贤(战国时赵人)。

占　应读 Zhān。例如,占旭刚(举重运动员)。

逢　应读 Páng。例如,逢先知(中共党史专家)。

查　应读 Zhā。例如,查良镛(笔名:金庸)。

应　应读 Yīng。例如,应采儿(中国香港艺人)。

乐　一读 Yuè,一读 Lè。一般念 Yuè。例如,乐毅(战国时燕国大将)。

二、复姓

长孙　应读 Zhǎngsūn。例如,长孙无忌(唐朝宰相)。

尉迟　应读 Yùchí。例如,尉迟恭(尉迟敬德,唐朝大将)。

令狐　应读 Línghú。例如,令狐冲、令狐楚(唐朝宰相)。

澹台　应读 Tántái。例如,澹台灭明(孔子弟子)。

万俟　应读 Mòqí。例如,万俟卨(南宋初年宰相、奸臣)。

拓跋　应读 Tuòbá。例如,拓跋宏(北魏孝文帝)。

皇甫　应读 Huángfǔ。例如,皇甫松(晚唐诗人)。

三、古代人名/称谓

句践(也作"勾践",春秋时越国君主),应读 Gōujiàn。

妲己(商代纣王的妃后),应读 Dájǐ。

公输盘(鲁班,春秋时期鲁国人),应读 Gōngshū Bān。

伍员(伍子胥,春秋时期吴国大夫),应读 Wǔ Yún。

李悝(战国政治家),应读 Lǐ Kuī。

鞑靼(古代部族),应读 Dádá。

冒顿(汉代时匈奴的一个单于),应读 Mòdú。

阏氏(汉代匈奴称君主的正妻),应读 yānzhī。

容易读错的地名

一、特殊地名

淀(Diàn)山湖　位于上海青浦区与江苏昆山市交界处,是上海的母亲河——黄浦江的源头。风景优美,有"东方日内瓦湖"之称。

雅砻(lóng)江　古称若水,一称鸦龙江。藏语称尼雅曲,义为"多鱼之水"。

汨(Mì)罗江　位于湖南,屈原自沉之地。

贡嘎(gā)山　位于四川省康定以南,是大雪山的主峰。藏语"贡"是冰雪之义,"嘎"为白色,"贡嘎山"义为"白色冰山"。

华(Huà)山　位于陕西省,号称"天下第一险"。

鄱(Pó)阳湖　在江西省,我国第一大淡水湖。

嵩(Sōng)山　在河南省,名刹少林寺所在地。

崆峒(Kōngtóng)山　位于甘肃省平凉市,是丝绸之路西出关中之要塞。自古就有"中华道教第一山"之美誉。崆峒武术被誉为中国五大武术流派之一。

会稽(Kuàijī)山　位于浙江,书圣王羲之《兰亭集序》诞生地。相传夏禹至茅山(或作防山)大会诸侯,计功封爵,改名会稽山,即会计之义。

琅琊(Lángyá)山　位于安徽,欧阳修的名篇《醉翁亭记》描绘过其风光。

嵊(Shèng)泗列岛　位于浙江,有"东海明珠"之美称。

准噶(gá)尔盆地　位于新疆北部,是中国第二大内陆盆地。

趵(Bào)突泉　被誉为"济南第一泉"。

虎跑(páo)泉　泉名,在浙江省杭州市。相传,唐元和十四年(819)高僧寰中(亦名性空)来此地住了下来,后因附近没有水源,准备迁往别处。一夜忽然梦见神人告诉他说:"南岳有一童子泉,当遣二虎将其搬到这里来。"第二天,他果然看见二虎跑(刨)地作地穴,清澈的泉水随即涌出,故名为虎跑泉。

什刹(Shíchà)海 北京名胜,被誉为"北方的水乡"。

大栅(zhà)栏 北京名胜。北京当地人多读为 Dàshílànr。

校(Jiào)场口 校场,旧时操演或比武的场地;北京校场口,当时是镶蓝旗练兵习武的大校场。

瓦窑堡(bǔ) 位于陕西。1935年中共中央在此召开著名的瓦窑堡会议。陕西还有吴堡县。

甪(Lù)直镇 位于苏州市吴中区。唐代诗人陆龟蒙、现代教育家叶圣陶长眠于此。

天台(tāi)山 位于浙江省天台县城北,以"佛宗道源,山水神秀"闻名于世,是中国佛教天台宗和道教南宗的发祥地,又是活佛济公的故里。

淦(Gàn)水 水名,在江西省。另有淦河,位于湖北省境内。

妫(Guī)水河 永定河支流。妫水河被称为"东方莱茵河"。

沔(Miǎn)水 水名,在陕西省。

鸭绿(lù)江 中国和朝鲜两国的界河。

剡(Shàn)溪 水名,在浙江绍兴境内。李白《梦游天姥吟留别》诗曾写道:"湖月照我影,送我至剡溪。"

氹(Dàng)仔 地名,在中国澳门特别行政区。

喀(Kā)什 地名,在新疆维吾尔自治区。

滹(Hū)沱河 水名,发源于山西,东流至河北,与滏阳河相汇成子牙河后入海。

马嵬(wéi)坡 在陕西省,杨贵妃墓所在地。

二、行政区划名

1. 山西地名

洪洞(tóng) 隶属于临汾市。"洪"是大水,"洞"是疾流。此地靠近汾河,河水波涛澎湃,因此得名。

繁峙(shì)　据明朝于慎行《迁城记》:"繁峙,雁门塞下邑也。城于山麓,群山环而拱之,故曰繁峙。"

2. 河北地名

任(Rén)县　邢台市辖县。唐朝李氏皇室的祖籍地。

蔚(Yù)县　张家口市辖县。古称蔚州,为"燕云十六州"之一。

3. 山东地名

茌(Chí)平　隶属于聊城市。茌平黑陶是龙山文化的重要见证。

东阿(ē)　隶属于聊城市。特产阿胶。三国曹植墓位于此地。

单(Shàn)县　隶属于菏泽市。因舜帝之师单卷居此而得名。汉高祖刘邦之妻吕雉故里。

济(Jǐ)南　山东省省会。因境内泉水众多,拥有"七十二名泉",被称为"泉城"。

莒(Jǔ)县　隶属于日照市。莒文化与齐文化、鲁文化并称为"山东三大文化"。

牟(Mù)平　隶属于烟台市。有烟霞洞、养马岛等著名景点。

莘(Shēn)县　聊城市辖县。地近中原,古时为逐鹿中原必争之地。战国时期曾发生过孙膑与庞涓的马陵之战。

芝罘(fú)　烟台市辖区,因芝罘岛得名。"芝"即灵芝,"罘"即屏障。芝罘岛有灵芝一样的形状,有屏障一样的作用——横卧在黄海之中,护卫着身后的沃土。

4. 河南地名

泌(Bì)阳　驻马店市辖县。因位于泌水之阳(山南水北为阳)而得名。是南北朝著名无神论者范缜的故乡。注意:"泌阳"不要误写为"沁阳"。

荥(Xíng)阳　郑州市下辖县级市。有鸿沟、虎牢关等古迹。

浚(Xùn)县　隶属于鹤壁市。民间泥玩、石雕石刻、工艺制镜等工艺品久负盛名,是中国民间文化艺术之乡。

漯(Luò)河　河南省辖市。《说文解字》作者许慎的故乡。

渑(Miǎn)池　三门峡市辖县。有仰韶古文化遗址、秦赵会盟台。

濮(Pú)阳　地级市。据传五帝之一的颛顼曾以此为都,故有"帝都"之誉。

5. 江苏地名

六(Lù)合　南京市辖区。是"天赐国宝、中华一绝"雨花石的故乡,中国民歌《茉莉花》的发源地。

盱眙(Xūyí)　淮安市辖县。有明祖陵等古迹。盛产小龙虾,有"龙虾之都"之称。

浒(Xǔ)墅关　位于苏州古城西北,踞京杭大运河两岸,有"先有浒墅关,后有苏州城"的说法。

邗(Hán)江　扬州市辖区。因吴王夫差开邗沟、筑邗城而得名。

6. 安徽地名

砀(Dàng)山　隶属于宿州市。素有"中国酥梨之乡""中国唢呐之乡"之称。是后梁开国皇帝朱温故里。

蚌(Bèng)埠　地级市。相传因古代盛产河蚌而得名,有"珍珠城"的美誉。

亳(Bó)州　地级市。曹操、华佗故里,是著名的中药材之乡,还是中国名酒古井贡酒产地。

六(Lù)安　地级市。六安之名始于汉武帝取"六地平安、永不反叛"之意,置六安国。

歙(Shè)县　隶属于黄山市。有黄山毛峰等名产。

涡(Guō)阳　亳州市辖县。一说为老子故里,有"天下道源"之称。

黟(Yī)县　隶属于黄山市。因境内有黟山而得名。"徽商"和"徽文化"的发祥地之一,有西递、宏村古村落。

7. 江西地名

铅(Yán)山　上饶市辖县。辛弃疾曾客居并终老于铅山。

8. 浙江地名

乐(Yuè)清　省辖县级市。有雁荡山风景区。

台(Tāi)州　省辖地级市。"台州"的繁体也是"台州",不写作"臺州"。

丽(Lí)水　省辖地级市。丽水城北有丽阳山,山后有古溪流过,因而得名丽水。

9. 湖北地名

监(Jiàn)利　隶属于荆州市。伍子胥故里。

黄陂(pí)　武汉市辖区。传说是花木兰故里。

10. 湖南地名

郴(Chēn)州　地级市。"郴"字独属郴州,其篆体由"林""邑"二字合成,意谓"林中之城"。

耒(Lěi)阳　衡阳市辖县级市。造纸术发明家蔡伦的故乡。

11. 重庆地名

北碚(bèi)　重庆市辖区。因有巨石伸入嘉陵江中,曰碚,又因在渝州之北,故名北碚。

涪(Fú)陵　重庆市辖区。重庆境内有一条江,叫乌江(古称涪水),涪陵因以得名。

12. 四川地名

荥(Yíng)经　隶属于雅安市。华夏人文始祖颛顼帝故里。

犍(Qián)为　隶属于乐山市。为"蜀西门户"。

阆(Làng)中　南充市代管县级市。素有"阆苑仙境""巴蜀要冲"之美誉。杜甫在这里留下了"阆州城南天下稀"的名句。

筠(Jūn)连　隶属于宜宾市。古为南丝绸之路的重要驿站,今为出川入滇的重要门户。

13. 福建地名

闽侯(hòu)　福州市辖县。是"中国橄榄之乡",也是林则徐、林徽因祖籍地。

14. 广东地名

大埔(bù)　县名,隶属于梅州市。相传,明时,乡人为纪念大布先生的仁举美德,联合呈请上级,命名为"大布县"。后因朝中有争议,为协调两方,改名为谐音的"大埔县"。

东莞(guǎn)　地级市。有虎门销烟地。

番(Pān)禺　广州市辖区。境内有番、禺二山，因以为名。

15. 海南地名

儋(Dān)州　地级市。苏东坡晚年流放之地。

16. 内蒙古地名

巴彦淖(nào)尔　地级市。"巴彦淖尔"系蒙古语，意为"富饶的湖泊"。

17. 新疆地名

巴音郭楞(léng)　新疆维吾尔自治区下辖自治州。简称"巴州"。

三、古地名(族名)、外国地名

泷(Shuāng)水　旧地名，在广东省云浮市。

酃(Líng)县　旧县名。在湖南省东南部。南宋置县。1994年改名炎陵县。

沔(Miǎn)阳　今湖北仙桃。荆楚文化的发祥地之一。

吐蕃(bō)　我国古代民族，在今青藏高原，唐时曾建立政权。

龟兹(Qiūcí)　古西域城国名，今新疆库车一带。

康居(qú)　古西域国名。

月氏(zhī)　古族名，曾于西域建月氏国。其族先游牧于敦煌、祁连间。

燕(Yān)京　古地名，辽代时对北京的称呼。

吐谷(yù)浑　古鲜卑族的一支。本居辽东，西晋时在首领吐谷浑的率领下西徙至甘肃、青海间，至其孙叶延时，始号其国曰吐谷浑。唐时泛指侵扰边境的敌军酋领。唐王昌龄《从军行》之五："前军夜战洮河北，已报生擒吐谷浑。"

身(Yuán)毒　"印度"古译名。

若耶(yé)　亦作"若邪"。浙江绍兴市柯桥区南，山下有溪，传为西施浣纱处。

高句丽(gōulí)　古代族名。中国史书多称"高丽"。

朝鲜(xiǎn)　国名，在亚洲。

海参崴(wǎi)　即符拉迪沃斯托克市，是俄罗斯滨海边疆区首府。

秘(Bì)鲁　南美洲国家。

出版物中的典型语病诊断

语病的发生,关键是语言能力的退化。

编辑、校对等语文工作者的职责之一,就是以修辞的眼光,对文本(稿件)加以审视、评判,观察其是否符合语言体系的规范(语音的规范、词语的规范、语法的规范),是否得体("体",就是语体,即由于场合、话题、方式、目的、角色的不同而形成的使用语言材料的体制化的规范性要求),是否合逻辑。一个句子举凡存在语法、修辞上的问题,就是病句。出版物中的常见语病,包括语义不匹配、语法不规范、表达不精准等三大类。这里主要以上海市出版物编校质量检测中心近些年检测出的书报刊中的语病为例,分析说明。

一、语义不匹配

主要表现是词义失宜。一是不明词义而误用,导致词义与所要表达的内容不适切;二是相互搭配的成分在语义上不能贯通。请参考杨林成《词误百析》(上海锦绣文章出版社2013年)。病例:

(1)任何轻视或忽视发展集体经济的做法都是有失偏颇的。

(2)我们正在朝着既定的战略目标前进:提高竞争力,充分发挥产品差异化的优势,加大在高增长市场中的地位。

(3)在筹备特别开学典礼期间,余校长连着三天做了噩梦。他把情况告诉了蓝小梅。蓝小梅觉得很奇怪,趁着开学前的空闲,带余校长和余志回细张家寨住两天。虽然换了环境,噩梦还是如期而至。

(4)从懂事的时候起,贝多芬就告别了童贞的快乐,和父母一起担负起养家糊口的重担。

例(1),"有失偏颇"表意有误。正确的说法是"失之偏颇"而不是"有失偏颇"。当前媒体文字中往往分不清"有失"和"失之"的不同用法。"失之"分析的是

"失"的原因,上例便是"偏颇"造成了失;"有失"强调的是"失"的对象。上例如要保留"有失",可以改为"有失全面"。例(2),"加大"与地位搭配不当。例(3),"噩梦"是可怖的不祥之梦。有过噩梦遭际的人都知道,做噩梦是一件十分不愉快的经历,严重的甚至让人精神崩溃。噩梦意外发生而不合人的心愿,是人们避之唯恐不及的。谁还会期盼它降临呢?谁又有能力与梦境约定时日呢?例(4),"童贞"应改为"童真"。童贞,一般指女子未与人发生过性关系的贞操;"童真",儿童的天真、稚气。

二、语法不规范

语法就是语言的结构规则。审视一个句子是否合乎规范,不但要看该句子中每一个词所表示的词汇意义和语义关系,还要看其语法意义(语言单位之间的结构关系、组合层次、分布位置以及词类的功能等)。"语法无非是从说话里面归纳出来的一些纲领。可是这是从大伙儿的说话里面归纳出来的共同纲领。你、我、任何一个人,说话不留心的时候都难免有违背这些纲领的地方。"(吕叔湘、朱德熙《语法修辞讲话》,中国青年出版社 1979 年第 2 版)

1. 搭配不当

句子成分的搭配要合乎一定的规则,前后要照应,否则就会造出不合格的病句。病例:

(5) 一个初到巴黎的美国女孩,深为法国的内衣文化而震撼。

(6) 当一个人有了一起战斗、拼搏的队友,不管再大的困难都变得微不足道。

(7) 该展览颂扬以体制内的方式进行非激进的反叛精神和无政府主义的姿态。

(8) 在香山老人的传说里,曹雪芹的足迹走遍了香山。

(9)《三国演义》这部小说出色地塑造了汉末刘备、关羽、张飞等人的英雄事迹。

(10) 目前我国城市分布很不均匀,东部沿海一带有城市 275 座,而西部地区城市数量较少,这不利于减少东西部差距。

例(5),句式有误。"震撼"是被动的,应该用"所"字连接的被动句式:深为法国的内衣文化所震撼。连词"而"构成的是主动句式,如果要保留"而","震撼"可以改为"惊喜",全句变为主动句式:深为法国的内衣文化而惊喜。例(6),关联词"不管"删去。因为"不管"包括多种情形,"再大的困难"只是一种情形,所以搭配不当。例(7),"进行"和后面的宾语"非激进的反叛精神"和"无政府主义的姿态"搭配不当。例(8),"足迹"不能走。可以把"走遍了"改为"遍布"。例(9),动宾搭配不当。动词"塑造"与宾语中心语"事迹"不能构成动宾关系,可将"事迹"改为"形象"。例(10),"减少"和"差距"不搭配。可把"减少"改为"缩小"。

2. 语序不当

在汉语中,语序、虚词和结构都具有语法意义。句子的结构,基本上就是一个安排各个成分次序的问题。语序要合乎习惯,合乎逻辑。病例:

(11) 古代汉文史书就把游牧民族政权曾形象地称为"行国",其立国之本就是逐水草游牧养畜。

(12) 太监是我国封建皇宫中特有的产物,是被阉割过的封建帝王的奴仆。

(13) 那些人犯的错误属于思想教育问题,应该着重对他们进行犯错误的历史环境的分析,不要过多地追究个人责任。

(14) 北京故宫博物院最近展出的这件金缕玉衣是两千多年前新出土的文物。

(15) 小翠的那件粉红色新买的呢格子大衣引来小伙伴们艳羡的目光。

(16) 他不能严格要求自己,能力即使再强,也不能委以重任。

(17) 罗贯中的《三国演义》对于许多日本企业家是不陌生的。

例(11),"曾"移植到"把"字前。例(12),"封建帝王的"移植到"被"字前。例(13),"对他们"移植到"着重"之前。例(14),多层定语语序不当。将"新出土的"移至"两千多年前"之前,并在"文物"前加"的"。例(15),"粉红色新买的呢格子大衣"应改为"新买的粉红色呢格子大衣"。例(16),关联词语位置不当。"即使"应移到"能力"的前面。注意:两个分句共一个主语时,关联词语应放主语后边;不共主语时,关联词语应放主语前边。例(17),颠倒了主动和被动的关系,应改为"许多日本企业家对罗贯中的《三国演义》是不陌生的"。

3. 成分残缺

残缺与省略不一样。省略是语用上的一种要求,具有突出主要信息、增强表达的含蓄性、简洁明快、衔接上下文等功能。在具体的语境中,被省略的成分是什么很明确,具有还原性,能够被确定无疑地添补出来,如"凭他的水平,[ ]绝对可以通过驾考",承前面的介词结构中的定语省略了主语"他"。而残缺的成分就不明确,没有满足句子的语法合格性,影响表达。病例:

(18) 在他们的辛勤工作下,使这些外商消除了思想顾虑,积极投资于当地的开发建设。

(19) 这个集团目前已成为拥有11个专业出版社、1个公司、3个印刷厂,固定资产12亿元。

(20) 从甲午战争起直到抗日战争结束,日本傲慢凌驾于中国之上,采取"俯视"。

(21) 经过主任再三解释,才使他的怒气逐渐平息,最后脸上勉强露出一丝笑容。

(22) 为了全面推广利用菜籽饼或棉籽饼喂猪,加速发展养猪事业,这个县举办了三期饲养员技术培训班。

例(18),"在他们的辛勤工作下"应改为"他们的辛勤工作"。也可以删去"使"。例(19),缺少宾语中心语,句末可补充"的大型企业"字样。例(20),"采取'俯视'"站不稳,应改为"采取'俯视'的态度"。例(21),主语残缺。因为多用了一个介词"经过",使得原句主语变成了状语,造成主语残缺。将"才使他的怒气逐渐平息"改为"他的怒气才逐渐平息"更合适些。和例(18)一样,(21)倒不是当真没有主语,而是组织得不好,没有把应该做主语的词语放在主语的位置上。例(22),宾语残缺。句中"推广"的宾语应该是"经验",而不应是"喂猪";在"喂猪"后面加上"的经验",句子就通了。

4. 结构混乱

结构混乱是个很大的类名,细分下来,包括结构纠缠、结构不全、句子未完等具体类型。病例:

(23) 王虎林等为社区剪纸书法爱好者剪纸书法表演送春节窗花和春联交流。

(24) 我对于主编有一点儿意见。杂志长期以来不能发展壮大,难道说与他的一些昏聩举动没有关系吗!

(25) 2008年11月18日,那是令上海海洋大学值得记住的日子,更是上海海洋大学图书馆人令人激动很难忘的节日。

(26) 这部学术著作的作者是由北京大学的两位年轻教授写成的。

(27) 不难看出,这起明显的错案迟迟得不到公正的判决,其根本原因是党风不正在作怪。

(28) 作为一个共产党员、党的领导干部,办事、想问题都要从党和人民的根本利益为出发点。

例(23),句式纠缠不清。可改为:"王虎林等与社区剪纸书法爱好者进行交流,为他们表演剪纸书法,向他们赠送春节窗花和春联。"例(24),"对于"应改为"对"。表示人与人之间的关系,只能用"对"。例(25),结构杂糅,"更是上海海洋大学图书馆人令人激动很难忘的节日"应改为"更是上海海洋大学图书馆人激动难忘的节日"。例(26),典型的句式杂糅。这是将"著作的作者是两位年轻教授"和"著作是由两位年轻教授写成的"两句杂糅而成,可删去"的作者"或删去"由"和"写成的"。例(27),后半截是由"其根本原因是党风不正"和"是党风不正在作怪"两个句式杂糅而成,可去掉"在作怪"或"其根本原因"。例(28),后半截是"从……出发"和"以……为出发点"两个句式的杂糅。可把"从"改为"以"。

5. 分句失联

复句中的分句相互依存,凭一定的逻辑语义关系而连接,而且往往依靠一定的关联词语(标明复句关系的词语)来连接,使分句间的依存关系更加显豁。关联词语的配合成对使用,有一定的搭配习惯,不能任意组合。病例:

(29) 只有加强备课组的活动,通过全组教师的共同努力,大家群策群力,就能设计出适合于本校学生实际的教案。

(30) 可以说,中医学说之所以能历经时代变迁,至今仍经久不衰,但是,不能否认,中医临床上确有许许多多宝贵的经验,随着岁月的消逝而失传了。

(31) "2009 中国航运企业年会"昨天在上海举行,与会的中央有关部委、中外航运业巨头纷纷到会发言,但对市场走势的研判有所分歧,表明 2009 年的经济形势非常复杂。

(32) 大亚公司认为,虽然公司的确曾在 2006 年使用盗版软件,"直到 2008 年 7 月,公司所有计算机上的盗版软件都已经变更为正版的"。

(33) 观众从整体上看到的不仅是多样性,而是多样性的统一。

例(29),"就"改为"才"。例(30),"之所以"删去。例(31),"但"字删去。例(32),在上引号之前加"但是",使分句间的转折关系显豁出来。例(33),不是转折关系,"而"改成"而且"。

三、表达不精准

古人说:"辞达而已矣。"表达要简洁、准确。这一点大致对应于传统的修辞(消极修辞)。从语用学的角度看,满足了语法合格性和语义合理性的句子,还要满足语境以及交际行为对它提出的要求。语用方面的病句的修改,应立足于意义的明朗化和理解的简便化。常见的语用毛病表现在:

1. 重复、累赘

说话啰里啰唆,语言不经济。常见的是词义互含,即一个句子里的词语之间在意义上互相涵盖,造成了语义相同的成分重复出现,使某些信息显得冗余,或者使句子前后部分语义龃龉不合,连不起来,甚至不合逻辑。这又可细分为几种情形来说。

其一,主语的一部分跟谓语的一部分重复。病例:

(34) 新种的成熟期比旧种早熟半个月。

(35) 资本的去向,是往利润率最高的地方流去。

(36) 两者的差别显然是悬殊的。

例(34),"成熟期"是一段时间,时间不会"早熟"。应改为"成熟"。例(35),"流"的是资本,不是"去向"。"的去向"删去。例(36),"的差别"删去。词语的意义是由义素构成的。义素是最小的不能独立使用的语义单位,是词的区别性特征。义素分析可以深入到词义内部的微观结构,独立地反映词义之间的区别与联系,准确地解释词的理性义。比如,a."哭"的义素:感伤、有声、有泪;b."泣"的义素:感伤、无声、有泪;c."号"的义素:感伤、有声、无泪;d."哀"的义素:感伤、无声、无泪。本例中,"悬殊"的义素包括:状态、巨大、差别,所以病例中的词语"差别"是多余的。

其二,修饰语与中心语的一部分重复。病例:

（37） 要彻底根治"中国式过马路"的陋习。

（38） 其实这是过虑的想法。

（39） 治疗需要大量的静脉用免疫球蛋白,但该药非常奇缺。

例（37）,"根治"已含有彻底的意思,宜删去"彻底"。例（38）,"虑"就是想。"想法"删去。例（39）,"奇缺"就是非常缺乏,这里的"奇"是很、非常的意思。"非常"重复,删去。

其三,复句的两个分句的一部分重复。病例:

（40） 那时候在我的心目中,以为乡下的环境要比都市清静得多。

例（40）,"心目中"和"以为"意思重复,删去"以为"。

其四,并列的两项意思重复。病例:

（41） 在我军民协力、剿抚兼施之下,窜匪已受到严重的致命打击。

（42） 一个个宁死不屈、舰亡人亡的军魂,在异国他乡的军舰上泣血流泪。

例（41）,"致命"含有严重的意思,"严重的"删去。例（42）,"泣血",无声痛哭,泪如血涌。一说,"泣血"的意思是泪尽血出。可见,"泣血"含有流泪的意思,宜删去"流泪"。

其五,用语累赘。病例:

（43） 他面含笑意,憧憬着对未来美好生活的向往,呼吸逐渐平静匀称了。

（44） 目前,上海海洋大学鱼类研究室共采获各种虾虎鱼标本1.1万尾,已成为我国唯一保存虾虎鱼类标本最多的研究室。

（45） 在一些地方,"上司"吃拿卡要的现象很严重,基层干部们对此不胜其扰。

（46） 这种新型筑路材料,用于高等级公路上做湿土路基用料,效果很好。

例(43),"憧憬"就是"向往",第二分句可改为"憧憬着未来的美好生活"。例(44),"唯一"是多余的,不仅无益,反而破坏了句子的组织。例(45),"上司"多余;"对此"多余。例(46),"用料"多余。

2. 照应不周

语句的前后成分之间照应不周,顾此失彼。病例:

(47) 只见三张明信片上各是三个风格的书房,标题分别是——《男人的"红颜"》《女人的"闺蜜"》《孩子的"乐园"》,落笔是"杜鹃之家"。

(48) 我们的读者经常询问,手臂和小腿如何减重,这无疑是最难减的身体部位之一。

例(47),"三个"改为"一个"。例(48),指代不明,"这"改为"手臂和小腿"。

3. 一句两歧

一句话有两种可能的讲法,这叫"一句两歧"。病例:

(49) 警方对报案人称围观者坐视不管表示愤慨。

(50) 外电报道:深圳一动物园有人向游客出售活鸡,让他们抛给老虎和狮子活活吃掉。他们呼吁"制止这种残忍的活动"。

(51) 江苏和浙江的部分地区下了雨。

(52) 《财经》和胡舒立:揭露造假急先锋。

例(49),句中肯定是"警方表示愤慨",但"愤慨"的对象可能有两种:一种是"报案人",一种是"围观者"。或者说"愤慨"的原因,一是因为"报案者说了些不实的话",二是因为"围观者坐视不管"。例(50),两个"他们"指代不同。应把第二个"他们"改为"这些游客"一类的词语。例(51),"部分地区"的定语是什么?有两种理解。例(52),两种理解:揭露/造假急先锋;揭露造假/急先锋。

4. 自相矛盾

话语提供的信息内容跟语境中的实际情况不一致,不能自圆其说;或者语句内部有冲突。病例:

(53) 面对合谋提出方案的说法,佩斯金和邱信福两人都一笑置之,予以否认。

(54) 上个世纪七十年代,我从一个莘莘学子,闯进了上海市绿化行业,从此与上海的绿化事业结下了不解之缘。

（55）这就是网络大 V 们的本来面目之一。

例(53),"一笑置之",只是笑一笑,便把它放在一边,不予搭理;"予以否认",对别人提出的问题,明确给出否定的回答。这两句话放在一起,让人不明白当事人到底是什么态度。例(54),"一个莘莘学子"用法有误。"莘莘",形容众多的样子。"莘莘学子"指众多的学生,表达的是群体形象。"一个莘莘学子",个体和群体混为一谈,显然是说不通的。另外,"从学生闯进绿化行业"也说不通。"学生"是一种社会身份,"绿化行业"是一种经济领域,两者属于不同的范畴,不能用在"从……到……"的格式里。或者改为"从学生成为一名绿化工作者",或者改为"从校园闯进绿化行业"。例(55),"本来面目"只能有一,不能有二。"本来面目之一"自相矛盾。

5. 比喻不伦

比喻是积极修辞的一个手段,能使文章格外生动。但运用比喻不当,就会让人觉得不伦不类,影响表达效果。病例：

（56）她号召同志们要在"中国梦"这三个字中争取做一笔一画中的一点。

（57）山西文化建设的春天来了。这必将是一段披荆斩棘的破冰之旅,也必将是一段玉汝于成的坚韧之旅,还必将是硕果累累的辉煌之旅。

（58）两条不长的辫子挂在耳旁,像大理石的浮雕一样温柔可爱。

（59）自然,这些大师们在鲜明地表达自己的观点时难免有几句过头的话,也不是鸡蛋里挑不出骨头的。

例(56),"一笔一画中的一点"费解。例(57),"披荆斩棘"与"破冰之旅"这两个比喻在逻辑上不搭配。"披荆斩棘"是形容陆地上的行为,"破冰"是在冰面上的举动,二者组合不协调,不能将修辞贯彻到底。可改说为"艰难卓绝的破冰之旅"。例(58),"浮雕"指在石头等硬质的物体上雕出的凸起的形象。浮雕如何"温柔"？例(59),鸡蛋里是没有骨头可挑的。有句俗语"鸡蛋里挑骨头",比喻吹毛求疵,故意挑毛病。"鸡蛋里挑不出骨头"可改为"毫无破绽"。

6. 数量表达混乱

这类差错涉及"们"字构成的复数、确数与概数的表达、倍数的表达等。

病例：

(60) 3名重伤的战士们正在接受手术。

(61) 去年，有13个海岛的人均收入超过千元以上。

(62) 由于化疗药物反应，朱鹏的白血球指数比正常值少3倍。

(63) 拓邦公司员工的平均年龄只有26岁左右，总经理很骄傲。

(64) 天合会计师事务所的职员从20人发展到40人，人数增加了2倍。

例(60)，"战士"前面有了数量词"3名"，后面就不能有"们"。"们"用在指人的名词或短语后面，是表示复数的助词。如果名词已经受数量短语修饰，或者在上下文中已经表明是复数，就不必再加"们"。如"各位朋友们"就是不当的表达。例(61)，"超过"后面应该是确定的数，而"千元以上"是一个概数，是不确定的。例(62)，表示数量的减少，不能用倍数，只能用分数。"比正常值少3倍"可改为"只是正常值的1/3"。例(63)，"平均年龄"是一个确数，是无法"左右"的。例(64)，"增加了"应改为"增加到"，因为"增加了"不包括底数在内。

7. 事实可疑

话语提供的信息内容必须跟语境中的实际情况相一致，不能说虚假的、证据不足的话。古人说："修辞立其诚。"表达上的不"诚"，就是话语传达的内容不正确，与事实不符。病例：

(65) 大人物之所以能成为大人物，就是能忍受常人不能忍受之苦难、之屈辱，比如能忍胯下之辱的韩信，比如能忍陈蔡之饥的孔夫子，比如能吞下自己粪便的孙膑……

(66) 郴州，一个湖南南部边陲小城，接近粤北……

(67) 虽然我们没有能登上8 844米的山峰，但能亲临海拔5 400米的珠峰大本营，也能算是"好汉"了吧？

例(65)，孙膑吞下的不是"自己粪便"，而是"狗屎与泥块"。孙膑"吞粪"，典出《东周列国志》第八十八回："涓上车而去，心中疑惑不已。恐其(孙膑)佯狂，欲试其真伪。命左右拖入猪圈中。粪秽狼藉，膑被发覆面，倒身而卧。再使人送酒食与之，诈云：'吾小人哀怜先生被刖，聊表敬意，元帅不知也。'孙子已知是庞涓之计，怒目狰狞，骂曰：'汝又来毒我耶？'将酒食倾翻地下。使者乃拾狗矢及泥块以进,脔取而啖之。"例(66),"边陲",边境、边疆。湖南显然不是中国的边境。例(67),知识滞后。2020年,中、尼两国向世界正式公布了珠峰高程的新数据:8 848.86米。

8. 逻辑乖谬

有些表述,荒谬反常,违背情理。比如:

(68) 共在全国核心期刊上发表学术论文10余篇,省级公开期刊发表论文30余篇,论文有10余人次入选并参加国家级、省级学术研讨会。

(69) 而与之相反,中西部地区法治人才则存在严重不足,特别是中西部地区的基层法院、检察院和律师等法律服务人员短缺现象严重。

例(68),"论文有10余人次入选并参加国家级、省级学术研讨会"说不通,"论文"不能作主语,可修改为"有10余人次凭论文入选参加国家级、省级学术研讨会"。例(69),"基层法院、检察院"是司法机构,不是人。后一个分句可改为"特别是中西部地区的基层法院、检察院的司法工作人员和律师等法律服务人员短缺现象严重"。

还有一种情况,就是言语交际中的预设出了问题。所谓预设,指言语交际双方都已经知道的常识,或者听到话语之后根据语境可以推理出来的信息。预设是推理的逻辑前提,不能悖于常理。请看病例:

(70) 王军驾驶一辆无牌别克轿车连闯两道关卡后,将位于车前示意停车的保安撞倒在血泊之中。

例(70),保安还没被撞倒,何来"血泊"呢?可把"撞倒在血泊之中"改为"撞倒,顿时血流满地"。

计量单位名称使用中的常见误区

国家实行法定计量单位制度。"国家法定计量单位"是指国际单位制计量单位和国家选定的其他计量单位。除国家法定计量单位以外的计量单位为非国家法定计量单位(简称"非法定计量单位")。出版物(古籍类、文艺类出版物除外)在使用计量单位时,应符合国家标准《量和单位》(GB/3100～3102—93)。使用非法定单位或已废弃的单位名称,都是错误的。出版物中涉及计量单位的常见误区是:

1. 不当地使用市制单位。如"丈、尺、寸、担、斤、两、钱、亩、斗"等市制单位,一般情况下都不能使用。但是,在文学作品中和引用历史资料时允许使用;在学术著作或以农民为读者对象的普及性读物中,必要时也可适当使用,不过要括注法定计量单位。

2. 不当地使用早已停用的"公字号"单位。除"公斤、公里、公顷"以外的所有"公字号"单位都应停止使用,如"公尺(米、m)、公分(厘米、cm)、公亩(百平方米、$100m^2$)、公升(升、L)、公方(立方米、m^3)、公吨(吨、t)"等(括号中为法定单位名称及符号)。"公斤、公里"一般也不要用于教科书中;教科书用到"公斤、公里"时,要改用法定单位"千克(kg)、千米(km)"。

3. 不当地使用英美制单位。英美制单位如"英寸、英尺、英里、平方英尺、立方英寸、英亩、夸脱、美吨、磅、盎司"等不能在出版物中使用。确有必要使用时,最好用括注形式,如"51cm(20英寸)"。

4. 不当地使用已废除的单位旧译名用字。"哩、浬、吋、唡、呎、瓩"等单位的旧译名用字,因为违反了言文一致的原则,原中国文字改革委员会和国家标准计量局 1977 年 7 月已发布《关于部分计量单位名称统一用字的通知》,明令禁止使用。"浬""瓩"的规范名称分别是"海里""千瓦";"哩""吋""呎""唡"是英美制非法定单位的旧名称,其名称现在分别用"英里""英寸""英尺""盎司"代替,一般情况下不能使用,必要时可用括注形式使用。

1984年2月国务院发布《关于在我国统一实行法定计量单位的命令》,明确指出:"自1991年1月起,除个别特殊领域外,不允许再使用非法定计量单位。"

为了既尊重使用非法定计量单位的民间惯例,又能有效保护消费者合法权益,进一步推广法定计量单位,2018年10月国家市场监管总局发布《非法定计量单位限制使用管理办法(征求意见稿)》。其中的"第五条"采用建立清单的办法,列出因特殊需要采用非法定计量单位的具体情形:

(一) 文史资料、科学史料、档案、文物、古籍、文学创作、翻译作品需要的;

(二) 新闻报道、影视、网络作品中涉及历史、文化习俗的;

(三) 根据国际协议、国际标准、行业国际惯例、出口贸易合同要求使用的;

(四) 重大工程项目、科技项目中确需使用的进口仪器设备;

(五) 亟需使用不可替代的进口计量器具;

(六) 进口消费品;

(七) 国家规定的其他情形。

新华社新闻信息报道中的禁用词和慎用词

（2016年7月修订）

一、时政和社会生活类

1. 对有身体伤疾的人士不使用"残废人""独眼龙""瞎子""聋子""傻子""呆子""弱智"等蔑称，而应使用"残疾人""盲人""聋人""智力障碍者"或"智障者"等词汇。

2. 报道各种事实特别是产品、商品时不使用"最佳""最好""最著名""最先进"等具有极端评价色彩的词汇。

3. 医药产品报道中不得含有"疗效最佳""根治""安全预防""安全无副作用""治愈率"等词汇，药品报道中不得含有"药到病除""无效退款""保险公司保险""最新技术""最高技术""最先进制法""药之王""国家级新药"等词汇。

4. 通稿报道中，不使用"影帝""影后""巨星""天王""男神""女神"等词汇，可使用"著名演员""著名艺术家"等。

5. 对各级领导同志的各种活动报道，慎用"亲自"等词。除了党中央国务院召开的重要会议外，一般性会议不用"隆重召开"字眼。

6. 对国内领导干部和国有企业负责人，不使用"老板"。

7. 报道中一般不有意突出某一类型群体或某一种身份。如灾祸报道中，不使用"死难者中有一名北大学生，其余为普通群众"的类似提法。

8. 不使用"践行'八荣八耻'"的提法，应使用"践行社会主义荣辱观"。

9. 报道中禁止使用"哇噻""妈的"等脏话、黑话等。近年来网络用语中对各种词语进行缩略后新造的"PK""TMD"等（新媒体可用"PK"一词），也不得在报道中使用。近年来"追星"活动中不按汉语规则而生造出的"玉米""纲丝""凉粉"等特殊词汇,我社报道中只能使用其本义,不能使用为表示"某明星的追崇者"的引申义。如果报道中因引用需要,无法回避这类词汇时,均应使用引号,并以括号加注,表明其实际内涵。

10. 新闻媒体和网站应当禁用的38个不文明用语:装逼、草泥马、特么的、撕逼、玛拉戈壁、爆菊、JB、呆逼、本屌、齐B短裙、法克鱿、丢你老母、达菲鸡、装13、逼格、蛋疼、傻逼、绿茶婊、你妈的、表砸、屌爆了、买了个婊、已撸、吉跋猫、妈蛋、逗比、我靠、碧莲、碧池、然并卵、日了狗、屁民、吃翔、××狗、淫家、你妹、浮尸国、滚粗。

二、法律法规类

11. 在新闻稿件中涉及如下对象时不宜公开报道其真实姓名:犯罪嫌疑人家属;案件涉及的未成年人;采用人工授精等辅助生育手段的孕、产妇;严重传染病患者;精神病患者;被暴力胁迫卖淫的妇女;艾滋病患者;有吸毒史或被强制戒毒的人员。涉及这些人时,稿件可使用其真实姓氏加"某"字的指代,如"张某""李某"。不宜使用化名。

12. 对刑事案件当事人,在法院宣判有罪之前,不使用"罪犯",而应使用"犯罪嫌疑人"。

13. 在民事和行政案件中,原告和被告法律地位是平等的,原告可以起诉,被告也可以反诉。不要使用原告"将某某推上被告席"这样带有主观色彩的句子。

14. 不得使用"某某党委决定给某政府干部行政上撤职、开除等处分",可使用"某某党委建议给予某某撤职、开除等处分"。

15. 不要将"全国人大常委会副委员长"称作"全国人大副委员长",也不要将"省人大常委会副主任"称作"省人大副主任"。各级人大常委会的委员,不要称作"人大常委"。

16. 国务院所属研究机构、直属机构和其他相关机构,称谓要写全,不得简称为"国务院"。

17. "村民委员会主任"简称"村主任",不得称"村长"。大学生村干部可称作"大学生村官",除此之外不要把村干部称作"村官"。

18. 在案件报道中指称"小偷""强奸犯"等时,不要使用其社会身份或者籍贯作标签式前缀。如:一个曾经是工人的小偷,不要写成"工人小偷";一名教授作了案,不要写成"教授罪犯";不要使用"河南小偷""安徽农民歹徒"一类的写法。

19. 国务院机构中的审计署的正副行政首长称"审计长""副审计长",不要称作"署长""副署长"。

20. 各级检察院的"检察长"不要写成"检察院院长"。

21. 不宜称"中共××省省委书记""××市市委书记",应称"中共××省委书记""××市委书记"。

22. 一般不再公开使用"非党人士"的提法。在特定场合,如需强调民主党派人士的身份,可使用"非中共人士"。"党外人士"主要强调中共党内与党外的区别,已经约定俗成,可继续使用。

23. 除对过去特定历史时期的表述外,不再继续使用"少数民族上层人士"的称谓。

三、民族宗教类

24. 对各民族,不得使用旧社会流传的带有污辱性的称呼。不能使用"回回""蛮子"等,而应使用"回族"等。不能随意简称,如"蒙古族"不能简称为"蒙族","维吾尔族"不能简称为"维族","朝鲜族"不能简称为"鲜族"等。

25. 禁用口头语言或专业用语中含有民族名称的污辱性说法,不得使用"蒙古大夫"来指代"庸医"。不得使用"蒙古人"来指代"先天愚型"等。

26. 少数民族支系、部落不能称为民族,只能称为"××人",如"摩梭人""撒尼人""穿(川)青人",不能称为"摩梭族""撒尼族""穿(川)青族"等。

27. 不要把古代民族名称与后世民族名称混淆,如不能将"高句丽"称为"高丽",不能将"哈萨克族""乌孜别克族"等泛称为"突厥族"或"突厥人"。

28. "穆罕默德"通常是指伊斯兰教先知。有一些穆斯林的名字叫"穆罕默德"。为了区别和避免误解,对这些穆斯林应加上其姓,即使用两节姓名。

29. "穆斯林"是伊斯兰教信徒的通称,不能把宗教和民族混为一谈。不能说"回族就是伊斯兰教""伊斯兰教就是回族"。稿件中遇到"阿拉伯人"等提法，不要改称"穆斯林"。

30. 涉及信仰伊斯兰教的民族的报道，不得提及与猪相关内容。

31. 穆斯林宰牛羊及家禽，只说"宰"，不能写作"杀"。

四、港澳台和领土、主权类

32. 香港、澳门是中国的特别行政区。在任何文字、地图、图表中都要避免让人误以为香港、澳门是"国家"。尤其是与其他国家名称连用时，应注意以"国家和地区"来限定。

33. 不得将香港、澳门与中国并列提及，如"中港""中澳"等。不宜将内地与香港、澳门简称为"内港""内澳"，可以使用"内地与香港（澳门）"，或者"京港（澳）""沪港（澳）"等。

34. "台湾"与"祖国大陆（或'大陆'）"为对应概念，"香港、澳门"与"内地"为对应概念，不得弄混。

35. 不得将港澳台居民来内地（大陆）称为来"中国"或"国内"。不得说"港澳台游客来华（国内）旅游"，应称为"港澳台游客来内地（大陆）旅游"。

36. 中央领导同志到访香港、澳门应称为"视察"，不得称为"出访"。中央有关部门负责同志到访香港、澳门应称为"考察"或"访问"。

37. 称呼包含香港、澳门的国际组织如世界贸易组织、世界气象组织成员时，应统称为"世界贸易组织成员""世界气象组织成员"等，不得称为"成员国"。

38. 在国际奥林匹克委员会或其他体育事务中，原则上按相应章程的要求或约定称呼。如"中国奥林匹克委员会"可简称为"中国奥委会"，"中国香港奥林匹克委员会"可简称为"中国香港奥委会"，"中国国家队"可简称为"国家队"，"中国香港队"可简称为"香港队"。

39. 区分"香港（澳门）居民（市民）"和"香港（澳门）同胞"概念，前者指居住在港（澳）的全体人员，包括永久性居民和非永久性居民，也包括中国籍居民和外国籍居民，后者则指中华民族大家庭成员。

40. 区分国境与关境概念。国境是指一个国家行使主权的领土范围，从国境的角度讲,港澳属"境内";关境是指适用同一海关法或实行同一关税制度的区域,从关境的角度讲,港澳属单独关税区,相对于内地属于"境外"。内地人员赴港澳不属出国但属出境,故内地人员赴港澳纳入出国(境)管理。

41. 将港澳台业务单列为国内业务的特殊类别加以规范管理,将往来内地及港澳台之间的交通线路称为"港澳台航线"或"国际/港澳台航线";将手机"港澳台漫游"业务单独表示,或称为"国际/港澳台漫游",也可称为"跨境漫游"或"区域漫游"。

42. 不得将港资、澳资企业划入外国企业,在表述时少用"视同外资",多用"参照外资"。

43. 内地与港澳在交流合作中签订的协议文本等不得称为"条约",可称为"安排""协议"等;不得将适用于国家与国家之间的专属名词用于内地与港澳。

44. 涉及内地与港澳在司法联系与司法协助方面,不得套用国际法上的术语,如内地依照涉外民事诉讼、刑事诉讼等程序与港澳开展司法协助,不得使用"中外司法协助""国际司法协助""中港(澳)司法协助"等提法,应表述为"区际司法协助"或"内地与香港(澳门)司法协助"等;对两地管辖权或法律规范冲突,应使用"管辖权冲突""法律冲突"等规范提法,不得使用"侵犯司法主权"等不规范提法;不得使用"引渡犯罪嫌疑人或罪犯"的表述,应称为"移交或遣返犯罪嫌疑人或罪犯"。

45. 不得将香港、澳门回归祖国称为"主权移交""收回主权",应表述为中国政府对香港、澳门"恢复行使主权""政权交接"。不得将回归前的香港、澳门称为"殖民地",可说"受殖民统治"。不得将香港、澳门视为或称为"次主权"地区。

46. 不得使用内地与港澳"融合""一体化"或深港、珠澳"同城化"等词语,避免被解读为模糊"两制"界限、不符合"一国两制"方针政策。

47. 香港、澳门特别行政区的官方机构和制度安排,应按照基本法表述。如"香港特别行政区行政长官"不得说成"香港特别行政区政府行政长官","澳门特别行政区立法会"不得说成"澳门特别行政区政府立法会";香港、澳门实行行政主导的政治体制,不得说成"三权分立"。

48. 对港澳反对派自我褒扬的用语和提法要谨慎引用。如不使用"雨伞运动"的说法,应称为"非法'占中'"或"违法'占中'";不称"占中三子",应称为"非法'占中'发起人",开展舆论斗争时可视情称为"占中三丑";不称天主教香港教区退休主教陈日君等为"荣休主教",应称为"前主教"。

49. 对 1949 年 10 月 1 日之后的台湾地区政权,应称之为"台湾当局"或"台湾方面",不使用"中华民国",也一律不使用"中华民国"纪年及旗、徽、歌。严禁用"中华民国总统(副总统)"称呼台湾地区正(副)领导人,可称为"台湾当局领导人(副领导人)""台湾地区领导人(副领导人)"。对台湾"总统选举",可称为"台湾地区领导人选举",简称为"台湾大选"。

50. 不使用"台湾政府"一词。不直接使用台湾当局以所谓"国家""中央""全国"名义设立的官方机构名称,对台湾方面"一府"("总统府")、"五院"("行政院""立法院""司法院""考试院""监察院")及其下属机构,如"内政部""文化部"等,可变通处理。如对"总统府",可称其为"台湾当局领导人幕僚机构""台湾当局领导人办公室";对"立法院"可称其为"台湾地区立法机构";对"行政院"可称其为"台湾地区行政管理机构";对"台湾当局行政院各部会"可称其为"台湾某某事务主管部门""台湾某某事务主管机关",如"文化部"可称其为"台湾文化事务主管部门","中央银行"可称其为"台湾地区货币政策主管机关","金管会"可称其为"台湾地区金融监管机构"。特殊情况下不得不直接称呼上述机构时,必须加引号,我广播电视媒体口播时则需加"所谓"一词。陆委会现可以直接使用,一般称其为"台湾方面陆委会"或"台湾陆委会"。

51. 不直接使用台湾当局以所谓"国家""中央""全国"名义设立的官方机构中官员的职务名称,可称其为"台湾知名人士""台湾政界人士"或"××先生(女士)"。对"总统府秘书长",可称其为"台湾当局领导人幕僚长""台湾当局领导人办公室负责人";对"行政院长",可称其为"台湾地区行政管理机构负责人";对"台湾各部会首长",可称其为"台湾当局某某事务主管部门负责人";对"立法委员",可称其为"台湾地区民意代表"。台湾省、市级及以下(包括台北市、高雄市等"行政院直辖市")的政府机构名称及官员职务,如省长、市长、县长、议长、议员、乡镇长、局长、处长等,可以直接称呼。

52. "总统府""行政院""国父纪念馆"等作为地名,在行文中使用时,可变通处理,可改为"台湾当局领导人办公场所""台湾地区行政管理机构办公场所""台北中山纪念馆"等。

53. "政府"一词可使用于省、市、县以下行政机构,如"台湾省政府""台北市政府",不用加引号,但台湾当局所设"福建省""连江县"除外。对台湾地区省、市、县行政、立法等机构,应避免使用"地方政府""地方议会"的提法。

54. 涉及"台独"政党"台湾团结联盟"时,不得简称为"台联",可简称"台联党"。"时代力量"因主张"台独",需加引号处理。"福摩萨""福尔摩莎"因具有殖民色彩,不得使用,如确需使用时,须加引号。

55. 对国民党、民进党、亲民党等党派机构和人员的职务,一般不加引号。中国国民党与中国共产党并列时可简称"国共两党"。对于国共两党交流,不使用"国共合作""第三次国共合作"等说法。对亲民党、新党不冠以"台湾"字眼。

56. 对台湾民间团体,一般不加引号,但对以民间名义出现而实有官方背景的团体,如台湾当局境外设置的所谓"经济文化代表处(办事处)"等应加引号;对具有反共性质的机构、组织(如"反共爱国同盟""三民主义统一中国大同盟")以及冠有"中华民国"字样的名称须回避,或采取变通的方式处理。

57. 对岛内带有"中国""中华"字眼的民间团体及企事业单位,如台湾"中华航空""中华电信""中国美术学会""中华道教文化团体联合会""中华两岸婚姻协调促进会"等,可以在前面冠以"台湾"直接称呼,不用加引号。

58. 对以民间身份来访的台湾官方人士,一律称其民间身份。因执行某项两岸协议而来访的台湾官方人士,可称其为"两岸××协议台湾方面召集人""台湾××事务主管部门负责人"。

59. 对台湾与我名称相同的大学和文化事业机构,如"清华大学""故宫博物院"等,应在前面加上台湾、台北或所在地域,如"台湾清华大学""台湾交通大学""台北故宫博物院",一般不使用"台北故宫"的说法。

60. 对台湾冠有"国立"字样的学校和机构,使用时均须去掉"国立"二字。如"国立台湾大学",应称"台湾大学";"××国小""××国中",应称"××小学""××初中"。

61. 金门、马祖行政区划隶属福建省管理,因此不得称为台湾金门县、台湾连江县(马祖地区),可直接称金门、马祖。从地理上讲,金门、马祖属于福建离岛,不得称为"台湾离岛",可使用"外岛"的说法。

62. 对台湾当局及其所属机构的法规性文件与各式官方文书等,应加引号或变通处理。对台湾当局或其所属机构的"白皮书",可用"小册子""文件"一类的用语称之。

63. 不得将中华人民共和国法律自称为"大陆法律"。对台湾所谓"宪法",应改为"台湾地区宪制性规定","修宪""宪改""新宪"等一律加引号。对台湾地区施行的"法律"改称为"台湾地区有关规定"。如果必须引用台湾当局颁布的"法律"时,应加引号并冠之"所谓"两字。不得使用"两岸法律"等具有对等含义的词语,可就涉及的有关内容和问题进行具体表述,如"海峡两岸律师事务""两岸婚姻、继承问题""两岸投资保护问题"等。

64. 两岸关系事务是中国内部事务,在处理涉台法律事务及有关报道中,一律不使用国际法上专门用语。如"护照""文书认证、验证""司法协助""引渡""偷渡"等,可采用"旅行证件""两岸公证书使用""文书查证""司法合作""司法互助""遣返""私渡"等用语。涉及台湾海峡海域时不得使用"海峡中线"一词,确需引用时应加引号。

65. 国际场合涉及我国时应称中国或中华人民共和国,不能自称"大陆";涉及台湾时应称"中国台湾",且不能把台湾和其他国家并列,确需并列时应标注"国家和地区"。

66. 对不属于只有主权国家才能参加的国际组织和民间性的国际经贸、文化、体育组织中的台湾团组机构,不能以"台湾"或"台北"称之,而应称其为"中国台北""中国台湾"。若特殊情况下使用"中华台北",需事先请示外交部和国台办。

67. 台湾地区在 WTO 中的名称为"台湾、澎湖、金门、马祖单独关税区"(简称"中国台北单独关税区")。2008 年以来经我安排允许台湾参与的国际组织,如世界卫生大会、国际民航组织公约大会,可根据双方约定称台湾代表团为"中华台北"。

68. 海峡两岸交流活动应称"海峡两岸××活动"。台湾与港澳并列时应称

"港澳台地区"或"台港澳地区"。对海峡两岸和港澳共同举办的交流活动,不得出现"中、港、台""中、澳、台""中、港、澳、台"之类的表述,应称为"海峡两岸暨香港""海峡两岸暨澳门""海峡两岸暨香港、澳门"。不使用"两岸三(四)地"的提法。

69. 台商在祖国大陆投资,不得称"中外合资""中台合资",可称"沪台合资""桂台合资"等。对来投资的台商可称"台方",不能称"外方";与此相对应,我有关省、区、市,不能称"中方",可称"闽方""沪方"等。

70. 台湾是中国的一个省,但考虑到台湾同胞的心理感受,现在一般不称"台湾省",多用"台湾地区"或"台湾"。

71. 具有"台独"性质的政治术语应加引号,如"台独""台湾独立""台湾地位未定""台湾住民自决""台湾主权独立""去中国化""法理台独""太阳花学运"等。

72. 对台湾教育文化领域"去中国化"的政治术语,应结合上下文意思及语境区别处理。如"本土""主体意识"等,如语意上指与祖国分离、对立的含义应加引号。

73. 荷兰、日本对台湾的侵占和殖民统治不得简称为"荷治""日治"。不得将我中央历代政府对台湾的治理与荷兰、日本对台湾的侵占和殖民统治等同。

74. 涉及台湾同胞不能称"全民""公民",可称"台湾民众""台湾人民""台湾同胞"。

75. 不涉及台湾时我不得自称中国为"大陆",也不使用"中国大陆"的提法,只有相对于台湾方面时方可使用。如不得使用"大陆改革开放""大陆流行歌曲排行榜"之类的提法,而应使用"我国(或中国)改革开放""我国(或中国)流行歌曲排行榜"等提法。

76. 不得自称中华人民共和国政府为"大陆政府",也不得在中央政府所属机构前冠以"大陆",如"大陆国家文物局",不要把全国统计数字称为"大陆统计数字"。涉及全国重要统计数字时,如未包括台湾统计数字,应在全国统计数字之后加括号注明"未包括台湾省"。

77. 一般不用"解放前(后)"或"新中国成立前(后)"提法,可用"中华人民共和国成立前(后)"或"一九四九年前(后)"提法。

78. 中央领导同志涉台活动,要根据场合使用不同的称谓,如在政党交流中,多只使用党职。

79. 中台办的全称为"中共中央台湾工作办公室",国台办的全称为"国务院台湾事务办公室",可简称"中央台办(中台办)""国务院台办(国台办)",要注意其在不同场合的不同称谓和使用,如在两岸政党交流中,多用"中央台办(中台办)"。

80. "海峡两岸关系协会"简称为"海协会",不加"大陆";"台湾海峡交流基金会"可简称为"海基会"或"台湾海基会"。海协会领导人称"会长",海基会领导人称"董事长"。两个机构可合并简称为"两会"或"两岸两会"。不称两会为"白手套"。

81. 国台办与台湾陆委会联系沟通机制,是双方两岸事务主管部门的对话平台,不得称为"官方接触"。这一机制,也不扩及两岸其他业务主管部门。

82. 对"九二共识",不使用台湾方面"九二共识、一中各表"的说法。一个中国原则、一个中国政策、一个中国框架不加引号,"一国两制"加引号。

83. 台胞经日本、美国等国家往返大陆和台湾,不能称"经第三国回大陆"或"经第三国回台湾",应称"经其他国家"或"经××国家回大陆(或台湾)"。

84. 不得将台湾民众日常使用的汉语方言闽南话称为"台语",各类出版物、各类场所不得使用或出现"台语"字样,如对台湾歌星不能简单称为"台语"歌星,可称为"台湾闽南语"歌星,确实无法回避时应加引号。涉及台湾所谓"国语"无法回避时应加引号,涉及两岸语言交流时应使用"两岸汉语",不称"两岸华语"。

85. 对台湾少数民族不称"原住民",可统称为台湾少数民族或称具体的名称,如"阿美人""泰雅人"。在国家正式文件中仍称高山族。

86. 对台湾方面所谓"小三通"一词,使用时须加引号,或称"福建沿海与金门、马祖地区直接往来"。

87. 对南沙群岛不得称为"斯普拉特利群岛"。

88. 钓鱼岛不得称为"尖阁群岛"。

89. 严禁将新疆称为"东突厥斯坦",在涉及新疆分裂势力时,不使用"疆独""维独"。

五、国际关系类

90. 有的国际组织的成员中,既包括一些国家也包括一些地区。在涉及此类国际组织时,不得使用"成员国",而应使用"成员"或"成员方",如不能使用"世界贸易组织成员国""亚太经合组织成员国",而应使用"世界贸易组织成员""世界贸易组织成员方""亚太经合组织成员(members)""亚太经合组织成员经济体(member economies)"。应使用"亚太经合组织领导人非正式会议",不应使用"亚太经合组织峰会"。台方在亚太经合组织中的英文称谓为 Chinese Taipei,中文译法要慎用,我称"中国台北",台方称"中华台北",不得称"中国台湾"或"台湾"。

91. 不得使用"北朝鲜(英文 North Korea)"来称呼"朝鲜民主主义人民共和国",可直接使用简称"朝鲜"。英文应使用"the Democratic People's Republic of Korea"或使用缩写"DPRK"。

92. 不使用"穆斯林国家"或"穆斯林世界",可用"伊斯兰国家"或"伊斯兰世界"。但充分尊重有关国家自己的界定,如印尼不将自己称为"伊斯兰国家"。

93. 在达尔富尔报道中不使用"阿拉伯民兵",而应使用"民兵武装"或"部族武装"。

94. 在报道社会犯罪和武装冲突时,一般不要刻意突出犯罪嫌疑人和冲突参与者的肤色、种族和性别特征。比如,在报道中应回避"黑人歹徒"的提法,可直接使用"歹徒"。

95. 不要将撒哈拉沙漠以南的地区称为"黑非洲",而应称为"撒哈拉沙漠以南非洲"。

96. 公开报道不要使用"伊斯兰原教旨主义""伊斯兰原教旨主义者"等说法,可用"宗教激进主义(激进派、激进组织)"替代。如回避不了而必须使用时,可使用"伊斯兰激进组织(成员)",但不要用"激进伊斯兰组织(成员)"。

97. 在涉及阿拉伯和中东等的报道中,不要使用"十字军(东征)"等说法。

98. 对国际战争中双方战斗人员死亡的报道,不使用"击毙""被击毙"等词汇,也不使用"牺牲"等词汇,可使用"打死"等词汇。

99. 不要将哈马斯称为恐怖组织或极端组织。

100. 一般情况下不使用"前苏联",而使用"苏联"。

101. 应使用"乌克兰东部民间武装",不使用"乌克兰亲俄武装""乌克兰民兵武装""乌克兰分裂分子"等。

102. 不使用"一带一路"战略的提法,而使用"一带一路"倡议。

常用口语字一览

口语字是记录语文生活中活的语言的符号。要把大众的语言生动、形象、准确地记录下来,掌握和运用口语字就成为一项重要的课题。目前,在报刊书籍中,特别是文艺作品中,口语字的使用还颇为混乱,一般人也是嘴上常说但笔下写不出。这大大地影响了汉语书面形式的规范。这里,我们整理了书面语中不常见但口头常说的几十个口语字,供大家参考。

常用口语字一览表

口语字	读音	释义	语例
熬	āo	烹调方法,把蔬菜等放在水里煮。	熬白菜。
滗	bì	挡住渣滓或泡着的东西,把液体倒出。	把药汁滗出来。
醭	bú,旧读 pú	醋、酱油等表面生出的白色的霉。	这东西禁不住放,都长醭了,以后买了别舍不得吃!
礤	cǎ	把瓜、萝卜等擦成丝儿的器具。	礤子,礤床儿。
焯	chāo	把蔬菜放在开水里略一煮就拿出来。	小排在开水里焯一下。
绰	chāo	匆忙地抓起,拿起。也写作"抄"。	绰起棍子。
碜	chěn	食物中杂有沙子。	牙碜。
憷	chù	害怕,畏缩。也写作"怵"。	领导一开会我就发憷。
欻	chuā	形容短促迅速的声音。	"欻"的一声,箭射了出去。
搋	chuāi	①以手用力压和揉;②用搋子疏通下水道。	1.别忘了搋点面,晚上蒸馒头。2.马桶堵住了,你去搋一下。

(续表)

口语字	读音	释义	语例
膪	chuài	①猪胸腹部肥而松的肉；②方言，指人长得肥胖。	囊膪。
呲	cī	方言，斥责，申斥。	作业写不完，又是一顿呲儿。
皴	cūn	①（皮肤）因受冻而裂开；②方言，皮肤上积存的泥垢。	1.抹点护手霜，手别皴了！2.给你搓搓，你看看都是皴。
捯饬	dáochi	收拾，整理，多指整理仪容。	这儿太乱了，赶紧捯饬捯饬吧。
扽	dèn	拉，拽。	看你衣服穿的，往上扽扽。
掇	duō	方言，用双手拿；搬（椅子、凳子等）。	掇条凳子，坐了两个时辰。
嗐	hài	叹词，表示伤感、惋惜、悔恨等。	嗐，别提他啦！
薅	hāo	①用手拔（草等）；②方言，揪。	我小时候还薅过羊毛呢。
齁	hōu	①吃太咸或太甜的东西后使喉咙不舒服；②方言，非常（多表示不满意）。	这咸菜真齁人。
烀	hū	一种半蒸半煮的烹饪方法。	烀地瓜。
和	hú	打麻将或斗纸牌时某一家的牌合乎规定的要求，取得胜利。	他运气真好，连和了三把牌！
煳	hú	食品经火变焦发黑；衣物等经火变黄、变黑。也作"糊"。	红薯烤煳了。
嚄	huō	叹词，表示惊讶。	嚄！好大的鱼！
㓦	huō	用刀尖插入物体然后顺势拉（lá）开。	用刀一㓦，绳子就断了。
搛	jiān	夹取。	用筷子搛菜。
豇	jiāng	一种普通的蔬菜，果实为圆筒形长荚果，种子呈肾脏形。	豇豆烧肉是一道家常菜。
膙	jiǎng	即"趼子、茧子、老趼"。手、脚的掌面部分因摩擦而生的硬皮。	脚底长了膙子。

（续表）

口语字	读音	释义	语例
阄	jiū	为了赌胜负或决定事情而各自抓取做好记号的纸团等。	抓阄。
焗	jú	一种烹饪方法。用盐或净沙下锅炒热,再将食物用纱布等包好,埋入热沙或热盐中,盖紧锅盖,利用慢火焖熟。	盐焗鸡。
剋	kēi	①申斥;②打(人)。	背着媳妇儿偷藏私房钱,被发现了准挨剋。
㧟	kuǎi	①拐;②用指甲抓、搔。	她㧟着竹篮出门了。
剌	lá	割开,划开。也写作"拉"。	手剌破了。
撩	liāo	①把东西垂下的部分掀起来;②用手舀水由下往上甩出去。	撩起褂子的下摆。
繚	liáo	缝缀,用针斜着粗粗缝合。也写作"缭"。	针脚松了,要繚上几针。
尥	liào	尥蹶子(liàojuě·zi),骡马等跳起来用后腿向后踢。	驴子一尥蹶子,把他踢倒了。
撂	liào	①放、搁;②弄倒;③抛、扔。	撂倒了一个敌兵。
熘	liū	一种烹调方法,炒的时候掺入淀粉汁。也写作"溜"。	熘肉片。
捋	lǔ	用手指顺着抹过去,使物体顺溜或干净。	捋胡子。
抿	mǐn	嘴唇轻轻地沾一下碗或杯子,略微喝一点儿。	抿了一口酒。
苶	nié	方言,表示疲倦、精神不振。	他今天有点儿苶。
煁	ǒu	烧火时柴草等没有充分燃烧而产生大量的烟;燃烧艾草等以产生大量的烟驱蚊虫。	煁了一屋子烟。
泡	pāo	量词,用于屎尿。也写作"脬"。	撒了一泡尿。
擗	pǐ	掰。	擗玉米棒子。
潽	pū	液体沸腾溢出。	牛奶潽出来了。

(续表)

口语字	读音	释义	语例
戗	qiāng	（言语）冲突。	两个人说得戗起来了。
潲	shào	雨斜着落下来。	外头正潲着雨。
嗍	suō	用唇舌吮吸。	嗍一下筷子上沾的汤。
趿	tā	趿拉，把鞋后帮踩在脚后跟下。	她趿拉着鞋子出门了。
薹	tái	蒜、韭菜、油菜等顶上开花结实的茎，嫩的可作蔬菜。	蒜薹长老了就不好吃。
溏	táng	不凝结、半流动的。	煎了一个溏心蛋。
熥	tēng	把凉了的熟食蒸热或烤热。义近"馏"。	把中午的剩饭熥一下。
掗	wǎ	方言，用手或器皿取物，舀。	从坛里掗了一瓢米。
饧	xíng	糖块、面剂子等变软。	大白兔糖已经饧了。
擤	xǐng	捏住鼻子，用力排出鼻涕。	不要当人的面擤鼻涕。
哕	yuě	呕吐，气逆。	刚吃完药，都哕出来了。
拃	zhǎ	①张开大拇指和中指（或小指）来量长度；②张开的大拇指和中指（或小指）两端间的距离。	这本书正好一拃长。

[附录]

规范:约定的、设定的和法定的

陈光磊

凡事,不以规矩,不成方圆。说话行文也是如此,得按着使用语言文字的规则来,也就是要遵循语言文字的规范。的确,遵循这一定的规范,是人们在社会生活中运用语言文字进行交际而能够互相理解、互相沟通、互相协调的前提和保证。

语言文字的规范可以有:约定的、设定的和法定的。

约定的规范,是人们在使用语言进行交际活动中约定俗成的习惯性语言规则。诚如荀子在《正名》篇所说:"名无固宜,约之以命,约定俗成谓之宜,异于约则谓之不宜。"其实,不只是称举事物的词(名),表达思想的语句构造也是约定俗成的。约定俗成正是语言形成的一种机制,是语言所固有的属性。譬如,汉语语法学上说"他在食堂里吃饺子""他把饺子吃在肚子里了"是合法句,那就是这种"把"字句式的用词造句合乎约定的规范,即"谓之宜";而"他在肚子里吃饺子""他把饺子吃在食堂里了"之类就"异于约则谓之不宜",是不合法句。这种约定的规范是语言的自然规范,也是语言文字规范的基础形态。

设定的规范,是为了适应社会交际的特定需要,在约定性规范的基础上,人们对语言文字使用所规定的更为一致、明确的准则。譬如,对科技文献、法律文本、公文文书等不同领域或不同行业的专门用语和表述法式的有关规定,就是设定性语言规范。而为了对语言文字使用的歧异现象或混乱现象加以整理澄清,语文专家依据语言文字系统规范性的整体要求和社会语文生活的实际需要进行取舍斟酌,确认和作出相关的规定,以对公众的语文运用有所建议和引导,这也是一种设定性规范。比起约定的规范来,设定的规范其标准性和制约性的要求更为严整一些。

法定的规范,是政府所颁布的使用语言文字的法则和标准。法定规范的制定和推行,一般都经过公众和专家的讨论和认同,是以约定的规范和设定的规范作为基础和依据的。譬如,《国家通用语言文字法》以及《汉语拼音方案》《简化字总表》《通用规范汉字表》《标点符号用法》等,都是我国语言文字的法定规范。一个国家法定的语言文字规范通常也就是国际上使用该国语言文字的国际标准。这是一个国家和民族主权的体现和表征,如作为联合国工作语言之一的中文,其使用上就都要遵照中国政府所颁布的语言文字标准。语言规范的标准化和法制化,是现代化国家文明的社会语文生活所必需的,也是一个国家的语言文字走向世界并拥有国际话语权所必需的。

设定的规范和法定的规范是对约定俗成规范的加工、提高和完善,使语文规范的使用更具规则性、系统性和确定性(即稳定性)。拟定并推行设定性规范和法定性规范,就是通常所说的进行语文规范化工作。

或问:进行规范是不是不许人们在语言文字的使用上作修辞创新?会不会阻碍语言文字的发展变化?

其实,语言文字就是在形成规范和不断变化的互动中存在和发展的。既有相对稳定的规范,又有与时俱进的变化,语言文字才能正常发展,才能有效地实现其社会交际功能。倡行规范,可以避免和治疗语言文字发展中可能出现的破坏性变化与乱象,保障语言文字的规则性和系统性;更可以为适应社会政治、经济、文化等方面的有关需要推出相应的语文法规,做好语文服务。创新变化,可以避免规范僵化而使语言文字失去活力,有利于规范的更新和完善,让语言文字的表达丰富多彩,喜闻乐见。总之,语言是不断发展的,是在规范与变化中平衡而发挥自己的功用的。用科学发展观进行语文规范,不是也不会遏制人们运用语言文字的创造性,不是也不会消解语言文字的丰富性和优美性,不是也不会阻碍语言文字的发展变化。恰恰相反,它为语言文字的创新变化提供了凭借和指引,它是语言文字健康发展的强大动力。

推行语文规范,是个巨大的社会工程,主要靠引导,切不可简单化。规范之用,对于不同的社会人群、不同的事业领域、不同的语文体式、不同的交际场域以至语言文字结构系统的不同层次等等,自当会有其不同的标准和要求,即有不同的规范度。规范可变通而不可失度或无度。要宽严互用,刚柔相济;既要避免胶柱鼓瑟,墨守成规,又要防止任性乱为,差错频出。凡此,就要提高全社会语言使用上的规范意识,鼓励创新则以"出新意于法度之中"为指归。推行语文规范,我们广大的语文工作者都是责无旁贷,而从事教育和新闻出版的人士则要更有担当。

2020 年 5 月

(作者系复旦大学国际文化交流学院教授、原《修辞学习》主编)

如何区分"作"与"做"

杨林成

如何区分"作"和"做"?这里我们来尝试做一番辨析。

先说渊源关系。"作"的产生很早,《说文解字》中就已收录,解释为"起也",就是兴起的意思,如"一鼓作气""兴风作浪"等。后来,在语文实践中,"作"产生了好多用法,如发作、当作、装作、作品等。读音上,"作"在上古时期(公元3世纪以前)读入声;在中古时期(4世纪至12世纪)主要有两个读音:一个读入声,一个读去声。为了提高文字记录语言的明确性,人们造了一个"做"字,来分担"作"(读去声时)承担的职务。从汉字发生的角度看,"作"是母字,"做"是分化字。据研究,"做"字的出现,最迟不晚于宋代。最早收录"做"字的辞书,是明代的《字汇》。在古代辞书编纂家的眼里,"作"通常被看作正体,"做"被看作俗体。

在今天的一些保留入声字的方言里,"作"和"做"的发音是不一样的。比如,在笔者家乡江苏淮安的方言(属于北方话江淮官话)里,"作"读入声,"做"读去声。因此,说话时什么地方用"作",什么地方用"做",并不难于区别。像"作废""作难""作践""自作自受"等中的"作",都读入声;而"做媒""做了一件好事"等中的"做",都读去声。

到了现代汉语普通话里,随着入声调的消失,"作"和"做"都读去声,变成了同音字。正因为这样,吕叔湘等语言学家曾主张统一写成一个字——"作"。但由于汉字先入为主的影响,"作"和"做"在实际用法上已经有了一定的分化,这是文字对语言的反作用。这种分化还没最终完成,所以存在着一些两可场合。

从修辞上来看,"作"比较典雅,多出现在抽象意义的词语、书面语色彩较重的词语,特别是成语里;而"做"口语色彩较重,表示具体器具的制作或具体性的事务、专业性的工作。

从语法上来看,"作"与后面支配的成分关系紧密,其所支配成分的音节相对较少;"做"与后面所支配成分的关系相对松散,其所支配成分的音节相对较多,即使组成的是词语,也是离合词,比如"做样子",也可说成"做做样子"。

附 录

具体来说,"作"和"做"的区分,可分为三种情况:一是必须用"作"的场合;二是必须用"做"的场合;三是既可用"作"也可用"做"的两可场合。

必须用"作"的场合主要有:①表示起、兴起义时,如"日出而作""枪声大作"。②典雅、古老的两字格词语或四字格成语中,如"作别""作俑""作壁上观""作法自毙"。③表示发作义时,如"作怪""作呕"。

必须用"做"的场合主要有:①表示制造义时,如"做一张桌子""做图书"等。②表示举行庆祝或纪念活动时,如"做寿""做生日"等。③表示结成某种关系时,如"做朋友""做亲"等。④表示假装出某种模样时,如"做鬼脸""做样子"等。⑤表示从事某种活动的三字格词语(多为俗语性质的惯用语)中,如"做手脚""做针线""做文章"(比喻抓住一件事发议论或在上面打主意)、"做生意""做圈套"等。

两可的场合主要有:①表示从事某种活动,如"作报告/做报告""作贡献/做贡献""作声/做声""作秀/做秀""做证/作证""作诗/做诗"等;②表示充当、当成义,如"当作/当做""看作/看做""作反面教材/做反面教材"。在用"作""做"两可的情况下,要做到局部一致。另外,还应注意区分推荐词形与非推荐词形。一般应首选权威辞书的推荐词形,比如《现代汉语词典》将"作声""作秀""做证""当作""看作""叫作"等确定为推荐词形。

总之,"作"和"做"既有不同的职务分工和习惯用法,又有一定范围内的通用关系。至于个别词语的用字倾向,可参考专家意见和权威工具书。

(原刊于《语言文字周报》1794号,标题《欢喜冤家"作"与"做"》)

"的、地、得"相混何时了?

杨剑桥

近几年来,在学生作文、荧屏,乃至报纸杂志上,结构助词"的"和"地"混淆不分的现象已经比比皆是、屡见不鲜。更令人吃惊的是,这一现象甚至开始扩展到助词"得"字了。

比如"玩得就是心跳"(王朔小说),"雨下的虽不大,但妈妈要求我去学校的路上穿鞋套"(《新民晚报》2017.6.11 第 26 版),"完成的非常之好"(上海电视2017.6.17《相约星期六》节目字幕),"到底谁说得才是真的"(《上海电视》2017.6.18《一呼百应》节目字幕),"说的容易,做起来可不简单"(《劳动报》2017.7.3 第 7 版),"乌鸦远比人们想象得更聪明"(《文汇报》2017.7.16 第 5 版)。人们不禁要问:"的、地、得"不分合理吗?"的、地、得"相混何时才能结束?

我们认为,目前这一局面的形成与语文基础教学的缺失有关,也与社会大众、传播媒体的不够重视有关。

早些年,曾有学者提出:"的"和"地"的分工是从五四时期开始的,主要是为了适应外文翻译上的需要,而在汉语历史上,过去曾经不分,也并未引起混乱。这一主张造成的后果是,1984 年《中学教学语法系统提要(试用)》提倡不分"的"和"地"。但是事实上,"的、地、得"的分工使得汉语书面语的表达更为科学、精密和准确,这是现代汉语书面语自身发展的客观需要,而不仅仅是为了外文翻译。

例如:"我们需要实事求是的调查"("我们"不一定参与调查)/"我们需要实事求是地调查"("我们"参与调查),"他喜欢剧烈的运动"(指喜欢的运动种类)/"他喜欢剧烈地运动"(指喜欢的运动方式),"小李说的好"(小李的意见正确)/"小李说得好"(小李的表达良好),"好的没话说"(对于好的商品没意见)/"好得没话说"(商品质量非常好),"这头牛拉的比拖拉机还多"(指牛拉的东西多)/"这头牛拉得比拖拉机还多"(指牛的力量大),"他高兴地笑了"(指笑的状态形貌)/"他高兴得笑了"(指高兴的程度或结果)。

至于说"过去曾经不分,也并未引起混乱",这也不能成为理由。第三人称代词"他"和"她"过去也曾经不分,也并未引起混乱,但是现在并没有人主张取消"她"。

从学术界的观点看,目前几乎所有的高校现代汉语教材、权威辞书都是主张区分"的、地、得"的。例如:《现代汉语词典》明确指出"的"字用在定语后面,"地"字用在状语后面,"得"字用在补语前面,并没有"的、地、得"不分的说法。该词典第5版"的"字另有"同'得'"的用法,但第7版已改成"旧同'得'",也就是说"的、得"不分是旧时的现象,现代汉语"的"没有"得"的用法。

"的、地、得"涉及的是语法,语法是人们在语言交际中必须遵循的规则。正如人人必须遵守的交通法规,虽然机动车闯红灯有时并不会发生交通事故,但人们绝不会因此而认为机动车可以闯红灯。区别"的、地、得"并不是很难的事,20世纪40年代到70年代出生的、接受过中小学语文教育的人至今几乎都能正确运用。我们希望能引起全社会的重视,尽早改变"的、地、得"混乱使用的现象。

(原刊于《语言文字周报》1756号)

"的""地""得"——三个不同的成分标记

宗守云

"的""地""得"是三个不同的结构助词,是汉语中非常重要的语法成分。"的""地""得"读音相同,口语无法区分,只用于书面区分。从基本用法来看,"的""地""得"可以这样区分:"的"——定语标记,用于定语和中心语之间;"地"——状语标记,用于状语和中心语之间;"得"——补语标记,用于述语和补语之间。

先说"的"。"的"用于定语和中心语之间,如"我的电脑""明天的报纸""北京的天气""写的文章",等等。定语和中心语之间有的不能用"的",如"那本书",不能说"那本的书";有的必须用"的",如"在上海的外国人",不能说"在上海外国人";有的可加可不加,但意义不同,"一斤鱼"和"一斤的鱼"不同,"一斤鱼"不一定是一条,"一斤的鱼"一定是一条。有的结构本来不是定中结构,加"的"就变成定中结构,如"写文章"是述宾结构,"写的文章"是定中结构;"老王师傅"是同位结构,"老王的师傅"是定中结构。

再说"地"。"地"用于状语和中心语之间,如"悄悄地说""飞快地站了起来",等等。一般地,单音节状语都不加"地",如"很好"不能说"很地好","大吃一顿"不能说"大地吃一顿"。时间名词、能愿动词、动量短语、介宾短语做状语,都不加"地"。双音节形容词做状语一般要加"地",如"高兴地说""满意地点了点头"。双音节副词做状语,大部分可加可不加,如"非常愉快"和"非常地愉快","慢慢走"和"慢慢地走";有些不能加"地",如"马上走"不能说"马上地走","的确贵了点儿"不能说"的确地贵了点儿"。

最后说"得"。"得"用于述语和补语之间,如"写得非常好""吃得饱""走得出去""好得不得了",等等。状态补语必须带"得",如"写得非常好"不能说"写非常好"。可能补语的肯定形式可以看作是结果补语和趋向补语加补语标记"得"形成的,如"吃饱",补语是结果补语,"吃得饱"是可能补语的肯定形式,意思是"能吃饱";"走出去",补语是趋向补语,"走得出去"是可能补语的肯定形式,意思是"能走出去"。程度补语有些带"得",比如"热得很""好得不得了",等等。

"的""地""得"的基本用法是容易辨别的,但有时会出现纠结的情形,包括"的"和"地"的纠结,"的"和"得"的纠结,"地"和"得"的纠结。

先说"的"和"地"的纠结。"的"和"地"的纠结主要是由于偏正结构性质的问题,即一个偏正结构到底是定中结构还是状中结构。定中结构和状中结构的区分主要看中心语的性质,如果中心语是名词性的,就是定中结构,如"我的电脑""明天的报纸","电脑""报纸"都是名词性的;如果中心语是动词或形容词性的,就是状中结构,如"非常地愉快""慢慢地走","愉快"是形容词性的,"走"是动词性的。还要看整个偏正结构的语法位置,比如"这本书的出版",由于总出现在主语和宾语的位置上,因此即使"出版"是动词性的,"这本书的出版"也是定中结构,用"的"而不用"地"。有时要根据语法位置决定用"的"还是用"地","周密的调查很有必要","周密的调查"在主语位置,是定中结构,用"的";"他们正在周密地调查问题","周密地调查"在谓语位置,是状中结构,用"地"。

再说"的"和"得"、"地"和"得"的纠结。"的"和"得"、"地"和"得"一般不容易形成纠结,只是在歧义的情况下容易出现纠结的情形。"的"可以省略中心语,形成"的"字短语,如"我的""写的""他买的",等等。如果是在动词性成分之后、形容词性成分之前,既可能是"的",也可能是"得",从而出现纠结情形,如"写的很好"和"写得很好",前者是主谓结构,意思是内容很好,后者是述补结构,意思是行为很好。如果是在形容词性成分之后、动词性成分之前,既可能是"地",也可能是"得",这也是纠结情形,如"高兴地跳了起来"和"高兴得跳了起来",前者是状中结构,中心成分是"跳了起来",后者是述补结构,中心成分是"高兴",根据辅助成分重读的原则,在口语中两个结构的重音位置是不同的,"高兴地跳了起来"重音为"高兴","高兴得跳了起来"重音为"跳了起来"。

在具体运用中,"的""地""得"有时不容易辨别,但只要我们抓住三者的基本用法差异,就可以简驭繁,变难为易。

(原刊于《语言文字周报》1798号)

"作/做""的/地"问题再观察

张 耕

近期《语言文字周报》刊登了杨林成先生《欢喜冤家"作"与"做"》(2018年7月11日)和宗守云先生《"的""地""得"——三个不同的成分标记》(2018年8月8日)的两篇文章,分别从语言规范的角度辨析了"作/做"和"的/地"的用法。但是,问题并没有到此结束:"作/做"存在两可的场合,如"当作/当做、看作/看做";而作为状语标记,"地"常被误用为"的",如将"非常地愉快"写作"非常的愉快"。"作/做"的"两可"与"的/地"的"混用"只是偶然的、任意的现象吗?社会语言学的研究可以帮助我们发掘现象背后潜藏的规律。

顾名思义,社会语言学所关注的是语言在社会中的表现,特别是语言与人群的关系。上述现象中,两可的"作/做"可以概括为 zuò 字变异,它有"作"和"做"两个变体;混用的"的/地"可以概括为 de 字变异,它有"的"和"地"两个变体。在语言使用中,不同的人群会选用不同的变体:对于 zuò 字变异,一些人选择"作",而另一些人选择"做";de 字变异同理。社会语言学认为,这种变异现象并不是无序的、杂乱的,而是受人群的性别、年龄和文化程度等社会因素制约,通过大样本的社会调查可能会发现变异的规律,从而透过现象看本质,为今后的实践提供指导。这便是社会语言学著名的"有序变异"理论。

对于两可的"作/做",刘灵珠《"作/做"变异研究》(《中国社会语言学》,2005年第2期)一文就曾做过302人的社会调查。她选择了"叫 zuò、当 zuò、看 zuò"等词,对不同性别、年龄和文化程度的人群进行听写测试,观察人们对"作/做"的选择。调查结果发现,从小学到硕士,随着文化程度的提高,选择"作"字的人数越来越多,而选择"做"字的人数越来越少。也就是说,"作"的选用与文化程度成正比,而"做"的选用与文化程度成反比。性别、年龄等因素对"作/做"的选用则没有显著影响。

无独有偶,对于混用的"的/地",张耕《语言规划中的变异研究——以"的/地"分合问题为例》(《语言研究》,2018年第2期)一文也曾做过194人的社会调查。他选择了 8 个含有状中短语的句子，如"我勉强地同意了"，对不同性别、年龄和文化程度的人群进行听写测试，观察人们对状语标记"地"是否误用为"的"。调查结果发现，从小学、初中到硕士、博士，选择"地"字的人数与文化程度成正比，而选择"的"字的人数与文化程度成反比。性别、年龄等因素对"的/地"的选用则没有显著影响。

不难看出，两项研究的结论都指向了文化程度，换言之，教育在人们的语言生活中扮演着至关重要的角色。究其原因在于，"作"相对于"做"更为典雅，书面色彩更浓；而"地"相对于"的"更为规范，要求具备辨别不同语法结构的能力。当人们接受的教育水平更好，语言文化知识更加丰富，自然也就倾向于使用更典雅、更规范的文字。

社会语言学的研究把静态的语言知识，放到动态的社会人群中观察，从而发现了语言与社会的奥秘："作/做"的"两可"与"的/地"的"混用"两例个案说明，教育水平、文化程度的高低往往左右着人们的语言使用。反思调查结论，可以为今后的实践提供指导。激进的观点或许会认为，"作/做、的/地"的区分没有必要，是"精英主义"的做法，不如统一为一个字。但我们这里赞同更稳妥的观点：既然知道语言能力的根本在教育、在文化，我们便应多读好书、多学习传统文化，并注意查阅工具辞书，逐步提升自己的语言文化修养。不仅仅是"作/做、的/地"问题，整体的字、词运用能力都能得到潜移默化的提高。这样，人们的语言生活朝着规范、典雅的方向努力，不是更好吗？

（原刊于《语言文字周报》1809 号）

让语法融进生活,规范使用"的、地、得"

吴 越

"的、地、得"的使用,是语言文字应用中的老问题和大问题,曾经引起语言学界、中小学教育界以及社会各界人士的关注。我们的观点是:"的、地、得"的使用一定程度上反映语言使用者对汉语语法的感知和判断。区分"的、地、得"具有语言学价值,是语言文字使用规范性的体现,因此建议人们规范使用。

人民出版社中学语文室《中学教学语法系统提要》(1984)的附注中提到对"的、地"的使用不作硬性规定,"愿意分写的尽管分写,只要分得对就行"。而此前的《暂拟汉语教学语法系统》(1956年)则明确区分三者。我们也建议人们规范使用:简单来说,"的"显示定中偏正关系,是定语的标记;"地"显示状中偏正关系,是状语的标记;"得"显示述补关系,是补语的标记。

其实,"的、地、得"的分工格局在汉语中的历史并不悠久。唐宋白话中有"地"和"底"。"地"用于描写性的修饰语(与现在的"地"不是一回事),"底"用于限制性的修饰语。后来,两个成分逐渐都用"的"来记录。五四时期,"地"才再次从"的"中分离。历时地看,如今"的、地、得"的功能与分工都是相当后起的。现在由"地"标记的成分,即状语,在古汉语中与"地"没有关系。古汉语中有不少表状态的词,基本都含词缀"然、忽"等。如今由"得"标记的成分,即补语,古汉语可用"之"标记而与"得"无关,如"未若复吾赋不幸之甚也"(《捕蛇者说》)。

尽管如此,我们仍然认为区分"的、地、得"是有意义的,这是出于共时角度的考虑。共时地看,"的、地、得"在现代汉语语法体系中承担着标记不同语法关系的任务。狭义的"现代汉语"就是指普通话,即"以北京语音为标准音、以北方话为基础方言、以典范的现代白话文著作为语法规范的现代汉民族共同语"。吕叔湘先生曾说过,理论上,定语和状语的区别取决于被修饰成分自身的词性,而不取决于用"的"还是"地"。这就是说,"的、地、得"只是语法关系的标记,而不是影响或决定因素。但在实际运用中,我们必然会遇到语法关系不明朗的情况,此时就凸显出标记的作用来。

就以最典型"的"对"得"的替代来举例。一般认为,"的"包容性最强,有时被用于替代"得、地",而"得、地"不能替代"的"。但即便是"的",也有不便替代"得"的时候。如吕叔湘先生举的一个例子:"这两个花瓶小得有意思"不同于"这两个花瓶小的有意思,(大的不怎么样)"。语言使用者选用"的"或"得",直接反映他们对语言成分的定性,直接影响他人对语义内容的理解。又如,有人提出"他吃 de 很香"中,"de"可以是"的"或"得"。那么事实如何呢?我们认为,这里的"de"一般倾向为"得",用于标记"吃"的补语。因为此时"他吃的"用于表示"他吃的食物"并不十分自然,需要提供语境或背景信息以示对比,如:"他吃的很香,(我吃的就不怎么样)"。该例两种解读的自然度存在明显差异。而上述"花瓶"例的两种解读接受度就比较平衡。接受度的背后是又一个经典的汉语语法问题:"的"的名词化功能及自指意义和转指意义的区别。简单来说,"的"的名词化功能是指:谓词性成分带上"的"以获得名词性。当名词化造成的名词性成分与原来的谓词性成分所指相同时,就是自指。自指的情况受限较多,例如不能省略其后的中心语,如"开车的技术"不能省略为"开车的";反之,当所指不同时,就是转指,如"游泳"加"的",通常指的是"游泳的人"。"的"的名词化过程及所造成的名词性成分入句的合法性有许多影响因素,有兴趣的读者可阅读朱德熙先生的经典论文《自指与转指》。

综上,我们的观点是,建议人们区分并规范使用"的、地、得",让语法融进生活。

(原刊于《语言文字周报》1860 号)

略说普通话异读词的审音原则*

刘祥柏　刘丹青

《普通话异读词审音表》自1985年正式发布后,迄今已30多年。30年来,普通话语音规范出现各种新的情况,迫切需要解决,新时期的普通话审音工作势在必行。近年来,新的普通话异读词审音工作在教育部的推动下逐步展开,其中确定普通话异读词的审音原则,是至关重要的一个环节。

普通话异读词审音原则在1985年版的《普通话异读词审音表》中并无明确的表述,不过,这并不代表从20世纪50年代开始的普通话异读词审音工作缺乏审音原则。整理早期普通话审音工作中坚持的一些重要原则,并结合新时期的语言事实,继承和进一步发展原有的普通话异读词审音原则,确立新的审音原则,是新时期审音工作的根本和前提。作为承担此次审音任务的课题组成员,我们对本次审音工作所确立的审音原则做一点说明和解释。本文所说的本次审音结论是指教育部最新一轮普通话审音课题的结论。

新的审音原则

新一轮普通话异读词审音确立了5条审音原则:

(1) 以北京语音系统为审音依据。

(2) 充分考虑北京语音发展趋势,同时适当参考在官话及其他方言区中的通行程度。

(3) 普通话使用者已广泛接受的原审音表读音维持不变。

(4) 尽量减少没有别义作用或语体差异的异读。

---

* 本项研究得到国家语委委托项目"审音原则的制定和异读词审音表修订"的资助,审音课题组其他成员王洪君、张洪明、石锋、麦耘、方梅、程荣、孟蓬生诸位教授全程参与了审音原则的制定和讨论修改。在国家语委组织的普通话审音委员会会议和专家鉴定会上,多位专家对审音原则提出过意见建议,在此一并致谢。

（5）历史理据和现状调查都不足以支持统读的个别条目暂时保留异读并提出推荐读音。

这5条审音原则是普通话审音研究课题组在审慎研究和反复征求意见的基础上逐步建立和完善的，也是在过去历次普通话审音工作的基础之上继承发展而来的。

之前的审音原则

二十世纪五六十年代，普通话审音委员会(1957,1959,1962,1963)连续发布《普通话异读词审音表初稿》正续两编(《中国语文》1957年第10期、1959年第7期)和第三编(《文字改革》1962年第12期)，以及《普通话异读词三次审音总表初稿》(《中国语文》1963年第1期)。最后发布的《普通话异读词三次审音总表初稿》是由前面三编内容辑录而成的。

这个正、续、三编的《普通话异读词审音表初稿》也都提出过一些涉及审音原则的说明，例如(普通话审音委员会,1963)：

（1）审音以词为对象，不以字为对象。

（2）只审订有异读的词。

（3）审音的标准，根据北京音系，可也并不是每一个字都照北京话的读法审订。

其中第三条，有一些进一步的说明，如："一个字的读音在北京话里非常通行而不合北京语音的一般发展规律的，这个音还是可以采用，但是同时也要考虑到这个音在北方方言里应用得是否广泛。"这些说明一方面限定审音对象为异读词，另一方面说明审音依据北京音系，并考虑北京话和北方方言的发展规律。

王力先生曾发表专文《论审音原则》探讨审音原则所涉及的具体问题，文章给出一些实例，来说明普通话审音所定的读音一方面不能超出北京音系，另一方面又不能拘泥于北京话每一个字的读音。同时，对于普通话审音委员会所确定的审音原则，王先生也提出一些保留的看法。比如对于异读音在多大程度上要依照北京音这个具体问题上，王先生说，"能依照语音发展规律，就能照顾全国方言,有助于普通话的推广;如果迁就北京的特殊读音过多,表面上虽然统一了读音,实际上会造成更大的分歧。"这个看法是说,审音涉及具体字音时不光要依据北京音系,要考虑北方方言,同时,还应该能够照顾全国方言。另外,王先生提出对异读辨义的现象应该尊重,不宜强行统一读音。

　　总的说,之前的审音原则已经涉及审音的核心方面,不过,还不够系统和严谨。本次审音工作所提出新的审音原则是在吸收各方面成果和意见包括像王力等先生的研究基础上,提出的新的更加系统的普通话异读词审音原则。下面,逐一举例介绍新的审音原则。

审音原则例解

原则1:以北京语音系统为审音依据

　　1955年10月现代汉语规范问题学术会议召开并形成决议,决议认为普通话"以北方话为基础方言,以北京语音为标准音"(现代汉语规范问题学术会议秘书处,1956a)。1956年2月6日,国务院发出关于推广普通话的指示,指出普通话内涵是"以北京语音为标准音、以北方话为基础方言、以典范的现代白话文著作为语法规范的普通话"(现代汉语规范问题学术会议秘书处,1956b)。普通话定义自此确立。因此,普通话审音原则按照普通话标准音也就是以北京语音作为依据,是无可置疑的。当然,这个语音标准指的是北京语音系统,包括声母、韵母、声调以及连读变调的语音系统,而不是指每一个字音或词音。现代北京话没有入声、不分尖团,因此,普通话语音相应也就没有入声、不分尖团,这一类语音问题就是依据北京语音系统。

表1　审音原则1举例

旧审音表	新审音表	说明
的 dí ～当　～确	的(一) dī 打～ (二) dí ～当　～确	出租车又叫"的士",简称为"的",如"打的、的哥、的姐"等,都读dī。

(续表)

旧审音表	新审音表	说明
芥(一)jiè 　～菜(一般的芥菜) ～末 (二)gài 　～菜(也作"盖菜") ～蓝菜	芥(统读)jiè	"芥"读"gài"是受南方方言影响输入的读音。

表1所列"的士"一词借自粤方言吸收的外来词(英语的 taxi),现在已经成为普通话词语,书面写法已如此定型,口语中实际读音为 dī,这个读音符合北京语音系统,并不是按照粤方言的读音照搬过来的,但是这个普通话读音在字典、词典里面一直没有得到体现,辞书里的"的"字也没有 dī 音。本次审音确定了这个词音,同时也确定"的"字有 dī 音。"芥蓝"和"芥菜"(有的人写作"盖菜"),各为芥菜的一种,按照北京音系读 jiè,而读作 gài 实际上是照搬某些南方方言读音所致,写作"盖"字在北方话或北京话里面勉强行得通,在一些南方方言里面反而行不通,比如粤方言"芥菜"的"芥"读作[kai]音,而"盖"字读作[kɔi]音,写成了"盖"字反而不符合实际读音。本次审音确定"芥"字统读为 jiè,符合北京音系的语音规律,也符合普通话和其他汉语方言的对应规律。

原则2:充分考虑北京语音发展趋势,同时适当参考在官话及其他方言区中的通行程度

北京读音发展规律与北方官话方言大体上是比较接近的,跟其他方言的语音系统也存在着对应规律。审订北京话存在的异读音,需要参考广大北方方言区乃至全国汉语方言的对应规律,符合北京语音发展趋势或符合广大方言区的读音对应规律是需要优先考虑的读音选项。

表2　审音原则2举例

旧审音表	新审音表	说明
粳 jīng(统读)	粳 gēng(统读)	"更梗耕"等字北京音系原有的白读音 jīng 趋于消失。

（续表）

旧审音表	新审音表	说明
壳(一)ké(语) ～儿 贝～儿 脑～ 驳～ 枪 (二)qiào(文) 地～ 甲～ 躯～	壳 ké (除"地壳、金蝉脱壳"中的"壳"读 qiào 外,其余读为 ké)	qiào 音只有作为地质学术语的"地壳"和成语"金蝉脱壳"为多数人使用。
荫 yìn(统读) ("树～、林～道"应作"树阴、林阴道")	荫(一)yīn ～蔽 ～翳 林～道 绿树成～ (二)yìn 庇～ 福～ ～凉	现实"林荫道"和"树荫"的写法仍广泛使用,北京话及各地方言读阴平的用法广泛存在。不再把"荫"统读为去声。

表 2 所列"粳"字在北京话中原有文白异读(王洪君,2016),文读音 gēng,白读音 jīng。根据北京话的语音发展趋势,"更粳耕"这一类梗摄见组二等字的白读音日趋消亡,而文读音与全国其他方言的对应性更强,更方便普通话学习。本次审音将"粳"字统读音从白读音修订为文读音,也正是基于这条原则的考虑。北京话"壳"存在异读,其中 ké 的读音,一方面是北京话的发展趋势,另一方面也跟其他方言的读音存在更好的对应性,更加便于各方言区的人们学习普通话。本次审音对"壳"字在词中读 qiào 的音进行了限定,仅限于"地壳"和"金蝉脱壳"这两个词,是兼顾专业术语和成语中这个读音的通行程度,而其他词语中的"壳"字均读 ké 音,正是兼顾北京话的发展趋势和其他各方言的对应性。"荫"字原审音表统读为 yìn,北京话和各地方言实际读音仍然存在两种读音。根据调查,"荫凉"去声读音正确率为 20.32%,"林荫道"去声读音正确率为 5.98%,"树荫"去声读音正确率为 3.98%,考虑到还有大量的人名、地名中使用"荫"字,读作阴平,人们也不愿意改写为"阴",因此,本次审音不再统读,增列异读音 yīn,与全国范围内的语言实际相符合。

原则 3:普通话使用者已广泛接受的原审音表读音维持不变

(一) 原审音表加以统读的字,现在绝大部分呈现出统读的局面。表中的部分异读词目在实际口语中有读音合流的倾向,本次审音考虑到维持原表审音的稳定性以及普通话使用者对原审音的接受度,仍然维持原审音表的读音,并未强行统读。

表 3-1 审音原则 3 举例

旧审音表	新审音表	说明
挨(一)āi 　～个　～近 (二)ái 　～打　～说	不变	不作调整,但"挨说、挨打"读音正确率较低。
创(一)chuàng 　草～　～举　首～　～ 　造　～作 (二)chuāng 　～伤　重～	不变	创伤义读 chuāng,实际口语读音正确率较低。
翘(一)qiào(语) 　～尾巴 (二)qiáo(文) 　～首　～楚　连～	不变	文读音 qiáo 的读音正确率较低。
说 shuì 　游～	说(一)shuō 　～服 (二)shuì 　游～　～客	说理劝导音 shuō,"说服、说理、说动"等用 shuō。专程游说音 shuì,"说客"和"游说"用 shuì。

表 3-1 所列"挨打、挨说"等词中的"挨"字在实际口语中读阳平的比例不高,根据调查,"挨打"阳平读音正确率为 54.56%,"挨说"阳平读音正确率为 32.45%。这个比例并不是压倒性的比例,说明这种读音并不稳定,不足以改变原有的读音标准。"创伤、重创"中的"创"字读音在实际口语中读阴平的比例并不高,"创伤"阴平正确率为 50.91%,"重创"阴平正确率为 16.10%。"翘楚、翘首"中的"翘"字根据调查实际读阳平的正确率不高,"翘楚"阳平正确率为55.11%,"翘首"阳平正确率为 50.61%。这些读音正确率不高,但是受原有的审音标准影响,普通话使用者中仍有一定的比例正确率,目前不足以统读。"说服、说服教育"中的"说"目前实际调查中读

shuì 的情况也比较常见,但是这种读音属于近一二十年来的新变化,在早期的字典、词典中"说服"的注音都是 shuō,与"游说、说客"的"说"读音并不相同,本次审音仍维持原有审音不变,只不过原有的审音表认为"说服"这个词连异读词都不算,只读 shuō 音,不需要审音,本次审音通过调查发现这个词已经属于有异读音的词,列入异读词审音表,属于新的异读词,读音仍维持原有的读音。

(二) 根据调查实际口语中存在异读,有的异读音比例甚至很高,本次审音出于维持原有审音稳定性的考虑,未增加新的异读音。

表 3-2　审音原则 3 举例(续)

旧审音表	新审音表	说明
处 chǔ(动作义) ～罚　～分　～决　～理　～女　～置	不变	口语"处女""处女地"读 chù 的比例远高于 chǔ。
会 huì 一～儿　多～儿　～厌(生理名词)	不变	一会儿、多会儿,口语多读 huǐr。
骑 qí(统读)	不变	铁骑、骠骑、一骑红尘妃子笑,读 jì 音也较为常见。
谊 yì(统读)	不变	实际口语中读阳平也很常见。

表 3-2 所列"处女、处女地"在实际口语中读 chù 的比例远高于 chǔ 音,但是调查数据显示"处女"上声读音正确率为 25.45%,"处女地"上声读音正确率为 32.56%,说明原有审音仍有一定的占有率。本次审音仍然维持原有审音不变。"一会儿、多会儿",在实际口语中多读 huǐr。调查数据显示"一会儿"去声读音正确率为 54.07%,"多会儿"去声读音正确率为 19.92%。本次审音维持原有审音不变。"铁骑、骠骑、一骑红尘妃子笑",读 jì 音也较为常见。"友谊"的"谊",实际口语中读阳平也很常见。这些读音虽然都占有相当的比例,但是实际读音符合原审音表的读音也占有一定的比例,本次审音均维持原有审音表的稳定,不做更改。

原则 4:尽量减少没有别义作用或语体差异的异读

有一些普通话的词存在异读,而且这些异读并没有别义作用,也不存在文白等语体上的差异,给方言区人和外国汉语学习者学习普通话带来较大困惑。本次审音根据实际情况适当减少这种异读。

表 4 审音原则 4 举例

旧审音表	新审音表	说明
杉(一)shān(文) 紫~ 红~ 水~ (二)shā(语) ~篙 ~木	杉 shān(统读)	"杉木""杉杆"读 shā,是较老的读音。
熏 xùn 煤气~着了	熏 xūn(统读)	"熏"字多读阴平音,应当统读为阴平音。

表 4 所列"杉篙、杉木"中的"杉"读 shā,这个读音与 shān 音并无别义作用,也没有语体上的差异,为北京话部分老派的读音,而且"杉木"读音 shā 的正确率仅仅为 8.16%,本次审音统读为 shān。"煤气熏着了"中的"熏"读音去声 xùn,与普通的"熏"读阴平不同,但是意义上并无实质不同,也没有语体差异,而且"煤气熏着了"读音为 xùn 的读音正确率仅为 19.27%,本次审音予以统读 xūn。

原则 5:历史理据和现状调查都不足以支持统读的个别条目,暂时保留异读并提出推荐读音

部分条目在普通话中存在异读,在北方方言中往往也同样普遍存在异读,本次审音并未完全统读,仍旧用括注的方式保留异读,但是根据调查结果提出推荐读音。

表 5 审音原则 5 举例

旧审音表	新审音表	说明
虹(一)hóng(文) ~彩 ~吸 (二)jiàng(语)单说。	虹 hóng(统读)(口语单说也读 jiàng)	读音 jiàng 在北京话和很多方言口语中存在。

表5所列"虹"这一条,原审音表有文白异读,但是 jiàng 这个读音的正确率很低,"一道虹"中的"虹"读 jiàng 这个读音的正确率为9.78%,尽管这个读音正确率较低,但是这个读音在很多方言中存在一定的可接受度。本次审音出于审慎考虑,口语音 jiàng 这个读音仍然用括注的形式保留,注明口语单说也读 jiàng,并提出推荐读音为 hóng。

本次审音有别于以往普通话审音的地方在于,进行了较大规模的真实口语调查,对普通话使用者的异读现状进行多种形式的调查,结合历史文献、汉语方言和较大规模社会语言学调查,再根据以上的异读词审音原则对原有的异读词审音表进行审慎的审订,对其中问题比较明显的条目进行修订,对所修订的结果进行多种形式、多轮次意见征集,覆盖各个专业领域以及公众领域。而这一切审音工作的进展都离不开对审音原则的研究和探讨。对以往审音原则的整理、分析和更新,取得研究共识,进而确立新的审音原则,是这次审音工作的一个重要贡献。

参考文献

普通话审音委员会 1957《普通话异读词审音表初稿和本国地名审音表初稿》,《中国语文》第10期。

普通话审音委员会 1959《普通话异读词审音表初稿(续)》,《中国语文》第7期。

普通话审音委员会 1962《普通话异读词审音表初稿(第三编)》,《文字改革》第12期。

普通话审音委员会 1963《普通话异读词三次审音总表初稿》,《中国语文》第1期。

王洪君 2016《"粳"字的读音》,《中国语文》第4期。

王力 1965《论审音原则》,《中国语文》第6期。

现代汉语规范问题学术会议秘书处 1956a《现代汉语规范问题学术会议决议》,《现代汉语规范问题学术会议文件汇编》,北京:科学出版社。

现代汉语规范问题学术会议秘书处 1956b《国务院关于推广普通话的指示》,《现代汉语规范问题学术会议文件汇编》,北京:科学出版社。

(原刊于《语言战略研究》2017年第5期)

审音课题组专家如是说

一　得

2019年2月,网红文章《注意!这些字词的拼音被改了,你知道吗?》把舆论整得沸沸扬扬。笔者2月20日去查看这篇文章,微信上显示:"此内容因违规无法查看"。好在可以从其他媒体文章的转载中,大致上了解到此文的内容。笔者同意强海峰老师的意见,该文系"拿旧事当新闻,故作惊人语"。

普通话审音课题组的专家对该文的批语十分中肯:"文中提到的读音改动问题,多数与本次审音(2016年)工作无关。有的是语音规范从来没有改变过的读音,其中一些字在古诗文中的民间变读,并未进入过规范读音和规范型词典;有的是上一次审音(1985年)调整的读音,已成为语文规范三十多年。"

网红说及的所谓改变读音的那些字词,规范的读音到底是什么呢?我们这里不妨试举数例,听听审音课题组专家的真知。

1."说服"

审音课题组的专家如是说:"说服""说服教育"中的"说"(shuō),目前实际读音调查中读shuì的情况也比较常见,但是这种读音属于近一二十年来的新变化,在早期的字典、词典中"说服"的注音都是shuō,与"游说""说客"的"说"(shuì)的读音并不相同。本次审音仍维持原有审音不变。只不过原有的审音(1985年)认为"说服"这个词连异读词都不算,只读shuō音,不需要审音;本次审音,通过调查发现这个词已经属于有异读音的词,列入异读词审音表,属于新的异读词,读音仍维持原有的读音。

《现代汉语词典》从第1版至第7版,"说服"一直注音shuōfú,从来没注音过shuìfú。

2."骑"

审音课题组专家说:在实际读音调查中发现,"铁骑""骠骑""一骑红尘妃子笑"中的"骑"字读jì音的情况也较为常见。但是实际读音符合原审音表(1985年)读音(统读qí)的也占有一定的比例。本次审音维持原有审音表的稳定,不做更改。

《现代汉语词典》第1版至第5版(2005年6月)中的"骑"一直注音:统读qí。从第6版(2012年6月)开始,在"骑的马,泛指人乘坐的动物"和"骑兵,也泛指骑马的人"这两个义项上加了括注:"旧读jì"。

3. "荨麻""荨麻疹"

"荨"字本来只读qián;《普通话异读词审音表》(1985)根据实际读音情况,把书面语读音"荨麻"的qián和口语读音"荨麻疹"的xún区分了开来。本次审音(2016)又把"荨"字统读为xún。不过,新修订的《审音表》还未正式上升为国家语文法规,所以现行的《现代汉语词典》《现代汉语规范词典》等规范性辞书还是遵照1985年版《普通话异读词审音表》的规定来注音的。

4. "粳米"

粳米的"粳",《普通话异读词审音表》(1985)统读为jīng,本次审音修改为gēng。现行的《现代汉语词典》《现代汉语规范词典》等规范性辞书还是遵照《普通话异读词审音表》(1985)的规定注音的。

5. 古诗文中一些字的读音问题

"少小离家老大回,乡音无改鬓毛衰"的"衰"读shuāi还是cuī?"远上寒山石径斜,白云生处有人家"中的"斜"读xié还是xiá?"敕勒川,阴山下,天似穹庐,笼盖四野"中的"野"读yě还是yǎ?这些读音疑问,也是恼人的语文热点。究竟孰是孰非?审音课题组专家孟蓬生教授给出的答案是:(1)《审音表》作为国家规范适用于一切场合,自然也适用于古诗文。古诗文中"衰"读shuāi,"斜"读xié,"野"读yě,自然是规范的。(2)一些人口中的所谓"古音"实际上并不是真正的"古音",而是前人称为"叶(xié)韵"的东西。即使是真正的"古音"(目前学界还没有一致意见),对于现代人也并不具有约束力。(3)面向中小学生的工具书和教科书原则上不应该标注真正的"古音"和所谓的"古音"。(4)在一些特殊场合,如古诗文吟诵活动和其他文艺形式中使用一些"古音",如同京剧艺术中的"上口字"一样,应该得到尊重和宽容。

普通话异读词的审音是一项严肃而审慎的工作。新中国成立以来,国家层面共进行过三次审音工作。第一次是在20世纪五六十年代。第二次是在20世纪 80 年代,成果是《普通话异读词审音表》(1985)。第三次是新世纪的事——2011 年 10 月启动,主要内容是研制普通话审音原则,根据当前语言生活发展需要修订 1985 年发布的《普通话异读词审音表》,建立健全普通话语音规范标准体系。经过课题组 3 年多的努力,形成了《普通话异读词审音表(征求意见稿)》,并采取多种形式征求意见:向国家语委成员单位和各地语委发函征求意见;在北京、上海、广州分别召开座谈会听取部分省市代表意见;通过搜狐网及手机新媒体等渠道收集网民意见,共有 5 万多人参与了网上读音调查。在广泛听取各界意见的基础上,形成《普通话异读词审音表(修订稿)》。为确保修订稿的科学性和可行性,课题组还公开发布了《普通话异读词审音表(修订稿)》征求意见公告,于 2016 年 6 月 6 日—25 日面向社会公开征求意见。

教育部语言文字信息管理司"2019 年工作要点"中说,"服务语同音发展目标,发布《普通话异读词审音表(修订)》"。可见,2016 年修订的《普通话异读词审音表》,将上升为国家语文规范。届时,普通话异读词的读音,应以新版的审音表为准。显然,在这之前,普通话规范读音的依据仍然是按照国家语文规范进行注音的《现代汉语词典》《现代汉语规范词典》等辞书。

众多媒体哗众取宠的做派、部分网民的浮躁无知的喧噪、个别专家的信口开河的表态,引发了这场网络语文狂欢。娱乐无止境,普通话的读音问题竟也成了大众娱遣的对象。狂欢之余,还是该听听审音组专家的说法吧!

(原刊于《语言文字周报》1826 号)

也说"衰""斜""骑"读音的"改变"

何茂活

近日有微信推文称一些汉字被"改变读音",从而引发了热议。后经相关部门及专家及时解释,总算澄清了一些认识,客观上起到了普及相关知识的作用,也算坏事变成了好事。作为一名语言文字工作者,也想对此再作一些解释。

"乡音无改鬓毛衰"之"衰"、"远上寒山石径斜"之"斜"以及"一骑红尘妃子笑"之"骑",这三个字的读音歧异,其实性质各不相同。第一例,实质上是多音多义词的词义认定问题;第二例是"叶韵"问题;第三例是破读别义问题,并且涉及普通话异读词审音问题。

衰,有 suō、cuī、shuāi 三种读音,各自对应的意义不同。简而言之,蓑衣义读 suō,丧服义、次第减少义读 cuī,衰落义读 shuāi。"鬓毛衰"之"衰",或认为取次第减少义,或认为取衰败义,因此历来有两种读法。而主张读 cuī 者,还有一个理由就是,上句韵脚字为"回",读 cuī 便押韵了。但是这样做实际上是两头不讨好的事,因为第四句韵脚字是"来"。照顾了"回",得罪了"来",岂非得不偿失?所以协韵的问题可以不必考虑。至于贺知章为什么用"衰、回、来"三个今天看起来不同韵的字来押韵这一问题,讨论起来有点麻烦,我们只能说:它们在当时是协韵的。关于这一问题,金文明先生主张读 shuāi,祝鸿熹先生主张读 cuī,各有专文,可以参考。我们要说的是,这个字的读音分歧,主要源于多音多义词的词义理解分歧,并不存在谁把它的读音给"改"了的问题。

"远上寒山石径斜"的"斜"读 xiá,可以看作对古音的保留,因为此字古时与"家、花"同韵,皆属麻韵,现代有的方言仍有近似 xiá 的读法。因此有的字典如《汉语大字典》在"斜"下注音 xié,括注"旧读 xiá"。在中小学语文教学中,没有必要保留此旧读;在古典诗文朗诵等特殊场合,使用这样的旧读,倒也未尝不可。

读"斜"为 xiá,说到底是一个"叶韵"的问题。古时人们诵读更古老的诗歌时,发现以他们当时的读音去读古诗,并不和谐上口,于是便采取改读某些韵脚字读音的办法,来勉强使之和谐。这种方法过去称为"叶韵法"或"叶音法"

("叶"通"协")。这种方法早就被批评和扬弃了。以"斜"读 xiá 而论,这其实是一个似是而非的"古音"。如果我们一味地从古,去读这样一些所谓的"古音",那其实是无必要也不可能的。这一点早已成为学界共识。

　　至于"一骑红尘妃子笑"之"骑"读作 jì,这属于古汉语里的"破读"现象,即改变一个字的读音,以区别其意义或词性。如"春风(fēng)风(fèng)人,夏雨(yǔ)雨(yù)人","如好(hào)好(hǎo)色,如恶(wù)恶(è)臭"。这种区别在语文学习中是很重要的知识,尤其是在文言文、古诗词教学中是应当特别注意强调的。骑,作为动词读 qí,作为名词(指骑兵,又为一人一马的合称),旧读 jì。这在古代汉语的教学与研究中,属于常识;但在中小学语文教学中,只需要作为拓展性的知识让学生了解。

　　1985 年 12 月颁行的《普通话异读词审音表》规定"骑"统读为 qí,这是根据社会语言变化的实际情况作出的,事实上也得到了社会的广泛认同。"济南轻骑""坐骑""骠骑将军"这些词语中的"骑"都是名词性成分,若按旧时的习惯,当读 jì。但是试作调查,现在有谁会这样读呢?因此,对于此类异读词,我们的态度应当是根据不同的学习阶段、学习目的及交际需要,在遵从规范的前提下,了解掌握一定程度的相关知识。比如"箪食壶浆""不胜枚举""衣锦还乡""听天由命",这些成语中的"食""胜""衣""听"旧时分别读作 sì、shēng、yì 和 tìng,今天我们应当遵从《现代汉语词典》等权威工具书,读作它们的一般读音,而从事语言学习和教学、研究者则应当知晓其旧读。在古诗文吟诵或朗读中,也完全可以保留旧读。另外像"一骑红尘妃子笑"这句,其平仄格式是"仄仄平平仄仄平","骑"若读作平声,便与格式不合,这也是主张保留旧读的人们的正常心理,也是无可厚非的。

　　总之,《普通话异读词审音表》规定"骑"统读 qí,并不妨碍人们在古诗文诵读中保留旧读,更不存在"改变读音"的问题。退一步说,如果说"改",三十多年前早就改了,并不是什么新奇的事情。

　　微信文章《注意!这些字词的拼音被改了,你知道吗?》说教材"改变读音",其实颇有混淆视听之嫌。该文称:"'衰'在诗中本读 cuī,'斜'在诗中本读 xiá,'骑'在诗中本读 jì。由于读错的人较多,现已更改拼音。现在新版教科书上的注音是'衰(shuāi)、斜(xié)、骑(qí)'。"我们姑且不要去管"更改拼音"这样的说法是否专业,单说这里对事实的陈述,实在漏洞多多。说"衰在诗中本读 cuī,斜在诗中本读 xiá,骑在诗中本读 jì",事实并不如此简单。说新版教科书改变了注音,其实过去的教科书及字典、词典早就如此。

更糟糕的事还在后面:有记者问教育部语言文字应用研究所汉字与汉语拼音研究室,该室人员回应说,在新的审音表公布以前,应以原有的审音表为准。结果又被一些媒体的记者解读为"对于古汉语生僻读音,还应以原读音为准""目前还应以原生僻读音为准"。这样一来,好像这些专家也真的不晓事,被人一质疑,就马上表态"好的好的,我们不改还不行吗"。

由此看来,无论是像发表《注意!这些字词的拼音被改了,你知道吗?》一文的"普通话水平测试"这样的自媒体,还是其他传统媒体,要想以正确的舆论引导读者,首先要做好功课,具备一定的专业知识;同时更重要的是抱着严谨求实的态度,客观地报道事实,万不可为了追求轰动效应,人为制造和传播不实信息,从而误导读者,引发读者的非理性热议。从另一方面来说,社会公众对相关语言文字政策及动态的了解也比较缺乏,语言文字工作者有宣传普及相关知识的义务。

最后要说的是,关于《普通话异读词审音表》的修订及遵行问题,孟蓬生先生于 2016 年曾在《光明日报》刊文《新版〈审音表〉公布后:我们如何读古诗文》一文,解析非常通透,可供参考。

(原刊于《语言文字周报》1828 号)

陈寅恪的"恪"怎么会读"què"?

郑张尚芳

古代雅言以洛阳音为标准音,现代普通话以北京音为标准音,但共同语也有吸收方言甚至民族语言的需要,如历史上"茄、椰"的音就是随着物产输入而吸收来的。这不能纯读原音,需要折合为标准语音体系可能接受的读音,如现代汉语的"尴尬、癌"都是从吴语语音折合过来的。

有一个明白无疑的例子,在鲁迅《故乡》这篇小说中,记闰土说的偷瓜吃的动物(一种獾)时,作者造了个"猹"字。(这是造字历史上可明确知道造字者的一例,稍晚于刘复造"她"。)因绍兴话中音同"查",是个浊声[dzo]的音,现行字典、词典都依"查"折合为 chá,可绍兴师专谢德铣 1979 年写的《鲁迅作品中的绍兴方言注释》却注为 zhā,这就有了不同的折合。

很多读音纠纷由折合的不同而产生,折合不好的像"碚""㠯"旧读有误,丁声树先生考实了正确的读法(参丁声树:《"碚"字音读答问》《说"㠯"字音》)。

现在深圳的"圳"读 zhèn,是依据清代钮琇的笔记《觚賸·粤觚上·语字之异》"通水之道为'圳',音浸",结合粤音折合来的。(作者是吴人,音其仿佛,否则粤音"浸"收-m 也与"圳"不合。)按此字早就见于宋戴侗《六书故》:"甽,按今作圳,田间沟畎也。"指出是甽的后起字。《集韵》朱闰切:"甽,沟也",正与温州永嘉乡间说田间水沟的音义相同,当音合口 zhun。我调查浙、赣、闽、湘及粤北各地,不管指田沟或地名,也都读合口;林语堂《当代汉英词典》中"圳"也是 tzun,那么此字应当折合为 zhun。"深圳"则可名从主人,另立 zhen 音专用(因当地粤语"朘胮"也开合不分可都说胮)。但不应把通行全国的"圳"都折合为开口。原来大概是把它当作广东俗字来定 zhen 音的,既知此字宋代字书已有,几省通用,就要另行好好折合了(详郑张尚芳《圳字字音琐谈》,1980)。

有些冷僻字也有南北音折合问题,"恪"字问题就是一例。

"陈寅恪"的"恪"究竟读 kè 还是读 què,颇受关注,已经有不少文章讨论。陈先生熟人指出先生故乡、兄弟、本人都读 kè,而其夫人却坚持读 què。有人认为 què 是从北京音白读来的。按元明清时期的重要韵书如《蒙古字韵》《洪武正韵》《四声通解》《五方元音》等,"恪"都没有 què 一读,用拉丁字母记北京话的《语言自迩集》,"恪"也只列在 159 号 k'o、k'e 下,不见于 42 号 ch'io("却确慤"等 11 字),则北京白读音说不确。在音韵上,二等的"客"因腭化作用可以白读 qie(注意绝不是合口的 què),但一等的"恪"和"各"字一样,是不可能腭化的。

那么 què 到底是怎么来的呢?

其实因为"恪"一直读铎韵"苦各切",与觉韵"苦角切"的"确慤"南方大抵同音 ko(k)(吴、湘、赣、客、粤皆同),"恪慤"词义又相似,因而容易相混(写《十经文字通正书》的清朝嘉定人钱坫在其《说文解字斠诠》里就在"慤"下写"今作恪")。所以南人说官话时容易把"恪"跟着"确慤"读成 qio。这是由南方读音北化时的折合错误造成的,乃是因类化而扭曲折合的显例。

实则这个音明代就有了。金尼阁《西儒耳目资·列音韵谱》已经收入,除在第四摄入声"克恶"kǒ(渴㵽磕恪)外,又列在第十五摄"克药"kiǒ"壳确慤却"等之末。金氏记录不少文士的音读又音,后来常常变正读,如古尧切的"骁枭"在第三十一摄既列"格腰"kiāo 同浇,又列"黑腰"hiāo 同枵鸮,后者本粤语常读音,今也已成京音正读了(只可怪江南通行的"浇"的"薄"义也读枵,却没有被吸收)。所以后来此等矫揉过度的读法,在北上的南士口中反而流行。致使旧时中国大辞典编纂处的《国音辞典》在"恪"下收了"1.kè 刻,2.què 确(又读)"两音,予以肯定。这是后来好些字典又读 què 的来源。

实际上,溯其源则后一音原是折合不当,矫揉过度地类化出来的。

(摘自《胭脂与焉支——郑张尚芳博客选》,上海教育出版社 2019 年 4 月第 1 版)

"姥姥"还是"外婆"?

张寒冰

最近,一个在英国做汉语志愿者的学生发来问题:在教授"外祖母"这一亲属称谓的口语用法时,对外汉语教材中用的是"外婆"。一个来自北京的同学当即纠正,北方话中用的是"姥姥",所以说"外婆"是不对的。那么,在普通话口语中,外祖母究竟应该叫姥姥还是外婆呢?

查阅《现代汉语词典》(第7版)可以看到,对"姥姥"的注释是:①外祖母。②〈方〉收生婆。对"外婆"的注释是:〈方〉外祖母。可见,《现代汉语词典》认为"姥姥"是普通话的用法。我们知道,现代汉语共同语,也就是普通话,是以北京语音为标准音,以北方方言为基础方言,以典范的现代白话文著作为语法规范的。那么,我们就借助曹志耘先生主编的《汉语方言地图集·词汇卷》来看一看"姥姥"与"外婆"在方言中的分布。

查阅地图集可以看到,在"外祖母"这一词条下,"姥姥"这一称呼主要分布在北京、天津、河北(石家庄以北,如河间、承德县等)、辽宁(沈阳、辽阳县等)、吉林(松原、靖宇等)、黑龙江(哈尔滨、佳木斯等)、内蒙古(呼和浩特、包头等)、山西(太原、大同等)等地区。如果算上"姥娘"这一称呼,则地域可以扩展至山东(几乎全境)、河南(中东部,如郑州、民权等)、河北(石家庄以南,如冀州、永年等)以及东三省半数地区。所以严格来说,"姥姥"这一称呼在北方地区也没有占到绝对优势。

再来看"外婆"(地图集上注释为"外×",包括"外婆""外奶"等)。"外婆"这一称呼在广大的南方地区占有绝对的优势,如江苏、浙江、福建、台湾、湖南、江西、广西、海南等等。此外,更为重要的是,在北方方言区,"外婆"这一叫法的分布比我们想象的要广得多。如:河南西部、陕西、山西、宁夏、甘肃、青海、四川、云南、贵州等等。由此可见,"外婆"这一称谓还真不是南方方言的专属。

相比之下,把"祖父/祖母"在普通话口语中称作"爷爷/奶奶"似乎是没有争议的。查阅地图集可以看到,在广大的北方方言区,"爷爷/奶奶"这一称谓非常普遍,可以说一致性很高;甚至在南方方言区,如江苏南部、安徽南部、浙江等地也有范围不小的分布。

关于"姥姥"和"外婆"的用法,我们还在北京大学语料库中对老舍先生的作品进行了检索,结果发现"姥姥"共出现20次,外婆共出现53次,叙述和对话都有。

经过这一番考察,我们发现"外婆"这一称法相比于"姥姥",使用范围广、使用人群多,再加上"外"这一语素的显著提示性,在普通话中作为"外祖母"的口语用法还是非常合适的。

(原刊于《语言文字周报》1806号)

身份证"错误"四辩

史有为

二代身份证在 2010 年被某语文期刊好心"咬""嚼"了四口,之后几乎每年都会被人转发并调侃。2018 年 2 月、3 月又相继出现于微信,疯传了一通。这似乎证明被"咬"的文字的确有问题,真凭实据,赖不掉了。

身份证真的有"错误百出"而"混乱"的用语现象,并且存在令人"内心十分苍凉"的问题吗?笔者还真有点儿不信。其实也不止是笔者质疑,也曾有律师从法律角度打抱不平。今天又见微信再发此"咬嚼",可见这位律师的仗义执言并未奏效。于是按捺不住,"鸣冤叫屈",不吐不快,以制止这可疑"咬""嚼"流传,影响证件信誉。这就有了下面针锋相对的被"咬"四辩:

"咬"之一:"二代证"印有照片的一面有"公民身份"字样,而另一面则印有"居民身份证"五个大字。专家质疑,持证人的身份到底是"公民"还是"居民"?须知,这是完全不同的两个法律概念。

辩"咬"之一:据《现代汉语词典》解释,公民是"具有或取得某国国籍,并根据该国宪法和法律规定享有权利和承担义务的人"。居民呢,则是"固定住在某一地方的人"。可见某国公民可以包含在某国居住且具有某国国籍的居民;而在某国居住的居民却不一定属于某国公民。中国公民在中华人民共和国法律概念中包含中国大陆、港澳台以及海外具有中国国籍的人。而现在的"中华人民共和国居民身份证",则是适用于居住在中国大陆的公民,也就是"中华人民共和国居民",二者属包含关系,各有所指,各有所用,概念清晰,并无矛盾。中国行政的管辖范围,按照实际管辖与政治安排,只管辖大陆范围的公民,不管辖港澳台以及海外华侨。港澳台与华侨是中国公民,但却非大陆居民范围,因此理应有另一种的身份证明,例如华侨的中国护照以及在住国开具的居留证。港澳居民则按照一国两制的安排,另有本行政区的居民身份证。据此,目前我们所用身份证上的文字并无错误,反而显出考虑与设计上的周密。

"咬"之二:"公民身份号码"表达不妥,因为"身份"不具有数字性,只有"公民身份证"才能被编成一个个号码。

辩"咬"之二:"公民身份号码",该号码就是该公民的号码,每人一个号码,终身使用。身份证可以补办,可以更新,但法理上的该公民身份不变(参见"附记"),因此"公民身份号码"也必须不变。办任何重要手续都必须验证某人的身份。有些证件,例如驾照上还必须标明其身份号码。身份号码并非身份证的号码。身份证并非银行卡、信用卡,后者才可能是证件的号码,可以变来变去。至于口头所说的"身份证号码",只是一种习惯的方便说法,并不合乎法理。法理上并无"身份证号码"。在严格的法律文书上必须避免使用。

"咬"之三:用"出生"来指某年某月某日,也属于不规范。"出生"包含了出生地与出生日等要素,若要指具体的生日就只能写明是"出生日"。

辩"咬"之三:的确,"出生"涵盖较广,不仅是出生日期,但最重要的却是出生日期。但"出生"二字在此处,犹如话题,仅仅表示一个大类,对后面年月日起着提示与限定的作用。告诉人们,后面的年月日是指"出生"的日期。"出生"与"出生日"或"出生日期"只有指定范围大小不同,所起的类别作用是相同的。又如,身份证上"姓名"一项,如果填写"巴特尔"或"尼玛",算不算错?蒙古族和藏族传统上没有"姓",只有"名",是否这个项目也得随着民族不同而修改成"名字"才对?这仿佛是汉语的句子,前面的话题与后面的说明,相辅相成,"出生"之不足,"年月日"辅之,从而达致简洁并明确。有何不可?这本是语言原所蕴含之机能,也可显出应用者之功力。

"咬"之四:持有长期有效身份证的人,其"有效期限"标注为从某年某月某日到"长期","长期"是一个过程,不是临界点,并没有"到长期"一说。

辩"咬"之四:身份证是公民活着时候的使用凭证。活人有使用证件的"起"期,却不知道使用的"止"期。比如,如果出了国入了别国的国籍,或者不幸病故,这身份证就得注销。用"长期"表示未来的一个不确定的使用期,表示有弹性的"时效",这如果不能说是聪明,至少也不能算错误。

语言是一种具有柔性或弹性的组织。巨细明确,可能招致繁复。过分简略,则可能歧义歧解。证件不仅要求简洁,还需要明确,如何用语言文字实现,是个学问,也是一项艺术。不断推敲加实践,才可能渐臻完善完美。身份证从第一代到第二代,就是一次完善完美的过程。粗粗写下,以正视听,且等着挨"咬"。

2018.3.30.草于亦蜗居

[附记] 中华人民共和国《居民身份证法》(2004年1月1日起施行)第三条第二款规定:"公民身份号码是每个公民唯一的、终身不变的身份代码,由公安机关按照公民身份号码国家标准编制。"

(原刊于《语言文字周报》1787期)

身份证上没有语文错误

朱晓农

最近网上流传(还要求"紧急扩散")一位教育部前司长的视频,他评论说居民身份证上有四处语文错误和一处问题。这是网上传播,是否该司长本人有待核实。不过我就事论事,只谈评论本身。类似的"咬文嚼字"文章多年前就有过,可见有相同看法者不在少数。

批评者谈的五个问题,其实都算不上错,不过有必要稍加讨论予以澄清。

第一个问题:身份证的一面是"居民"身份证,另一面是"公民"身份号码,到底是居民还是公民?

这个应该没问题。我不是"有关部门",不掌握全面信息,下面仅就我所知来谈。如果这是发且仅发给常住大陆的中国公民的,是得这样写,因为同时涉及"中国公民"和"常住居民"两项条件的,还有以下三种情况:

1) 有大陆永居权的外国公民。他们应该没有这种表明中国公民身份的证件。

2) 侨居海外的中国公民(即拿中国护照的华侨)以及港澳台居民。他们也不应有这种表明大陆常住居民身份的证件。如果给大陆公民发公民证(而不是居民证),那是不是也要给他们发?

3) 常住大陆的港澳台居民。他们跟大陆公民一样有个"公民身份号码",但跟大陆居民的"居民身份证"不同,他们是"港澳(或台湾)居民居住证"。

所以,这个不但不是问题,反而体现了发证机构考虑周全。

第二个问题:写"出生"不准确,应该写"出生日期"。

写"出生"原则上没问题,咬文嚼字挑挑刺也马马虎虎。但真的要改,没这必要。

"出生"是个大概念,按批评者的说法,包括"出生日期、出生地点、出生家庭"。不过,出生首先或者最典型的就是指日期。出生地是近年来引进的概念,以前填的是"籍贯"而非出生地。"出生家庭"可以排除,这个词组用途有限,用来指"家庭成分"很生硬,像人事表上的相应栏目只写"家庭成分",不会写"出生家庭"。此外,"家庭成分"也不适用于身份证。所以,如果按常识或典型成员判断,把出生首先理解为出生日期,这不算错,只是不太严谨。如果按大概念涵盖小概念来看,它起的是提示作用,更不算错了。

其所以不写"出生日期",我想,大概是身份证上有姓名、性别、出生、住址四栏个人信息,提示都是两个字,排列整齐简明,所以不麻烦"出生日期"四个字了。这只是猜测,提供一个可能的解释,不算论据。

不太严谨地表示提示作用,有其需要。如果有人一定认为"出生"是错,那么——

1)"姓名"栏也有问题了,很多少数民族的姓名制与汉族不同,比如"乌日格喜",有名没姓。这个栏目要表达准确,得长长写一串:姓名、单名、父子连名、师徒连名或部落名加本名等,难为这张小卡片了。

2)"住址"也不严谨:是常住地址,还是临时住址?是家庭住址,还是家庭住址之外、常年在外工作另有的常住地址?

3)还有"性别":是原有性别呢,还是术后性别,还是自认的性别?

所以,若发证机构另有发证说明,可按说明理解(自然语言中充满笼统模糊歧义,"说明"就是给出具体使用的严格定义),否则以常识判断为准(即语言的约定俗成性)或按提示作用理解,要不没完了。

第三个问题:身份证上的号码,是证件号,还是身份号?

这得看具体情况,"身份号码"这个概念不是到处一样的。香港的居民身份证上的号码是永久性的,换证以后,新证上还是原有号码,不过没注明这是身份号还是证件号。底伏义(default)理解就是两者合一,身份号就是身份证号,永久性身份证号就相当于居民身份号。有些国家没有唯一规定的身份号,作为法定身份证件的护照和驾照都是换发新照就另给新号,号码会变的是证件号,不是永久身份号。他们也有永久性的、可作为身份号的社会保险号或税号(不分公民还是居民)。大陆情况跟香港相似,身份证可换,但证上的号码不变。而且大陆比香港更明确地认定:"公民身份号码是每个公民唯一的、终身不变的身份代码"(《居民身份证法》第三条第二款)。所以,身份证上的号码是公民身份号,同时(如有需要)也起证件号的作用。

第四个问题:能不能把有效期写成"发证日期—长期"?

批评者认为有效期限应该从发证日起,到下一个时间点才对,"长期"是个过程,是个时间段,"到长期"是不对的。

这评论本身说得没错,不过这儿有点特殊。每个居民从小到大换发几张身份证,最后那张是长期或永久有效,也就是说一直到死亡或加入外国籍才失效。而发证机构不知道你何时死亡,所以无法填写一个时间点。解决办法只需在"发证说明"中澄清一下这个小横杆"—"的含义,不要读成"到",读成"并且"就行,即有效期是从发证日开始,并且长期有效。否则就算让个人自己填,也填不出个到期日。

第五个问题:"身份证"还是"身分证"?

身份证上写的是"份",批评者引述大语言学家王力的话(字幕上是"王立",估计是"王力"之误),认为应该是"身分证"。他没说理由,所以不算论证。我想,他心底里更可能是根据官话区的同音语感,引语只是恰好说到了他心坎儿上。

这个问题单单从语文规范的角度很难得出合理的结论。查字典是两者皆可,一般以"身份"为主,"身分"条下注明:同身份。实际使用也是两可:香港用"份",台湾用"分"。从各地口语看,很多方言区如江浙、广东的说者,都能读出是"身份",不是"身分"(语言学上叫做清浊或阴阳有别)。按说北京话"分""份"声调不同,不会相混,但问题出在"份"在"身份证"中读成了轻声 shēn·fen zhèng,在"身份"里也越来越倾向于读成轻声,所以官话区说者越来越分不清"身份证"和"身分证"。我想,大概是为了避免官话区说者老写错别字,所以承认"身分"的正体字身份。问题是这样一来,原来能分的人反倒错别字连篇了。我最近有一部书稿正在编校,编辑老师帮我把全书几十处"身份"都改为"身分"。这里也许涉及一个更重要的问题,即语文教育和语文规范如何平衡学习提高(帮助不认字的认字)和从俗随大流(强制认字的迁就不认字的)这两个方面。过去语文规范比较注重从俗,但教育的目标应该是提高,所以这里有个协调问题。

附 录

　　从"身份"唯一正确,逐渐变为"身分"的接受程度更高,不是一个繁简字问题。传统字比如"後",简化成"后"之后,写成"今後"就不是正体,而是异体或繁体。"份"字不同,它并未简化掉,还在广泛使用,比如"股份"不能写成"股分","一份情谊"不同于"一分情谊"。所以把"身份"写成"身分",部分人会有陌生感,就像看到"股分/省分/年分"一样。当然,这种语感和"文感"依教育程度和母语背景因人而异。

　　那么,应该如何理解这个问题,怎么处理这个问题?

　　这实际上是个语文正在变化的例子,而语文从古到今是一直在变。处理这个问题,大体上相当于对待时尚一样,既不能赶到前头,操之过急,也不能落在后头,囿于古板。建议现阶段两者如字典所列可以通用,语文课上则增加一项内容——说明这种正在变化的"异形"(异读、异体等)语文情况,很多上一代的"错用"(说错听错写错)到下一代就接受了,例如:叶 shè>yè(公好龙),(岛)屿 xù>yǔ,每下愈况>每况愈下;有些还在两可之间,如:身份~身分,一副~一付(手套)。当然,错用被规范改正的情况应该更多;另外,错用与正用可能长期并存。这都类似于语言(口语和书面语)演化,也许更应该说,形形式式的错用就是语言演化的一部分,而且是大部分。

　　语言文字客观上永远在变,变化的驱动力大部分场合是:错用错用错用到积非成是。看到这种情况不用担忧,也不必着急,不用急吼吼地马上去改,也不要慢腾腾地老是不改。这是一种演化现象,一种"客观现实",写错也许牵扯到更多的文化因素,而听错说错大多是自然变异现象。理解它并学会跟它平和相处就好。到下一代就会自然消解:或不了了之,或不解自解。我们人生很短,而语文寿命很长。不要拿人生变化的尺度,去衡量不同语文成分的各种变化速率。

　　总之,身份证上这五处所谓的"语文错误",都没什么大问题,稍加说明即可,毋需改动。

(原刊于《语言文字周报》1877 期)

词语的日常意义和百科意义

宗守云

词语的意义常常因使用领域的不同而不同。有的意义用于日常生活,成为词语的日常意义;有的意义用于专业领域,成为词语的百科意义。比如"走"和"跑",在日常生活中,"走"就是人或动物的脚交互向前移动,"跑"除了脚交互向前移动外,还有迅速前进的意义,"走"和"跑"的区别在于速度的快慢;而在体育领域,"走"和"跑"只适用于运动员,"走"是没有双脚腾空过程的前进,"跑"是有双脚腾空过程的前进,因此"走"未必就是慢的,竞走运动员的"走"比一般人的跑还要快得多。

词语的日常意义和百科意义的区分,主要表现为概念成分的区分,以名称和行为居多。一般地,日常意义有一定的模糊性,只要不影响交际即可;而百科意义往往是明晰的,便于界定。比如在生物学中,鱼和非鱼的区分相对比较明晰,但在日常生活中,鱼和非鱼的区分比较模糊,"鲸"在生物学中不属于鱼的范畴,但在日常生活中人们把"鲸"作为鱼看待,"鲸鱼"一词正是这种认识的反映,《现代汉语词典》对"鲸鱼"的解释是"鲸的俗称",俗称就是日常意义的称谓。

词语的日常意义和百科意义是可以区分的,同时也有转化和活用的情形。

先说区分。对一个概念成分来说,如果日常意义和百科意义不同,就存在着明显的两种意义区分。比如"词汇",日常意义重在"词",语言学意义重在"汇"。作为日常意义,可以说"一个词汇",例如:

(1)"垃圾食品"几乎是被现代人所熟知的一个词汇,很多营养师也堂而皇之地肆意使用和强调"垃圾食品"。(《北京青年报》2017年7月23日)

(2)"性价比"是中国消费者和市场非常喜欢的一个词汇,但从成本的角度来说,质量是有成本的,高质量就意味着更高的成本;从消费的角度来说,"一分钱一分货",真正的高质量低价格的产品是不存在的。(《中国质量报》2017年7月4日)

但作为语言学术语,"词汇"必须是词或固定短语的总体,至少应该是成规模的集合,单独的一个词甚至几个词都不能叫做"词汇","一个词汇"的说法是错误的。

再比如,"比喻"是修辞学术语,只有本体、喻体、相似点、相异点齐全的语言形式,才能叫"比喻",但"比喻"的日常意义却没有这么严格,有些比拟、类比的语言形式也被看作"比喻",例如:

(3) 有人比喻中国电影"长了个子",的确,"拍电影能挣大钱"的印象吸引着大量资本一窝蜂地进入电影产业中。(《光明日报》2018 年 6 月 14 日)

(4) 今天,中国作为一个负责任的大国,要在更大的范围维护自己的安全,维护世界的和平。金一南比喻说,好比你住在楼里,有人总在楼道里打架、在社区里捣乱,影响你的居住环境,你当然要出来维护楼道和社区的安全。(《人民日报》2017 年 12 月 12 日)

例(3)没有喻体,在修辞上属于比拟修辞格,不是比喻。例(4)是类比,即利用国家和社会在组织结构等方面类同的性质,推出在事务处理方面也有类同的性质,这也不是比喻。但例(3)(4)显然并不是错误的表达,因为说话人用的是"比喻"的日常意义,不是百科意义。

再说转化。词语的日常意义和百科意义有时是可以相互转化的。有些词语原来只有百科意义,后来逐渐走向其他领域,由于领域的泛化而出现日常意义。例如"断层"和"滑坡",原来都是地质学术语,"断层"指"地壳运动使地层发生断裂,并沿断裂面发生垂直、水平或倾斜方向的相对位移","滑坡"指"地表斜坡上大量的土石整体地向下滑动的自然现象",速度快的滑坡会产生巨响,并发出火光,滑坡对建筑物、水利、铁路、公路、农田、森林、露天采矿等会造成严重的危害。后来,"断层"和"滑坡"都延伸到非地质学领域,"断层"泛指社会某些领域不相衔接,联系中断;"滑坡"泛指"社会某些行业在发展过程中出现的向下浮动的困难现象或局面"。

有些日常意义的词语,由于运用于特定的专业领域,于是出现了百科意义。比如"悬空",原来只有日常意义"悬在空中",后来用于语法领域,特指介词或动词后面宾语不出现的现象,比如"他被打了一顿",介词"被"后面宾语没有出现,就是介词"被""悬空"现象。再比如"花园幽径",原来只有日常意义,即"花园里的幽径",后来被形式语言学用于语法学中,出现了"花园幽径句"这样的术语,"花园幽径"出现了百科意义,特指这样的一类句子:当读句子前面部分的时候,会误以为是某个意思,等读完整个句子后才明白,句子的意义并不是原来认为的意思。

最后谈谈活用。活用和转化不同,转化是意义已经固定,可以收录到词典中,活用是临时使用,意义并不固定,不论是日常意义还是百科意义,都还没有资格收录到词典中。活用是临时运用,有的日常词语被临时运用到专业领域,常常是比喻用法。例如:

(5) 在弄清补语问题的症结后,解决的方案是,保留"补语",取消"宾语"这顶帽子,原来的宾语改戴"补语"帽,原来的补语不用改戴帽子,可以仍然戴"补语"帽。(沈家煊《名词和动词》)

(6) 如果只看这个组织实体的上部,它拥有近430万人的军队,又有美援和先进的装备,似乎十分强大,但是支撑这个全副武装身体的两条腿却是泥塑的。(金观涛、刘青峰《开放中的变迁》)

例(5)"帽子"临时用在专业领域,表示"名称、术语"意义,这是活用后产生的百科意义;例(6)"身体"表示"系统","两条腿"表示"两个基础",这也是活用后产生的百科意义。

有的专业词语用在日常生活表达中,由百科意义活用为日常意义。例如:

(7) 如果说镜头留下的是乡村的"过去时",青年还需用头脑和双手创造乡村的"将来时"。(《人民日报》2018年1月16日)

例(7)"过去时""将来时"是语言学术语,表达日常的"过去""未来"意义。这是百科意义活用为日常意义。

在语言中,有的词语只用于日常生活,有的词语只用于专业领域,有的词语则游走于日常生活和专业领域之间,呈现出种种复杂情形。分清词语的日常意义和百科意义,可以对语言事实做出合理的解释,并有助于对语言规范做出引导。

(原刊于《语言文字周报》1796号)

语文批评不可任性

宗守云

语言学研究的任务之一,就是要弄清楚哪些句子能说,哪些句子不能说。从语法的角度看,能说的句子是合语法的句子,不能说的句子是不合语法的句子,就是所谓的病句。表面上看,合语法的句子与不合语法的句子似乎是很容易判断的。比如,"这是一条大白狗"能说,是合语法的句子;"这是大一条白狗"不能说,是不合语法的句子,病句。这是很容易判断出对错的。但实际情况远比我们想象的复杂:合不合语法谁说了算?合不合语法的标准是什么?为什么有些句子,有人认为合语法,有人却认为不合语法?这些问题细究起来都是不容易回答的。我们认为,分清不同的层次,有助于认清句子的性质。句子究竟合不合语法,要看处在哪一个层面,在某个层面不合语法的,在另一个层面也许是合语法的,反之也是如此。下面我们分析一些不同层面,说明这些层面句子的合语法性问题。

1. 古代的句子和现代的句子

古代汉语的句子(包括近代汉语的句子)和现代汉语的句子有比较大的差异,有些句子语序是不同的:比如上古汉语的"名数量"结构,到后来变为"数量名"结构;古代汉语状语后置于动词,到现代汉语状语都置于动词之前。古代汉语合语法的句子,到现代汉语中不一定合语法。例如:

(1) 席间,王秀才与谢天香讲论字法,两人多是青春美貌,自然投机。(凌濛初《二刻拍案惊奇》)

(2) 三军一齐下河去,把您身上火烧的泡,着水泡一泡,害渴的就吃些凉水,淋洗一淋洗身上。(无名氏《博望烧屯》)

例(1)是明代的句子,"多"是统括副词,相当于现代汉语的"都",现代汉语"多"没有统括副词的用法。例(2)是元代的句子,"淋洗一淋洗"这种双音节动词形成的"V—V"形式在现代汉语中已经消失,现代汉语只有单音节动词有"V—V",如"写一写、唱一唱、看一看、走一走"等,双音节动词没有"V—V"。近代汉语中这些合语法的句子,如果出现在现代汉语中,就是不合语法的句子。

2. 通语的句子和方言的句子

通语就是普通话。普通话的句子和方言的句子也有差异。陈钰鹏《使用语言不可任性》(《新民晚报》2018年8月19日)举了一个台词的例子:"他们给了多少钱你?"作者认为这句话是不正确的,而且给出了一些理由。确实,这句话在普通话中是不合语法的,但如果在粤方言中,这句话是完全正确的,因为对双宾句来说,普通话是"动词+间接宾语+直接宾语",而粤方言是"动词+直接宾语+间接宾语",如果说台词的人说的是粤方言,那么这句话是无可厚非的。再如:

(3)"我昨天就在金鹰天地附近的巷子里看到的,爸爸在买烧烤,两个小朋友坐在三轮车里面,不要太漂亮哦,像洋娃娃一样,我感觉像北欧那里的!"(《扬子晚报》2011年10月28日)

(4)"你不热?"我伸手将衬衫的一道扣子解开。(吕新《圆寂的天》)

例(3)"不要太漂亮"是吴语和某些江淮方言的句子,意思是"很漂亮",普通话还没有普遍使用。例(4)用"道"计量扣子,是晋方言的句子。例(3)(4)是方言中合语法的句子,但在普通话中是不合语法的。

3. 全民的句子和领域的句子

有些句子在全民中都可以使用,有些句子只限于某领域使用。在某领域合语法的句子,在该领域之外不一定是合语法的。常常有人问,你们搞语言学的人,对网络上这些莫名其妙的词语和句子怎么看?我们认为,网络语言属于领域语言,不属于全民语言,使用网络语言交际的只限于特定的群体。这一群体对内使用网络语言,对外还是使用全民语言。当然,有些网络语言如果有生命力,也会进入全民语言,成为全民语言的组成部分。有些句子应该还算是领域的句子,不是全民的句子。例如:

(5)节目中,哈林和周杰伦成了"控场王",李健以清华毕业生的高智商碾压全场,而谢霆锋则念念不忘自己主持的《十二道锋味》,一言不合就谈做菜。(《羊城晚报》2018年7月16日)

(6)还没有成功升级就走上了降级之路,看到这样的消息,多多少少会让人感到些许沮丧。究竟是这届年轻人不行,还是市场对年轻人太不友好了?

(《中国青年报》2018年4月25日)

例(5)"一言不合就谈做菜"和例(6)"这届年轻人不行"尽管已经在纸媒出现,但仍然还不能算全民的句子,目前还只能算网络语言领域的句子,庄重的、正式的场合显然都还不能用。语言有自我调节功能,如果这样的句子没有太强大的生命力,会在将来逐渐淘汰;如果有强大的生命力,也可能进入全民语言,成为全民的句子。

综上,句子合不合语法,往往不是一个标准决定的。在某个层面合语法,在另外的层面未必合语法。相反,在某个层面不合语法,在另外的层面未必不合语法。关键是站在什么角度看问题。如果站在任何角度看都是无懈可击的句子,而被人硬性规定为不合法,那就是语法观念有问题。陈钰鹏《使用语言不可任性》(《新民晚报》2018年8月19日)认为"他们连太医都给抓了"是不合语法的句子,理由是"让太医在当宾语的同时又当主语,致使句子转为被动式,而且还留着累赘"。"他们连太医都给抓了"是典型的连字句,在任何一个层面上都是完全符合语法规则的句子,作者不仅观点不正确,解释也是牵强的、混乱的。因此,判断句子合不合语法,关键是要能分清不同的层次,并且有个正确的语法观念。

(原刊于《语言文字周报》1803号)

汉语规范中的弹性原则

董 琨

作为"经艺之本,王政之始"的语言文字规范,历来受到国家的重视。语言文字规范工作历来都是政府行为,成文的或不成文的规范政策、法规条例,可谓史不绝书。

20世纪50年代,中华人民共和国诞生之初,就十分重视语言文字的规范工作,由全国人大常委会、国务院及各个相关政府部门发布的语言文字规范的相关政策、法规络绎不绝。其最重要者,乃有新世纪伊始由全国人大常委会通过并随即颁布的《中华人民共和国国家通用语言文字法》(以下简称《国家通用语言文字法》)。这种重视的程度与力度,在当今世界各国中,当属罕有。

不过无论如何,语言文字的法令、法规,较之其他领域的法律、法规,起码有两点大的不同:其一是对违法违规行为的惩罚力度不同,这是因为总体而言,语言文字的违法违规不像其他方面的违法违规可以伴随种种"不当得利",带来侵犯人身权益的恶劣后果;其二是有关语言文字规范的政策、法规,一般都贯彻一定程度的弹性原则,不像其他法令法规的条文那么斩钉截铁,基本杜绝变通的余地。

所谓"弹性",按照《现代汉语词典》的解释,是"比喻事物依实际需要可加以调整、变通的性质",应该说是很符合本文的意旨所在。不过这里的含义还要更宽泛一些,大致上凡是规范文件有说明"特殊情况""但书"或条文本身内容留有余地的,都可以理解为"弹性"。研究和探讨这个问题,最重要的标本自然是《国家通用语言文字法》。这部专门为语言文字规范化、标准化制定的法律,不乏使用了"提倡"(第十三条"提倡公共服务行业以普通话为服务用语")、"基本的"(第十二、十三条)、"法律另有规定的除外"(第九、第十条)这样的词语,是一般法律条文所不见或罕见的,应该说都体现了一种弹性。

尤其是第十六条(关于方言)特别注明"本章有关规定中,有下列情形的,可以使用方言";第十七条(关于用字)特别注明"本章有关规定中,有下列情形的,可以保留或使用繁体字、异体字",这些"但书"更是体现了语言文字规范中的弹性原则。

此外,在第三章"管理和监督"中,对"违反本法有关规定"的现象,"公民可以提出批评和建议"。对责任人员只是"进行批评教育""责令改正(或'限期改正')";"拒不改正的"才"由有关单位作出处理";最严重的,不过"予以警告"。这种惩戒方式和力度,应该说都是很轻微的,同时也都不是一般法律、法规所能拥有的,这只能说明这部法律在使用中是贯彻了弹性原则的。

《国家通用语言文字法》可以说是语言文字的总规范,其弹性原则的表现已如上述。而关于语言文字的各个方面的具体规范及其实际运用中,也同样贯彻了弹性原则的精神,如《汉语拼音方案》《汉语拼音正词法基本规则》《第一批异体字整理表》《简化字总表》《现代汉语通用字表》《通用规范汉字表》《第一批异形词整理表》等。

语言文字规范贯彻弹性原则的必要性,起码有下列三条:一是语言文字现象是复杂的,在大量的一般情况之外,往往存在少数一些特殊情况,需要有所照顾;二是社会的语言生活是变动不居、不断发展的,所以规范本身需要与时俱进,不断调整;三是语言文字的规范,是一项学术性、专业性很强的工作,需要由社会大众和专家学者共同完成,这就难免存在不同意见,而且也许一时难以裁断,所以也需要留有若干弹性的空间。

了解语言文字规范法律、法规中的弹性原则,对我们更准确地理解、更自觉地执行语言文字规范,无疑是具有积极意义的。

当然,"弹性"不是"随性",不是对规范的随意修改和退缩,规范的主体原则及其"刚性"还是应该坚持的。这也是本文的题中应有之义。

(原刊于《语言战略研究》2019年第2期)

树立正确的语文规范观

晁继周

语言规范是语言学的一个永久性话题。语言规范的目的,是调整人们语言生活中的某些歧异现象,使语言作为交际工具的作用得到更好的发挥。对于语言规范,向来存在着一些不同的认识,包括语言该不该规范,语言怎样进行规范,以及怎样正确地贯彻执行语言规范标准等等。最近,由《现代汉语规范词典》(李行健主编,外语教学与研究出版社、语文出版社出版)的书名及其编写原则引发的论争,从根本上说,反映了两种语言规范观。本文拟结合近半个世纪以来汉语规范化工作的实践,就语言规范标准制定和贯彻执行中的问题谈几点认识。

文字是记录语言的符号。由于汉字是语素-音节文字,汉语与汉字的关系远比使用拼音文字的语言与相应文字的关系密切得多。汉语规范的许多问题是与汉字联系在一起的。因此,本文把语言规范扩大为语文规范来讨论。

1. 人民群众的语言实践是语言规范的基础,也是检验语言规范的唯一标准

语言规范大致有两个方向相反而作用相同的运动:自下而上的约定俗成和自上而下的制定、推广规范。(许嘉璐,2000)自下而上的约定俗成在先,自上而下的制定、推广规范在后。从根本上来说,人民群众的语言实践是语言规范的基础。规范标准是对约定俗成结果的确认,而不是凭空制造。政府部门制定语言规范不能脱离语言实际,脱离语言实际的"规范"是无效的,因为它最终是行不通的。为语言学界所熟知的例子是1919年公布的国音标准。在这套标准音中,北京语音占有重要地位,但却保留入声,并且分尖团,是"折中南北,牵合古今"的产物,成为典型的"人造语言"。这套标准音后来被称为"老国音"。赵元任先生回忆那段历史时不无感慨地说:"在十三年的时间里,这种给四亿、五亿或者六亿人定出的国语,竟只有我一个人在说。"(赵元任,1961)这个读音标准虽然通过《国音字典》正式颁行,但由于脱离语言实际,推行中遇到巨大阻力,只能以失败告终。1932年,《国音常用字汇》出版,推行以北京语音为标准音的"新国音",才使国语推广出现了全新的局面。

实践是检验真理的唯一标准。国家制定的语文规范标准是否正确,最终要由亿万人民群众的语文实践来检验。《汉语拼音方案》《简化字总表》等经过近半个世纪的实践检验,证明它们的制定是成功的。有些规范标准的个别部分由于制定时考虑不周而存在的问题,也会在人民群众的语文实践中显露出来。换句通俗的话来说,规范标准中不正确的地方群众是不买账的。比如,《第一批异体字整理表》中规定"淼"是"渺"的异体字被废止使用,这个《整理表》颁行至今49年了,"淼"仍然是中国人名字中的高频字。《整理表》规定"脩"是"修"的异体字被废止使用,但"束脩""脩金"还得用这个字。又如,《普通话异读词审音表》中规定,"荫"只读 yìn,不读 yīn,"树荫""林荫道"要写作"树阴""林阴道"。这个《审音表》1985年12月由国家语委、国家教委、广播电视部公布,1986年4月12日报上发表正式施行。笔者统计了1986年4月12日至2004年5月31日《人民日报》"树荫""绿荫""林荫道""绿树成荫"四个词语的词形分布情况,结果是:树荫253,树阴13;绿荫698,绿阴21;林荫道131,林阴道3;绿树成荫442,绿树成阴9。应该指出,这里还不能排除作者本来写作"荫"而被编辑为执行"标准"而改作"阴"的。长达18年之久,《审音表》关于"荫"字读音和用法的规定基本上没有被执行。是十几亿使用汉语汉字的人民应该受到指责,还是少数制定标准的专家和官员应该进行反思呢? 答案是不言自明的。语言文字自身有它的约束性,全社会这样说,你就不能不这样说;全社会这样写,你就不能不这样写。制定语文规范标准只能与约定俗成的结果相一致,而不能与约定俗成的结果相背离。王力先生在谈到这个问题的时候,一针见血地指出:赵高曾经指鹿为马,但是直到今天,鹿还是鹿,马还是马。(王力,1959)在语文规范标准制定中,不能做指鹿为马的蠢事,这是一条重要的原则。

2. 规范随着语言的发展而发展,规范标准需要不断完善

语文规范标准制定、推行以后,是不是就成为不可移易的信条了呢? 不是。一个最根本的原因在于,语言是不断发展的,语言的规范标准也必然要随着语言的发展而变化。就汉语而言,几千年来,从春秋以来的雅言、通语,到明清时代的官话,直到现代的国语、普通话,无论是词汇,还是语法、语音,规范标准都发生了巨大的变化,这一点是没有人怀疑的。与词汇、语法相比较,语音的稳定性最强。

而且语音系统是最封闭的,音位数量极为有限,音节数目也是可以穷尽列举的。即便如此,在一个不很长的时期内,语音规范标准的变化我们都能够察觉得到。普通话里的连词"和",半个多世纪前是读作 hàn 的(有《国语辞典》为证),现在读作 hé 了。从上个世纪 60 年代的《普通话异读词三次审音总表初稿》,到 80 年代的《普通话异读词审音表》,有些字、词读音的重新审定,也反映了字、词实际读音的变化。

  规范标准的修改,除了反映语言的发展外,也与规范标准本身的不完善有关系。任何规范标准的制定,都有当时的背景,受历史条件的局限,存在这样或那样的问题是不足为奇的。以《第一批异体字整理表》为例。这个《整理表》制定于 20 世纪 50 年代中期,当时确定的汉字改革方针是"彻底改革","走世界文字拼音化的共同道路"。在这样的背景下,片面强调减少汉字字数,把许多读音相同、意义并不完全相同的字当作异体字"整理"了,于是就出现了"渺"取代"淼","修"取代"脩"的问题。规范标准既然存在问题,修改标准就是很正常的事情。在推广国语和普通话的大约一个世纪的时间里,语文规范标准被局部修改甚至被全盘否定的情况都出现过。被局部修改的,如新国音取代老国音;被全盘否定的,如废止《第二次汉字简化方案(草案)》。据我们所知,国家语委目前正在组织力量对几个语文规范标准进行修订。《规范汉字表》研制完成后,字形方面的问题(特别是异体字问题)能够得到较好的解决。"普通话通用词语读音及轻声儿化规范"课题也已在国家语委立项,它的成果将作为标准公布,这样,《审音表》中存在的问题也会得到较好的解决。《汉语拼音正词法基本规则》修订工作也已启动,修订完成后,拼写法中的一些分歧也可获得解决。

  现在,摆在我们面前的问题是:某些语文规范标准存在的问题已经显露出来,学术界对此几乎已经形成共识,由于某种原因,规范标准还没有修改完成,在这种情况下,语言文字的使用者怎么办?语言学工作者怎么办?亿万语言文字使用者中的大多数人,当国家有关部门规定的标准与他们的语文实践不一致的时候,可能会采取"我行我素"的态度,不理会规定的存在。语言文字使用者中的另外一小部分人,由于利害相关,会硬着头皮照"规定"执行——教师、学生要应付考试,编辑要应付出版物质量检查,播音员要提防"扣奖金"。难题最终留给了语言学工作者。由于自己的特定身份,他们理应带头贯彻执行各项语文规范标准;由于掌握语言学知识,并密切关注语言文字的使用情况,他们最清楚某些规范标准中存在的问题,不问正确与否勉强执行某些"标准"有违学术良心,而且不利于及时纠正"标准"中存在的问题。

  处于两难境地的语言学工作者,对上述问题做出了两种不同的回答。一种是对所有规范标准都不折不扣地执行,而不管语言文字的实际使用情况。另一种是以科学的态度看待规范,对各项语文规范标准全面贯彻,正视问题,妥善处理。吕叔湘、丁声树两位先生主持编写的《现代汉语词典》就是以这种态度对待语文规范的。首先是全面贯彻。《现汉》以推广普通话、促进汉语规范化为宗旨,在字形、字词读音等方面贯彻国家有关部门制定的规范标准是责无旁贷的。对语文规范标准中存在的问题,既不盲从,也不回避,而是在认真研究的基础上,加以妥善处理。这样做有利于规范标准的贯彻,也有利于规范标准的修订。比如,《第一批异体字整理表》中的一些废止使用的异体字,《现汉》里为它们保留了正体字的地位。实践证明,《现汉》的做法是正确的。1986 年经过修订发表的《简化字总表》和 1988 年发布的《现代汉语通用字表》把《第一批异体字整理表》中作为异体字淘汰的 26 个字重新确认为规范字,这 26 个字中,"晔、詟、诃、紬、刬、鲙、诓、雠、翦、邱、於、澹、骼、彷、菰、溷、徵、薰、黏、桉、愣、晖、凋"等 23 个字在《现汉》中一直没有作为异体字对待,而是作为正体字立目的。这些字被摘掉"异体字"的"帽子",还以"规范字"的身份,自有非常充分的理由,但也与《现汉》坚持原则的正确做法有密切关系。再以读音为例。《现汉》初编时,全面贯彻《普通话异读词三次审音总表初稿》对字、词读音的审定意见;上个世纪 90 年代修订时又认真贯彻经过修订的《普通话异读词审音表》的有关规定。对《审音表》存在的问题采取正视的态度,作出变通处理。比如"荫",《现汉》保留 yīn 的读音,解释为"树阴",举例是"绿树成荫"。这种处理,照顾了大多数人的使用习惯,也为《审音表》的再次修订做了准备。

  对已经制定的语文规范标准要全面贯彻。但是,我们不赞成提不折不扣,更不赞成理解的要执行不理解的也要执行。当规范标准中存在的问题已为语言学界所公认,当某些规定在语言使用者的大多数人中实际上无法遵行,在这种情况下,我们要做的不应该是批评、指责人们违反标准,而是要考虑及早地修改标准。由于上述原因,辞书编纂或语文教学中在个别问题上暂时出现一些分歧是正常现象。反之,明知某些规范标准存在问题,还要对正视问题、研究问题、解决问题的正确做法大张挞伐,倒是很不正常的了。

3. 不同层面的问题规范手段不尽相同,语言规范要体现刚性与柔性相结合的原则

语言是一种特殊的社会现象。首先,语言有极悠久的发展历史,它远在人类进入文明阶段之前就已存在。在漫长的发展过程中,语言经历了缓慢的、积累起来又是巨大的变化。文字产生以后,语言的发展又和记录它的文字联系在一起,语音、语义之外,又有了字形和词形的问题。在现代共时平面上,还有纷繁的方言分歧;往细里说,不同文化层次,不同业别,不同年龄,甚至不同性别,在语言使用上都会表现出差异。因此,语言规范面临的问题非常复杂,任何简单从事的想法和做法都是要不得的。

语言文字的各个方面都存在着规范的问题,但规范的形式和手段却大不相同,有的可以通过制定规范标准来约束,有的则主要靠引导,不能搞"一刀切"。最适合于通过制定标准来体现规范的,并不是语言自身,而是它的书写形式,包括文字、标点符号和汉语拼音的拼写法。这是因为书写形式能更多地体现人的主观性,可以用规范标准(即文件)的形式加以约束。近半个世纪以来,国家有关部门制定的规范标准属于书写形式方面的占多数,如文字方面,制定了《简化字总表》《第一批异体字整理表》和《现代汉语通用字表》;标点符号方面,制定了《标点符号用法》;拼写法方面,制定了《汉语拼音正词法基本规则》。这些规范标准,在促进语言文字规范化方面都起到了一定的积极作用。规范标准中存在的问题,可以通过修订加以解决,使之不断完善。

词形也属于书写形式。词形表面上看是文字问题,实际上与词义、语素义紧密相连,有的还涉及典籍出处,远不像文字问题那样简单。词形规范,主要应在约定俗成的基础上,加上专家的学术研究,通过权威辞书的引导来实现。《现代汉语词典》对近一千组异形词进行了整理,把推荐词形立为正条,详细注解,把非推荐词形列为副条,只说明其意义与正条相同。《现汉》出版几十年来,我国出版物在词形使用上没有出现混乱的事实说明,《现汉》在引导词形规范方面起到了明显的作用。2001年,教育部和国家语委联合发布《第一批异形词整理表》,该表整理的338组异形词中,有308组与《现汉》的处理是一致的,占93%以上。不一致的若干组中,有些孰是孰非还大可争议。比如"必恭必敬",源自《诗经·小雅·小弁》:"维桑与梓,必恭敬止。"仅根据一段时间里一种报纸的使用频率,把"毕恭毕敬"确定为规范词形,而否定使用了一两千年并已基本固定的词形,有何道理,有何好处呢?可以设想,如果根据重视理据、参考词频、兼顾系统的原则,由《现汉》这部国家组织编写的以确定词汇规范为目的的词典,把异形词整理工作继续做下去,这项工作可能会做得更平稳,更有效。

就语言的本体,即语音、语法、词汇这三个组成部分来说,能够通过制定标准来进行规范的只有语音,这是因为语音相对来说是比较稳定的,历史演变和方言间的对应关系都有较强的规律性。1957年到1962年普通话审音委员会分三次发表了《普通话异读词审音表初稿》,并于1963年辑录成《普通话异读词三次审音总表初稿》。随着语言的发展,《初稿》中原审的一些词语的读音需要重新审定,作为语音规范的标准,《初稿》也亟需定稿。1982年重建了普通话审音委员会,对《初稿》进行修订,于1985年12月公布了《普通话异读词审音表》。《审音表》成为规范普通话读音的国家标准。

语音虽然可以通过制定标准进行规范,但语音的规范标准不能像文字那样定得过死,既要便利方言地区广大人民群众学习普通话,又不能脱离语言实际,应该体现刚性与柔性相结合的原则。刚性原则,指的是字、词的读音应该有统一的标准。柔性原则,指的是个别字、词较大一部分说普通话的人实际读音与规定读音不合,应该有条件地予以变通。具体地说,柔性原则应体现在以下几个方面:(一)有的字保留又音。如《普通话异读词审音表》对"谁"的读音,审定为shéi,又音shuí。shéi是北京人的口语读音,shuí是合于语音发展规律的读音(谁,视佳切),保留两读,方言区人便于掌握,北京人容易上口。(二)有的字规定了"统读"音,有利于方言区人掌握普通话,如"指"统读zhǐ,"脊"统读jǐ,"作"除在"作坊"中读zuō外其余都读zuò,"骨"除在"骨碌""骨朵"中读gū外都读gǔ。但是,这些规定也给北京人和很大一部分地区的北方人带来困难,因为他们的实际读音与规定不合。在这种情况下,标准应该"网开一面",在规定"统读"的同时,注明某些词的口语读音,如"指头"口语中可以读 zhítou,"指甲"口语中可以读 zhījia,"脊梁"口语中可以读 jǐliang,"作料"口语中可以读 zuóliao,"作死"口语中可以读 zuōsǐ,"骨头"口语中可以读 gútou。《现代汉语词典》这样做了,《审音表》如果能择善而从,在统读之外体现一定的灵活性,对推广普通话只会产生积极效果。有些词,北京话长久以来保留着特殊读音,这些读音实际上被看作是普通话的口语音,广播、电视播音,电影、戏剧演出,大都这样说。比如"主意"说成 zhúyi,"正经"说成 zhèngjǐng,"一会儿"说成 yīhuǐr。这些特殊读音,在审定普通话读音的时候应该作为口语音保留下来。(三)有的字、词读音标准发生了变化,词典注音可以在一段时间里保留"旧读"。如"荨麻疹"审定读音为 xúnmázhěn,词典括注"旧读 qiánmázhěn";"确凿"审定读音为 quèzáo,词典括注"旧读 quèzuò"。语言是亿万人民不可须臾离开的交际工具,字、词读音的改变需要一个过程,不可能通过一个法规在一天之内实现,在一段时间里保留"旧读",让人民群众慢慢习惯是有必要的。

语法和词汇比语音开放活跃得多,它们的规范只能通过词典、教科书、语法专著来进行。如果也为语法或词汇制定出规范标准,用文件形式发布,规定只许这样说,不许那样说,只许用这个词,不许用那个词,人们大概就不能张口说话了。"出台"一词刚出现的时候,是不及物动词,只能说"一项重大措施出台";没过几年,可以带宾语了,"出台一项重大措施"也可以说了。"以来"表示从过去某时(时点)直到现在的一段时间,可以说"自古以来,解放以来,开春以来";后来发展到可以说"三年以来,长期以来";这几年,到处又都在说"一直以来"了。任何语法书的修订恐怕都跟不上语言的变化。

词汇发展变化的速度又是语法所不能比的,特别是新词新义的产生,其速度是惊人的。吕叔湘先生说,新词新义每天都在出现,不留意不觉得,一留意吃一惊。(吕叔湘 1984)他穷尽式地统计了 1983 年 5 月份里两天的《文汇报》,查出有 32 个词语是当时《现代汉语词典》没有收的,其中不少是《现汉》出版后新产生的词语。上世纪 90 年代,国家语委语用所有一个课题组,每年编一本《汉语新词语》,每一本都有几百条。有人形容这些年新词语产生的速度时用了"爆炸性"这个词,一点也不过分。近闻有人正在研制与《现代汉语通用字表》"配套"的《现代汉语通用词表》。(李行健 2004)我们认为,制定通用词表的想法和做法是违反语言科学的。字是比较稳定的,词是非常活跃的,它们无法类比,搞这种"配套"没有任何意义。旧词的消亡,新词的产生,词义的转移,时刻都在发生。词汇是一潭活水,想用一个框框把它框住是不可能的。词汇的规范只能通过国家组织编写的具有权威性的词典来进行,词汇的发展变化可以通过词典的修订及时地得到反映。

参考文献

李行健 2004《现代汉语规范词典·前言》,外语教学与研究出版社、语文出版社。

吕叔湘 1984《大家来关心新词新义》,《辞书研究》1984 年第 1 期,上海辞书出版社。

王力 1959《现代汉语规范化问题》,《语言学论丛》第 3 辑,上海教育出版社。

许嘉璐 2000《汉语规范史略·序》,李建国《汉语规范史略》,语文出版社。

赵元任 1961《什么是正确的汉语》,Journal of the American Oriental Society,81(3),译文载《赵元任语言学论文集》,2002,商务印书馆。

(原刊于《中国语文》2004 年第 6 期)

图书在版编目（CIP）数据

语言文字规范手册 / 杨林成主编；《语言文字周报》编辑部组编.
— 增订本. — 上海：上海教育出版社，2020.11（2023.6重印）.
（字斟句酌）
ISBN 978-7-5720-0260-1

Ⅰ.①语… Ⅱ.①杨…②语… Ⅲ.①汉语规范化－手册
Ⅳ.①H102-62

中国版本图书馆CIP数据核字(2020)第216547号

责任编辑　李梦露　李　璐
封面设计　毛结平

字斟句酌丛书
语言文字规范手册（增订本）
杨林成　主编
《语言文字周报》编辑部　组编

出版发行	上海教育出版社有限公司	
官　　网	www.seph.com.cn	
地　　址	上海市闵行区号景路159弄C座	
邮　　编	201101	
印　　刷	上海展强印刷有限公司	
开　　本	700×1000　1/16　印张 20.5	
字　　数	312 千字	
版　　次	2020年11月第1版	
印　　次	2023年6月第4次印刷	
书　　号	ISBN 978-7-5720-0260-1/H·0010	
定　　价	58.00 元	

如发现质量问题，读者可向本社调换　　电话：021-64373213